KB268423

classical **III** odyssey

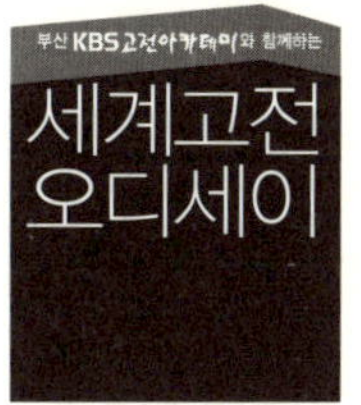

이 책에 실린 모든 원고는 "KBS 고전 아카데미 시민강좌"의 강의 원고입니다.
"KBS 고전 아카데미 시민강좌"는 KBS부산방송총국이 주최하고
부산대학교 부산시민대학이 주관하는 고전·인문학 강좌입니다.
강의 내용은 KBS부산방송총국 홈페이지를 통해 직접 볼 수 있습니다.
(http://busan.kbs.co.kr ➜ "KBS 고전 아카데미 시민강좌" – "다시보기 VOD")

부산 KBS 고전 아카데미와 함께 하는

세계 고전 오디세이 III

1판 1쇄 인쇄 | 2008년 10월 25일
1판 1쇄 발행 | 2008년 10월 30일

지은이 | 조현천 외
펴낸이 | 김태석
펴낸곳 | (주)천년의시작
등록번호 | 제300-2006-9호
등록일자 | 2006년 1월 10일

주소 | (우121-883) 서울시 마포구 합정동 355-24 4층
전화 | 02-723-8668
팩스 | 02-723-8630
홈페이지 | www.poempoem.com
전자우편 | poemsijak@hanmail.net

ⓒ조현천 외, 2008. printed in Seoul, Korea

ISBN 978-89-6021-063-9 04080
ISBN 978-89-6021-045-5 (세트)

값 12,000원

• 잘못된 책은 바꾸어드립니다.
• 지은이와의 협의에 의해 인지는 생략합니다.

classical **III** odyssey

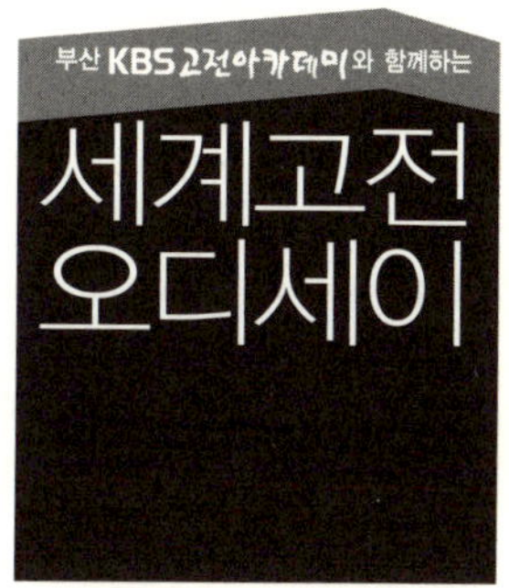

조현천 · 김종기 · 김승철 · 김재경
이부현 · 윤종갑 · 이성희
김치완 · 정출헌 · 김승룡

천년의시작

고전의 세계는 매번 변신하고 재계열화되는 미로와 같습니다. 그래서 그곳은 항상 처녀림이요, 미지의 세계이기 마련입니다. 이전에 아무리 많은 사람들이 그곳을 탐험했다 할지라도 우리가 그곳을 들어설 때 그곳은 다시 전인미답의 새로운 영토가 됩니다. 수다한 해설서를 읽고 다양한 설명을 들었다 할지라도, 누가 감히 괴테와 보들레르, 그리고 프루스트와 조이스 앞에서 낯선 미로 앞에 선 전율과 흥분을 느끼지 않을 수 있겠습니까.

왜 이런 현상이 생길까요? 많은 이유가 있겠지만 그 중에 하나, 그것은 아마 고전이 정해진 해답이기보다는 늘 질문이기 때문일 것입니다. 고전은 우리에게 끊임없이 질문을 던집니다. 그리고 그 질문의 울림은 시대와 듣는 이에 따라 그 파장이 달라집니다. 고전이란 끊임없이 생성되는 질문입니다. 우리 역시 고전에서 편리한 해답 하나를 찾기보다는 우리 시대의 질문을 고통스럽게 찾아내야 할 터입니다.

역사와 사회 속에서 인류가 가졌던 고뇌와 끊임없이 제기했던 질문들이 고전 속에 있습니다. 『삼국사기』는 여전히 우리들이 검토해야 할 우리 민족의 문제이며, 19세기 격동의 시대 속에서 조선의 지식인 정약용과 황현이 제기했던 질문들은 아직 고스란히 우리들의 질문입니다.

질문의 끝이 닿고자 하는 곳은 어디일까요? 아마 그곳은 구원과 깨달음이 아닐까요. 그곳이 너무 먼 길일지도 모르겠습니다. 많은 인문학의 거인들과 정신의 구도자들이 제시하는 길들이 비록 해답은 잘 보이지 않고 질문으로만 가득 차 있다 할지라도, 우리 모두가 끊임없이 물으면서 향해야 할 길일 것입니다.

우리는 지금 문명의 전환기에 있습니다. 질문의 시대에 있는 것입니다. 작은 질문 하나가 세상을 바꿀 수 있음을 우리는 잊지 말아야 합니다. 고전의 미로로 우리를 인도해 주시고, 그리하여 우리에게 많은 질문을 제기해 주신 여러 필자 선생님들께 감사드립니다. 그리고 언제나 미로를 같이 걸어가면서 구원으로 가는 새로운 질문들을 함께 하는 도반인, KBS고전아카데미에 참여해 주신 부산 시민 여러분들께도 감사드립니다.

"KBS 고전 아카데미 시민강좌"는 '인문학의 향기, 오늘을 사는 지혜'를 슬로건으로 내세우며 시작한 인문학 문화운동입니다. 원래 2005년 12월 "동서양고전아카데미 시민강좌"로 시작하였다가 2007년 6월 제4기부터 현재의 이름으로 부산 시민들과 소통하며, 그 결과물을 책으로 엮어내기로 약속하였습니다. 약속대로 4기 강의록과 5기 강의록을 묶어 각각 『세계고전 오디세이 I』『세계고전 오디세이 II』로 세상에 내놓았습니다. 그리고 현재 진행되고 있는 "KBS 고전 아카데미 시민강좌" 6기도 막바지에 이르고 있으니 조만간 또 한 권의 『세계고전 오디세이』가 태어날 것입니다.

4기부터 한 기를 마칠 때마다 강의록을 책으로 묶고 있지만, 1기부터 3기까지의 원고가 빛을 보고 있지 못하고 있다는 사실이 늘 아쉬움으로 남아 있었습니다. 그 아쉬움을 달래기 위해 이제 묵은 원고 중 일부를 정리하여 『세계고전 오디세이 III』으로 엮었습니다.

〈KBS 고전 아카데미 시민강좌〉 기획위원
김용규 | 김재경 | 김종기 | 박동수 | 이경균 | 이성희 | 조현천

현대문학의 지평을 열다

노력하는 인간은 아름답다:
괴테 『파우스트』

현대시의 근원:
보들레르 『악의 꽃』

또 하나의 창조된 별나라:
프루스트 『잃어버린 시간을 찾아서』

한 젊은 작가 지망생의 성장과정과 내면세계:
제임스 조이스 『젊은 예술가의 초상』

1

노력하는 인간은 아름답다
: 괴테 『파우스트』

조현천 | 부산대학교

> 만일 운명이 존재한다면 자유란 불가능하다. 〔…〕
> 만일 자유가 존재한다면 운명은 없다.
> 이 말은 〔…〕 '나 자신이 곧 운명' 이라는 뜻이다.
> — 임레 케르테스, 『운명』

I. 들어가는 말

헤겔이 독일철학을 세계철학으로 부상시켰다면 괴테는 독일문학을 세계문학으로 부상시켰다. 『젊은 베르테르의 슬픔』『빌헬름 마이스터의 수업시대』 등 주옥 같은 작품을 남긴 괴테의 대표작을 한 편만 들라고 한다면 60여 년에 걸쳐 쓴 『파우스트』를 꼽을 수 있다. 『파우스트』는 현재 독일어로 쓰여진 작품 중에서 가장 중요한 작품으로 인정받고 있지만, 또 동시에 제임스 조이스의 『율리시즈』와 더불어 서양문학 사상 가장 난해한 작품 중의 하나로 정평이 나 있다.

루카치는 『소설의 이론』에서 근대를 '선험적 고향 상실성' 이라는 개념으로 설명한다. 그는 고대 그리스 시대를 서사시의 시대로 규정하면서, 이 시대의 특징으로 개인과 세계의 조화를 들고 있다. 이에 비해 개인주의 시대인 근대에 접어들면 더 이상 개인은 세계와 조화를 이룰 수 없게 된다. 데카르트 이후 개인의 자아가 절대화되면서 나와 타자 사이의 소통이 불가능하게 되었으며, 그에 따라 개인과 세계의 조화가 깨어져 버렸다. 루카치는 이런 근대를 소설의 시대로 규정하면서 소설을 '근대의 서사시'로 이해하고 있다. 즉 소설이란 총체적 세계상이 불가능한 시대에 잃어버린 총체성을 찾으러 떠나는 외로운 여행이라는 것이다.

근대의 이런 모습을 중세와 대비시켜 볼 수도 있다. 근대가 이성의 시대였다고 한다면 서양의 중세는 신의 시대였다. 신의 시대였던 중세에는 절대적인 존재인 신을 통해 총체적 세계상이 보장된 반면 근대 들어 총체적 세계상이 불가능해졌는데, 그 이유는 이성과 합리성으로 인해 신이 죽었기 때문이다. 이 세계를 관장하던 신이 죽었다고 한다면 이제 개인화되고 파편화된 인간은 스스로 그 총체성을 찾아나서야 한다. 이것이 바로 비극『파우스트』의 주제이다. 쉽게 표현하면 모든 인간은 각자 자유로운 의지에 따라 삶을 만들어 간다. 그런데 파우스트는 파우스트라는 개인의 운명을 넘어서서 자신이 속한 공동체의 운명까지 결정할 수 있는 초인이 되고자 한다는 것이다. 인생이란 무엇일까? 혹시 개인을 넘어서서 초인이 되고자 하는 상상을 해보는 것이라는 의미에서 괴테는『파우스트』에서 풀어내는 이야기를 "매우 진지한 농담"이라고 한 것이 아닐까?

II. 파우스트 전설

1480~1540년에 실존한 전설적인 인물인 파우스트는 종교개혁자 루터와 동시대인이었다. 그는 영지주의를 창시했던 마술사 시몬 마구스 이후 유럽에서 가장 유명한 마술사로 유럽인들에게 회자되었지만 이름과 행적이 분명하지 않아 정확하게 누구인지 알 수 없다. 그러나 단편적인 사실을 종합해보면 그는 신학과 의학, 자연과학에 상당한 지식이 있었으나, 학자라기보다는 마술사 내지는 돌팔이 의사로 떠돌아다녔던 것 같다. 사기행각과

엉터리 예언자 행세를 하면서 사회에 정착하지 않고 "자기 방식대로 살아간 회개하지 않는 개인주의자" 파우스트가 전설적인 인물이 된 것은 "억압적인 중세의 봉건질서에서 스스로를 해방하고 자유로운 삶을 누리고자 하는 민중의 시대적 요구"와 부합했기 때문이었다. 한마디로 파우스트 전설은 "종교개혁과 르네상스 시대에 눈을 뜬 개인주의적인 사고의 산물"로 평가되고 있다.

당시 민중에 의해 전해지던 파우스트 전설은 『요한 파우스트 박사 이야기』에 수록된 이후 여러 형태로 전해졌다. 민중본에 의하면 요한 파우스트 박사는 24년 동안 이 세상에서의 쾌락과 즐거움을 향유하고 인식에 대한 무한한 욕구를 충족시켜 주는 조건으로 악마에게 자신의 영혼을 팔고, 영혼을 판 죄의 대가로 나중에 비참한 최후를 맞이한다. 파우스트 이야기는 하느님을 믿지 않고 마술에 의지하거나 세속적 지식과 현세의 쾌락을 추구하는 자들이 치르게 될 죄값에 대해 경고하는 교훈적인 이야기이다. 유럽에서 엄청난 성공을 거두었던 『요한 파우스트 박사 이야기』는 2년 동안 열여섯 종류의 독일어 판본으로 나왔다.

이런 파우스트 전설을 바탕으로 수많은 작가들이 나름대로 작품으로 형상화시켰다. 특히 크리스토퍼 말로의 『파우스투스 박사』(1588), 괴테의 『파우스트』(1831)와 토마스 만의 『파우스트 박사』(1947) 등이 유명한데, 이 중에서도 괴테의 『파우스트』를 통해 파우스트는 위대한 인격의 소유자로 추앙받고 있다.

III. 파우스트, 악마와 내기하다

괴테의 파우스트는 전형적인 근대인이다. 서양 중세의 요체가 신 중심주의였다고 한다면 근대의 요체는 인간 중심주의이다. 기독교적 중세는 절대 타자적인 신의 지배를 받은 신율의 시대였다. 그에 비해 휴머니즘을 부르짖으며 이성을 중시하면서 이성에 바탕을 둔 과학과 기술의 힘을 신봉한 근대는 그 본질상 무신론의 시대였으며, 이런 근대는 지금도 계속되고 있다. 따라서 파우스트가 전형적인 근대인이라는 말은 이 세상에서 이룰 수 있는 삶에 가치를 둘 뿐 사후세계에 대해서는 아무런 관심도 없다는 뜻이다.[1] 중세 때는 신이 인간과 우주를 창조하였다고 믿었다. 그래서 인간은 창조의 깊은 뜻을 알고 있는 신을 찬양하였고, 창조주의 깊은 뜻을 헤아릴 수 없어도 전혀 불안해하지 않았다.[2] 그런데 이제 절대 진리의 주체였던 신이 사라졌으므로 인간 스스로 창조의 비밀을 밝혀내는 주체가 되어야 한다. 파우스트가 "이 세상을 가장 내밀한 곳에서/통괄하는 힘을"(382~383행) 알고자 한다는 것은 한마디로 신과 같이 전지전능한 존재가 되고자 하는 것이다.

그런데 인간이 신을 대신하여 절대 진리를 밝히는 주체가 된다는 것은 도대체 무엇을 의미하는가? 『파우스트』는 이에 대한 해답을 제시하고 있는 작품이다.

> 파우스트 : 아! 나는 철학도
>
> 법학도, 의학도
>
> 심지어는 신학까지도
>
> 온갖 노력을 다 기울여 철저히 공부하였다.

---

1) 저 세상 따위는 개의치 않네./자네가 우선 이 세상을 박살내 버린다면,/다음에 어떤 세상이 생겨나든 무슨 상관이겠나./이 땅에서만 나의 기쁨이 샘솟고,/이 태양만이 내 고뇌를 비춰줄 뿐일세./이것들과 우선 헤어질 수 있다면/그 다음엔 무슨 일이든 될 대로 되라지.(1660~1666행), 괴테 『파우스트』, 정서웅 역, 민음사

2) 「천상의 서곡」에서 대천사 라파엘, 가브리엘, 미카엘은 한 목소리로 주님을 이렇게 찬양한다. "당신의 깊은 뜻을 헤아릴 자 없어도/당신의 지고한 역사(役事)들은 모두/천지창조의 그날처럼 장엄합니다." (268~270행)

그러나, 지금 여기 서 있는 나는 <u>가련한 바보</u>.

전보다 똑똑해진 것은 하나도 없구나!

……

우리가 아는 게 아무것도 없다는 걸 깨닫고 보니

내 가슴은 거의 타버릴 것 같다. (354~365행)

파우스트는 학자이고, 학문이란 이성의 산물이다. 그는 이 세상과 우주를 지배하고 있는 진리를 알아내기 위해 학문에 몰두하였다. 위에서 말하는 철학, 법학, 의학 그리고 신학은 중세 대학의 4개 학부를 말한다. 그런데 모든 학문을 다 섭렵하고서도 자신을 바보로 생각하고 있다는 것은 이성/학문으로는 세계와 인간의 본질에 이를 수 없음을 깨달았다는 것이다. 학문의 무용성에 대한 인식으로 인해 파우스트는 자신이 학문에 몰두하던 서재를 "감옥"(398행) 내지는 "저주받을 답답한 벽 속의 골방"(399행)으로 느끼며 침통해 한다.

그러나 학문을 통해 인간과 우주의 본질을 꿰뚫고 있는 "영원한 진리"(615행)를 얻지 못했다고 해서 신과 같은 삶을 향유하고 싶은 욕구마저 상실한 것은 아니다. 신이 떠난 시대에 신이 독점하던 절대진리를 밝혀내는 것이 인간에게 주어진 숙명이기 때문이다. 그래서 그는 마법에 몰두한다. 마법을 통해 정령[3]을 불러내고, 불러낸 "정령의 힘과 말을 빌어/많은 비법을 알 수"(378~379행) 있기를 바라서이다. 비록 신의 자리를 완전히 차지하지 못하여 정령의 도움을 필요로 하지만 파우스트는 자신이 신을 대신할 수 있는 존재로 믿고 있기 때문에 지상의 모든 자연현상과 생명체를 관장하는 지령(地靈)과는 대등한 존재라고 생각하고 있다. 그래서 지령이 나타나자

---

3) 플라톤의 『향연』을 보면 정령은 "신과 인간의 중간에 존재하면서 그 빈틈을 채워주고 이 우주 전체를 그 자체에 결합시켜 주는 능력을 지닌 존재"로 규정되어 있다

파우스트는 자신이 지령과 대등한 존재라고 주장한다. 그러나 지령은 파우스트를 "오장육부까지 오들오들 떨며/꼴사납게 웅크리고 있는 벌레"(497~498행)에 비유하면서 파우스트가 자신과 닮지 않았다고 주장한다.

자신이 지령과 닮지 않았다는 말에 충격을 받지만 사실 파우스트는 지령이 모습을 드러낸 순간 거대한 모습에 압도당해 "난쟁이 같은 느낌이 들"(613행)었음을 인정한다.

> 나는 신을 닮지 않았다! 그것을 뼈저리게 느낀다.
> 나는 쓰레기 더미를 파헤치는 벌레와 닮았다.(652~653행)

정령을 통해 인생의 의미를 느껴보고 싶었지만, 정작 지령으로부터 확인한 것은 자신이 신이 아니라 벌레에 불과하다는 사실이었다. 그리하여 파우스트는 자신의 서재를 뒤덮고 있는 수많은 서적을 한갓 쓰레기 더미에 비유하면서 자신을 '쓰레기 더미를 파헤치며 살아가는 벌레' 로 규정하고 있는 것이다.

신이 되고 싶은 이상과 벌레가 될 수밖에 없는 현실 사이에서 괴로워하고 있는 파우스트 앞에 메피스토펠레스(이후로 '메피스트' 로 표기)가 등장한다. 파우스트가 메피스토에게 누구인지 묻자 "항상 악을 원하면서도/항상 선을 창조해내는 힘의 일부분"(1335~1336행)이라고 하면서 다음과 같이 자신을 소개한다.

> 소생은 항상 부정(否定)을 일삼는 정령입니다!
> 생성하는 모든 것은 멸망하게 마련이니
> 그게 당연한 것 아닐는지요.
> 그러니 아예 아무것도 생겨나지 않는 편이 낫겠지요.
> 당신들이 죄라느니, 파괴라느니,

요컨대 악이라고 부르는 모든 것이

제 원래의 본성입니다. (1338~11344행)

메피스토는 절대정신, 즉 근원적 진리의 존재자체를 부정하는 현실주의
자이다.[4] 절대정신을 긍정하는 입장에서 본다면 메피스토는 죄를 짓고 파
괴를 일삼는 존재이며, 악의 나락으로 떨어뜨리려고 노력하는 존재이다.
이제 악의 화신 메피스토가 인생과 우주에 대한 근원적인 진리를 갈구하는
파우스트에게 나타나 그런 것은 불가능하므로 쾌락에 인생을 맡기라고 유
혹한다. 쾌락을 통해 삶의 의미를 느끼게 해주겠다는 말에 파우스트는 쾌
락으로 "고귀한 노력을 경주하는 인간의 정신을"(1676행) 충족시킬 수 없다
고 토를 달면서 메피스토의 제안을 받아들인다. 제안을 받아들이면서 파우
스트는 다음과 같은 유명한 말을 던진다.

내가 순간을 향해

멈추어라! 너 정말 아름답구나! 라고 말한다면

그땐 자네가 날 결박해도 좋아.

나는 기꺼이 파멸의 길을 걷겠다!(1699~1702행)

메피스토는 쾌락을 통해서도 인생의 의미를 충분히 느낄 수 있다고 주장
하는 것이고, 파우스트는 인간의 본질에 대한 총체적 인식을 갈구하는 것
이다. 그래서 원하는 것이면 무엇이든 다 들어주겠다고 말하는 메피스토에
게 파우스트는 내기를 하는 이유를 이렇게 밝힌다.

4) 사실 난/죽은 놈들과 상대하는 걸 좋아하지 않습니다./통통하고 싱싱한 뺨을 가진 놈을 가장 좋아하지
요./송장이 찾아올라치면 난 대문을 걸어버리지요./고양이가 죽은 쥐를 싫어하는 것처럼 말입니
다.(318~322행)

다시 말하지만, 쾌락이 문제가 아닐세.

이러한 도취경에 내 몸을 맡기는 것일세.

고통스러운 향락, 사랑에 눈 먼 증오, 속이 후련해지는 분노에.

지식에의 갈망에서 벗어나 나의 마음은

앞으로 어떤 고통도 감수하면서

인류 전체에게 주어진 것을

내 내면의 자아로 음미해 보려네.

내 정신으로 가장 높고 가장 깊은 것을 파악하고,

그 기쁨과 슬픔을 내 가슴에 쌓아올리면서

나 자신의 자아를 온 인류의 자아로까지 확대시키려네.

마침내 인류와 더불어 나 역시 파멸에 이르기까지. (1765~1775행)

이에 대한 메피스토의 반응은 냉소적이다. 개인의 자아가 인류 전체를 응집시킨 총체적 자아가 되는 것은 신에게만 가능하다고 하면서 만약 그런 사람이 있다면 "소우주 선생"(1802행)으로 부르겠다고 한다. 파우스트가 바라는 것은 불가능한 것이므로 그는 파우스트에게 그런 지나친 기대는 하지 말라고 경고한다.[5] 반대로 파우스트는 자신의 자아를 인류의 자아로 확대하고 싶은 욕망이 너무도 강렬했기 때문에 자신을 파멸시킬지도 모를 악마와의 거래까지도 마다하지 않았던 것이다. 바꾸어 말하면 "시간과 공간을 초월한, 총체적이며 글자 그대로 전인적 인간, 인류 전체와 인간성의 모든 것이 완전하게 응집되고 구현된 개인"이 되는 순간을 경험할 수만 있다면, 그 순간을 위해 목숨까지도 기꺼이 던질 수 있다는 것이다.

그렇다면 파우스트는 단지 신이 되겠다는 욕망이 앞선 나머지 무모하게

---

5) 당신은 결국 있는 그대로의 당신이지요./몇 백만의 고수머리털로 된 가발을 쓴다 해도/제아무리 굽 높은 구두를 신는다 해도/당신은 여전히 당신일 따름입니다. (1806~1809행)

악마와 계약을 맺은 것인가? 그렇지 않다. 파우스트는 학문을 통해 진리에 접근하고자 했던 사색형 인간이었다. 충족되지 않는 욕구로 갈증을 느끼던 파우스트는 하느님이 말한 진리가 무슨 의미인지를 밝혀냄으로써 그 갈증을 해소할 수 있으리라고 생각하고 요한복음 1장 1절 "태초에 말씀이 계셨느니라!"(1224행)를 두고 어떻게 번역할지 고민한다.

여기 씌어 있기를, 〈태초에 말씀이 계셨느니라!〉

이 대목에서 벌써 막히는구나! 누가 나를 도와 계속할 수 있게 해줄까?

나는 말씀이란 말을 그렇게 높이 평가할 수가 없다.

정령으로부터 올바른 깨달음을 얻었다면,

나는 이 말을 다르게 옮겨야 한다.

이렇게 쓰면 어떨까, 〈태초에 뜻이 있었느니라!〉

……

만물을 창조하고 다스리는 것이 과연 〈뜻〉이랄 수 있을까?

차라리 이건 어떨까, 〈태초에 힘이 있었느니라!〉

하지만 내가 이렇게 써내려가는 동안

벌써 거기에 집착하지 말라고 경고하는 것이 있다.

정령의 도움이구나! 갑자기 좋은 생각이 떠올라

기쁜 마음으로 기록하노니, 〈태초에 행위가 있었느니라!〉(1224~1237행)

파우스트는 "태초에 말씀이 계셨느니라!"를 "태초에 뜻이 있었느니라!"로 번역했다가, 이를 다시 "태초에 힘이 있었느니라!"로 수정한 후 마지막으로 "태초에 행위가 있었느니라!"로 번역한다. 여기서 말하는 말씀이란 로고스, 즉 절대진리와 같은 것이다. 이것으로 파우스트는 로고스를 행위로 인식하고 있음을 알 수 있다. 파우스트에게 요구되는 것은 이성적 판단이 아니라 실천이다. 이렇게 행동이 필요한 시점에 메피스토가 등장한 것이다. 사색형 인간에게 부족한 것은 경험/행동이다. 메피스토가 파우스트에게 산다는 것이 무슨 의미인지 보여주겠다고 한 것은 경험/행동을 보장해 주겠다는 것을 의미하므로 신이 되고자 하는 파우스트에게 메피스토는 반드시 필요한 인물이다. 한마디로 파우스트가 악마와의 거래를 받아들인 것은 자신에게 부족한 경험/행동을 통해 총체적인 인간이 될 수 있을 것이라는 희망을 보았기 때문이다. 이렇게 본다면 파우스트가 서재를 박차고 나와 메피스토와 함께 떠나는 여정은, 신이 사라진 시대에 인간이 신의 자리를 대신한다는 것이 구체적으로 어떤 것인지에 대한 생생한 기록인 셈이다.

Ⅳ. 제1부 : 그레첸 비극

『파우스트』 1부에서 가장 중요한 사건은 그레첸과의 만남이다. 「마녀의 부엌」에서 젊음을 되찾아 20대 청년이 된 파우스트가 메피스토와 함께 이 세상의 즐거움을 만끽하기 위해 떠나는 여행에서 처음 만난 여인이 바로 그레첸이다. 그레첸은 소시민 세계에 안주하고 있는 순진하고 맑은 영혼의 소유자이다.

> 아아, 정말 아름다운 소녀로다!
> 저런 아이를 본 적이 없다.
> 예의 바르고 정숙한데다가
> 약간 새침하기도 하구나.
> 빨간 입술, 해맑은 뺨
> 이 세상에 살고 있는 한, 그녀를 잊지 못하겠다!
> 두 눈 살며시 내리감는 모습,

내 가슴 깊이 아로새겨지는구나.

살짝 뿌리치는 그 모습,

정말로 날 황홀하게 만드는구나!(2609~2618행)

앵두 같은 빨간 입술과 해맑은 얼굴, 예의 바르고 정숙하면서도 수줍은
듯 새치미를 떼는 등 그레첸은 한마디로 가부장적 (소)시민사회가 요구하
는 덕목을 두루 갖춘 이상형이다. 그래서 그녀는 "모든 여인의 전형"(2601
행)이요 "온 여성의 자랑거리"(3636행)로 묘사되어 있다. 거리에서 사랑스럽
고 매력이 넘치는 이런 그레첸을 보자마자 파우스트는 바로 그녀에게 매료
되고, 그레첸 역시 그에게 호감을 가진다. 그러나 파우스트가 그레첸에게
매료당한 것은 이미 「마녀의 부엌」에서 마법의 거울 속에 나타난 미인을
보았기 때문이다.

아름답기 짝이 없는 여인의 모습!

이럴 수 있을까? 여자란 저토록 아름다운 것일까?

이 늘씬하게 뻗은 육체 속에서

하늘의 온갖 정수를 보게 되는구나.

저런 것이 지상에도 있을까?(2436~2440행)

거울 속의 미녀는 파우스트로 하여금 "감각적으로 존재하는 것의 아름
다움"에 대한 동경을 불러일으켰으며, 그레첸이 그 관능적 사랑의 대상이
된 것이다. 어쨌든 거리에서 이렇게 시작된 두 사람의 관계는 곧 열정적인
사랑으로 발전하지만, 이 사랑은 그레첸과 그레첸을 둘러싸고 있는 소시민
세계의 철저한 파멸로 끝난다. 그레첸의 어머니는 독살되고, 오빠는 살해
되며, 그레첸 역시 자신이 낳은 갓난아기를 죽인 죄로 처형되기 때문이다.
그런데 중요한 것은 그녀의 죽음을 두고 작품에서는 파멸이 아니라 구원

받았다고 주장하고 있다는 점이다. 여기서 쾌락을 향유하기 위해 편력하는 파우스트가 가난하고 지식도 없는 소박한 시골소녀와 사랑에 빠진 이유와 그녀의 파멸이 죄에 대한 심판이 아니라 구원이라고 주장한 이유가 밝혀져야 할 것이다.

거리에서 그레첸을 처음 보았을 때 파우스트에게 그녀는 사랑의 대상이 아니라 성적 쾌락의 대상에 불과하였다. 파우스트는 이렇게 말한다.

> 내게 일곱 시간의 여유만 있어도
>
> 저런 계집 하나 꾀어내는 데
>
> 악마의 도움까지 빌리지는 않을 거야.(2642~2644행)

파우스트는 "향락의 충동"(2722행), 즉 성적 쾌락이라는 본능을 충족시키기 위해 그레첸을 유혹하려고 하였다. 그러나 파우스트의 이런 태도는 메피스토의 도움으로 그레첸의 방에 몰래 들어와 그녀가 사는 모습을 본 후 돌변한다.

> 반갑다, 감미로운 저녁놀이여.
>
> 이 성스러운 방을 두루 비춰주는구나!
>
> …….
>
> 가난 속에 깃들인 이 충만감!
>
> 감옥 같은 골방 속에 깃들인 축복이여!
>
> …….
>
> 너로 인해 오두막도 천국이 되는구나.(2687~2708행)

홀어머니와 함께 살고 있는 그레첸은 "아무 죄도 없으면서 고해하러"(2625행) 갈 정도로 심성이 착한 소녀다. 병든 어머니를 대신해서 어린 동생을 헌신적으로 키우며 집안일까지 하면서도 아주 행복해 한다. 파우스트는 가족을 위해 희생하면서도 행복하다고 말하는 그녀를 성스럽다고 하면서 그녀가 지닌 "겸양의 미덕이야말로/자애롭게 나눠주는 자연의 최상의 선물"(3104~3105행)이라고 격찬한다. 그리하여 파우스트는 가난하여 비좁아 감옥 같은 그녀의 집을 "천국"으로 느낀다.

서재에서 관념세계에 빠져 진리를 추구하고 있을 때 파우스트는 "집과 농장"이나 "아내와 자식"(648행)을, 신이 되고자 하는 자신의 이상을 실현하는 데 방해가 되는 "독약"(649행)이라고 확신하고 있었다. 가정을 가지면 현실의 삶에 얽매이기 때문이다. 그런데 막상 서재를 박차고 나와 살아 움직이는 민중의 삶을 실제로 접해보니 착하고 자상하고 헌신적인 모성애를 지닌 여성이 성스럽게 느껴졌던 것이다. 파우스트가 이런 그레첸을 진심으로 사랑하게 되었다는 것은 현실의 삶(감각적 아름다움)에 안주하기를 바라는 자아와 현실을 초월하여 절대적인 진리(초감각적 아름다움)를 찾고자 하는 또 다른 자아 사이의 갈등을 의미한다.

> 그녀의 품속에 무슨 천상의 기쁨이 있단 말이냐?
> 그녀의 가슴에 안겨 몸을 녹인들 무엇 해!(3345~3346행)

이런 갈등은 두 사람의 사랑이 파멸로 끝날 때까지 지속된다. 1부의 마지막 장면에서 파우스트는 감옥에 갇힌 그레첸을 구출하기 위해 달려간다. 파우스트는 자기 때문에 그레첸이 감옥에서 고통을 당하고 있다는 사실을 알고 검은 말을 타고 쏜살같이 달려가면서도 다음과 같은 독백을 한다.

> 그녀의 죄란 한낱 악의 없는 망상에 불과했건만!
> 그런데도 나는 그녀에게 가기를 망설이는구나!
> 그녀를 다시 만나는 것을 두려워하고 있구나!

어서 가자! 나의 망설임은 그녀의 죽음을 재촉할 뿐이다. (4408~4411행)

"절망의 구렁텅이"에 빠져 고통을 당하고 있는 그레첸을 생각하니 "뼈와 살이 깎이는" 고통을 느끼면서도, 자신의 삶은 궁극적으로 천상에 있다는 것을 알기 때문에 그는 망설이는 것이다. 미친 나머지 처음에는 파우스트를 자기를 죽이러 온 형리로 알고 살려달라고 애원하던 그레첸이 제 정신을 차린 후 파우스트를 알아보고 너무나 기뻐한다. 그러나 그 기쁨도 잠시, 그레첸은 파우스트가 자기를 사랑하지 않음을 직감한다.

어머나! 당신의 입술이 싸늘하군요.
말씀도 없으시고.
당신의 사랑은
어디로 가버렸나요?
누가 내 사랑을 뺏어갔나요? (4493~4497행)

그레첸은 파우스트가 자신을 사랑하지 않는다는 사실을 알고선 감옥에서 벗어나게 해주겠다는 파우스트의 제안을 거부한다. 그리고 감옥에서 죽음을 받아들이겠다는 그레첸을 두고 떠날 수밖에 없는 파우스트는 괴로운 심정을 이렇게 토로한다.

오, 나 차라리 태어나질 말았더라면! (4596행)

그러나 이런 파우스트의 고통은 그레첸의 고통에 비길 바가 못 된다. 그레첸은 독립된 인격체가 아니라 가부장적 사회가 요구하고 있는 전형적인 여성이다. 그레첸이 이상적인 여자라는 사실은 그레첸의 가치관이 소시민 세계의 가치관과 충돌을 일으키지 않았다는 것을 의미한다. 그리고 그레첸이 사회적 가치와 충돌을 일으키지 않을 수 있었던 것은 자신이 처한 소시민 사회에 대한 비판적 시각을 갖지 못하고 그 사회가 요구하는 도덕관을 그대로 수용하였기 때문이었다. 그러니까 그레첸의 영혼이 순수하고 맑을 수 있었던 것은 자의식이 결여되었기 때문이다. 이런 그레첸의 삶은 입센의 『인형의 집』에서 가부장적 사회가 요구하는 대로 살았던 인형 같은 노라의 삶과 똑같다. 가난한 노라 그레첸의 인형 같은 삶은 그러나 파우스트와의 사랑으로 인해 균열을 일으키기 시작한다. 파우스트와의 사랑을 계기로 그녀는 자신의 가난을 한탄하고 자신의 무지를 한탄한다. 이렇게 자의식이 생기자 그레첸은 이제 이전에 누렸던 "안정되고 평화스러운 목가적 삶"을 더 이상 영위할 수 없게 된다. 사회에 대한 비판적 의식을 가지지 못한 순박한 시골처녀에게 세속적인 가치관을 뛰어넘어 "초인"(490행)이 되고자 하는 파우스트라는 존재가 너무나 거대하게 느껴졌기 때문이다.

내게는 평화는 사라졌네.
마음은 그저 무거울 뿐.
마음의 평화를 결코,
다시는 찾지 못하리.

그이가 안 계신 곳
내게는 무덤이니,
세상이 온통
쓰디쓴 쓸개 맛일 뿐,

가련한 나의 머리
미쳐버렸다.
가련한 나의 마음

산산이 조각났다.

내게는 평화는 사라졌네.
마음은 그저 무거울 뿐.
마음의 평화를 결코,
다시는 찾지 못하리.

그이의 의젓한 걸음걸이
그 고결한 모습,
그 입가의 미소,
그 강렬한 눈빛.

그이의 말씀
마술과 같았네.
꼭 잡아주던 손,
아, 달콤한 입맞춤!(3374~3401행)

인형이 되기를 거부하고 초인을 따른 대가로 그레첸이 치러야 할 고통은 "지옥의 고통"(3770행)보다 더 심하다. 그레첸은 둘만의 달콤한 시간을 가지려고 파우스트가 시키는 대로 하다가 어머니를 독살하게 되고, 그레첸의 오빠 발렌틴은 여동생의 사랑을 가족의 치욕이라고 여기고 이에 대한 복수로 파우스트를 공격하다 살해당한다. 그리고 그레첸 역시 자신이 저지른 행동으로 인해 사회로부터 받을 지탄에 대한 두려움과 오빠와 어머니의 죽음에 대한 죄책감으로 광란에 빠진 나머지 파우스트와의 사이에서 태어난 자신의 갓난아기를 물에 빠트려 죽여 영아살해죄로 투옥된 후 처형되기 때문이다. 그러나 이런 그녀의 죽음을 괴테는 구원받은 것으로 그리고 있는

데 도대체 그 이유가 무엇인가?

　앞에서 지적한 바와 같이 파우스트가 그레첸에게 달려간 것은 사랑이 아니라 "죄책감과 동정심"이었다. 이런 파우스트의 본심을 확인하자 그레첸은 감옥에서 벗어나게 해주겠다는 파우스트의 제안을 거절한다. 그러나 그레첸이 감옥에서 나가지 않겠다고 한 것은 사랑이 식어버린 파우스트에 대한 투정이나 보복이 아니다. 그녀는 오히려 파우스트와 함께한 시절이 너무나 행복했다고 말한다. 이어서 그녀는 자신이 죽은 후 어머니, 오빠, 갓난아기와 같이 묻어 달라고 부탁하면서 어머니와 갓난아기의 죽음을 모두 자신의 죄로 인정하고 그에 대한 죄값을 달게 받겠다고 한다. 그래서 그녀는 자신을 강제로 안고 나가려는 파우스트에게 이렇게 말한다.

절 놔두세요, 안 돼요. 억지로 그러시는 건 싫어요!
사람을 죽일 듯이 절 붙들지 마세요!
다른 일은 모두 기꺼이 해드리지요. (4576~4578행)

　이런 결단은 이전에 파우스트에게 헌신적이고 순종적이기만 하던 그레첸의 모습과는 확연히 구분된다. 물론 지금도 파우스트를 위해 모든 것을 해주겠다고 말할 정도로 그레첸의 사랑은 헌신적이다. 그러나 이제부터는 가부장적 사회의 인형에서 벗어나 "스스로 사유하고 행동하며, 이 행동에 대해 책임을 지는 독립된 인간"으로 살겠다는 확고한 의지를 표명하고 있는 것이다. 그리하여 그레첸은 파우스트를 용서할 뿐만 아니라 함께 도망가자는 파우스트의 권유를 뿌리치고 하느님께 참회하고 의연하게 지은 죄에 대한 심판을 받는다. 이런 문맥으로 보면 그레첸이 왜 자신이 처형당할 날을 "혼인날"(4581행)로 여기고, 파우스트와 재회하기 전까지만 하더라도 공포와 두려움의 장소였던 감옥을 "성스러운 곳"(4603행)이라고 말하고 있는지 이해할 수 있다. 간단히 말해 혼인날이나 성스러운 감옥은 성숙한 모습으로 새롭게 태어날 그레첸의 자아에 대한 상징적인 표현인 셈이다.

　그레첸의 죽음 역시 이와 연관시켜 이해해야 할 것이다. 메피스토가 그레첸이 처형된 것을 두고 죄값을 치렀다고 하자 위로부터 "구원받았노라!"(4612행)는 목소리가 들려온다. 비록 그레첸이 하느님께 속죄하는 형식을 취하고는 있지만 이 구원을 종교적인 의미의 구원으로는 볼 수 없다. 스스로의 행동에 대해 책임지는 태도와 자유의지에 따라 스스로의 운명을 결정함으로써 죽음까지도 불사하는 높은 도덕성과 고귀한 인간성을 획득하게 된 것을 상징적으로 구원이라는 말로 표현한 것일 뿐이다. 이리하여 그레첸은 자신의 생명까지도 기꺼이 바치는 헌신적인 사랑으로 인해 독일문학 사상 "가장 감동적이고 숭고하며 고귀한 여성상"으로 "영원히 여성적인 것"(12110행)의 한 표상을 제시하였다.

　관능적 사랑은 아무리 고귀하다고 하더라도 시간과 공간의 제약을 받는다. 따라서 시공을 초월하여 삶과 세계에 대한 총체적 인식을 얻고자 하는 파우스트는 관능적 사랑에 안주할 수 없다. 반대로 시간과 공간의 제약을 받는 관능적 사랑은 오로지 죽음을 통해서만 완전해질 수 있을 뿐이다. 이처럼 시공의 제한을 받을 수밖에 없는 현실과 시공을 초월하기를 바라는 인간의 근원적 욕망 사이의 갈등, 이것이 바로 그레첸 비극의 본질이다.

V. 제2부 : 헬레나 비극

　가부장적 시민사회라는 '작은 세계'에서 그레첸과의 비극적 사랑으로 심신이 지친 파우스트는 알프스 산에서 잠시 휴식을 취하면서 원기를 회복한 후 공적인 넓은 세계인 황제의 궁정으로 진출한다.

　황제는 파우스트가 화폐를 발행하여 재정난에 허덕이는 나라를 부강하게 만들자 파우스트의 능력에 감탄한다. 이에 황제가 이상적인 남녀의 전형인 파리스와 헬레나를 불러내 보라고 명령하자 메피스토의 마술을 믿었던 파우스트는 쉽게 약속을 한다. 그러나 북방의 악마 메피스토의 능력은 고대 그리스 세계의 이교도들에게까지 미치지 못한다. 메피스토는 다만 "그들은 자기들만의 지옥에서 살고 있으며"(6210행) 시간과 공간을 초월한 어머니들의 나라에 있다[6]고 가르쳐주면서 파우스트에게 그 나라에 이르는 열쇠를 넘겨준다. 메피스토가 일러준 대로 어머니들의 나라에서 영을 불러낼 수 있는 삼발이 향로를 가지고 온 파우스트는 파리스와 헬레나의 혼령을 불러낸다. 마술로 불러낸 헬레나의 환영을 보자마자 매료당한 파우스트는 이렇게 말한다.

> 만일 내가 그대와 다시 떨어지게 된다면,
>
> 내 생명의 숨결 사라져도 좋다!―
>
> 일찍이 마법의 거울 속에서 날 매혹하고,
>
> 기쁘게 했던 아름다운 자태,
>
> 이 미인에 비하면 한낱 거품 같은 모상(模像)에 지나지 않도다!―
>
> 그대야말로 내 모든 힘의 충동을,
>
> 정열의 정수(精髓)를,
>
> 동경, 사랑, 숭배, 광신을 바쳐야 할 상대일진저.(6493~6500행)

파우스트는 「마녀의 부엌」에서 마법의 거울 속 미녀를 보고 그녀를 동경한 나머지 그레첸과 관능적 사랑에 빠졌었는데, 헬레나의 환영을 보자마자 거울 속 미녀를 '한낱 거품' 에 불과한 존재로 여길 만큼 헬레나의 아름다움은 절대적인 것이다. 그레첸은 실체가 있는 인물이었다. 그레첸과의 사

---

6) 여신들은 고독 속에서 거룩하게 좌정하고 있는데,/그들 주위엔 공간도 없고 시간도 없소이다⋯⋯그들은 어머니들이랍니다.(6213~6216행)

랑이 실제하는 여인과의 관능적 사랑을 나눈 것이라고 한다면 실체가 아닌 환영인 헬레나와의 사랑은 무엇을 의미하는가?

시공을 초월한 어머니들의 나라란 플라톤이 말하는 이데아와 같은 세계로 볼 수 있다. 이 어머니의 나라에 미녀 헬레나가 있다는 것은 헬레나가 바로 시공을 초월한 아름다움을 구현하고 있다는 말이다. 그러니까 시공을 초월한 아름다움을 접하게 되자 파우스트는 내면에서 뭔가 꿈틀거리는 힘을 느끼고 정열, 동경, 사랑, 숭배, 광기를 일깨우는 무언가를 발견하게 된 것이다. 거울 속의 미녀와는 비교할 수 없을 정도로 헬레나의 아름다움이 완벽한 만큼 헬레나를 향한 파우스트의 사랑 또한 절대적이다. 그리하여 환영으로 불러낸 파리스가 헬레나를 억센 팔로 들어 올려 납치해가려고 하자 파우스트는 헬레나가 사라지는 것을 막으려 한다.

> 내가 그녀를 구하겠다. 그러면 그녀는 이중으로 내 것이 되리라.
> 자, 용기를 내자! 어머니들이여! 어머니들이여! 용납해 주소서!
> 그녀를 알게 된 자, 그녀를 놓칠 수 없으리라.(6556~6559행)

파우스트는 사라지려는 헬레나를 구함으로써 초감각적인 이데아의 세계를 감각적인 세계로 환원시키려고 한다. 이렇게 된다면 초감각적인 이데아의 세계로서의 헬레나와 감각적인 세계로서의 헬레나를 동시에 느끼게 되는 것이므로 이를 두고 파우스트는 헬레나를 이중으로 자기 것으로 만든다고 한 것이다. 그런데 초감각적인 이데아의 아름다움을 감각적인 아름다움으로 구현시키는 것은 예술을 통해서만 가능하다. 따라서 환영을 실체로 붙잡아두겠다는 것은 파우스트가 예술가가 되겠다는 것을 의미한다.

이리하여 예술가로서 "위대한 이중세계"(6555행)를 건설하기 위해 파우스트가 헬레나의 환영을 붙잡으려 하자 폭발이 일어난다. 폭발소리와 함께 파우스트는 쓰러지고 유령들은 연기 속으로 사라진다. 이것으로 2부 1막은 끝나고 파우스트가 실신한 채 이전에 자신이 쓰던 서재에 누워 있는 장면으로 2막이 시작된다.

파우스트가 없는 동안 파우스트를 대신한 사람은 조수 바그너였다. 실험실에서 파우스트의 연구를 이어가던 그는 인조인간 호문쿨루스를 만들어 냈다. 이 호문쿨루스가 메피스토펠레스에게 파우스트를 치유하기 위해 고전적 발푸르기스 축제의 밤이 벌어지는 파르살수스 들판[7]으로 데리고 갈 것을 제안한다. 파우스트가 실신한 것은 헬레나 때문이고, 북방의 악마인 메피스토는 이교국인 그리스의 유령세계에 아무런 영향을 끼치지 못하므로 시공을 초월하여 파우스트를 이 세계로 안내할 매개자가 필요한데, 그 존재가 바로 호문쿨루스이다. 인간은 정신과 육체로 이루어져 있지만, 육체가 없는 인조인간 호문쿨루스는 플라스크라는 공간에 갇혀 있다. 이는 육체가 없어 완벽한 인간이 되진 못하지만 그 대신 무한한 사유능력을 가지고 있다는 뜻이다. 그래서 그는 환영인 헬레나를 잡으려다 의식을 잃고 쓰러져 있는 파우스트가 꾸고 있는 꿈까지 읽어낸다.

파우스트의 머릿속 생각을 읽고 난 호문쿨루스는 파우스트를 "이야기의 나라에서 생명을 찾는 사람"(7055행)으로 지칭한다. 이야기란 문학, 즉 예술을 말하는 것이고, 나라란 구체적으로 고대 그리스의 세계를 일컫는 것이므로 헬레나는 고대 그리스의 예술세계를 지칭하는 것이다.

앞에서 지적한 대로 파우스트가 환영인 헬레나를 실제로 움켜잡겠다는 것은 헬레나의 아름다움을 예술로 형상화시켜 보겠다는 것으로 볼 수 있다. 그래서 박식한 학자인 파우스트는 자신이 알고 있는 고대 그리스의 신화세계와 헬레나 이야기를 재구성하여 새로운 형태의 이야기를 만들어낸다. 헬레나를 찾아가는 과정에서 만나는 신화 속의 인물들에 대해 그린 「고

---

7) 그리스의 테살리아 고원에 있는 도시로 BC 48년 케이사르와 폼페이우스가 격전을 벌였던 곳. 이 전투를 기념하기 위해 6월 8일에서 9일 밤에 걸쳐 발푸르기스의 축제가 벌어졌는데, 전설에 의하면 이때 그리스의 유령들이 모인다는 것이다

전전 발푸르기스의 밤」도 그렇게 하여 탄생한 것이다. 그러나 파우스트가 형상화시킨 헬레나 이야기를 예술가 이야기가 아니라 잠시 꿈을 꾼 것(상상)으로 본다면, 꿈속에서 고전세계를 경험한 후 정신적으로 성숙하는 것으로도 해석할 수 있다.

그러면 파우스트가 상상 속에서 경험하는 (혹은 예술가 파우스트가 형상화시킨) 고대 세계를 살펴보자. 다음 인용문은 트로이 전쟁이 끝난 후 스파르타의 왕궁으로 돌아온 헬레나가 시녀장 포르키아스와 나누는 대화이다.

포르키아스 　오랜 세월 맛본 갖가지 행복을 회상해 보면,

　　　　　지고한 신의 은총도 결국 한바탕 꿈과 같지요.

　　　　　하지만 당신은 한없이 큰 은혜를 받으신 몸,

　　　　　일생을 두고 만난 연인들 사랑에 불타

　　　　　어떤 대담한 모험도 거침없이 해치웠지요.

　　　　　일찍이 테세우스[8]가 애간장을 태우며 당신을 탐했지요.

　　　　　그는 헬라클레스만큼이나 힘세고 잘생긴 남자였답니다.

헬레나 　날씬한 사슴 같던 열 살짜리 나를 유괴해

　　　　아티카의 아피드누스 성에 숨겨놓았지.

포르키아스 　하지만 곧 카스토르와 폴룩스에게 구출되어

　　　　　당신은 뭇 영웅들의 구애 대상이 되었지요.

헬레나 　그러나 솔직히 말해 내가 누구보다 은근히 좋아했던 건

---

8) 도시국가 아테네의 왕. 에기우스의 아들인 테세우스는 헤라클레스와 쌍벽을 이루는 그리스 신화의 영웅이다. 크레타 섬의 미노스 왕은 아테네를 굴복시키고 아테네의 젊은 남녀 7명을 미궁 속 반인반수의 괴물 미노타우로스에게 공물로 바쳤다. 왕세자 시절 테세우스는 미궁에 들어가 미노타우로스를 물리치는데, 그가 미궁에서 길을 잃지 않은 것은 미노스의 딸 아리아드네가 준 실 꾸러미 덕분이었다

9) 바다의 요정 테티스와 인간 펠레우스 사이에서 태어난 아킬레스를 가리킨다. 파트로클루스는 그의 친구이다. 파트로클루스는 트로이 전쟁 당시 아킬레스 대신 출전하였다가 트로이의 명장 헥토르에게 죽임을 당한다

펠리데[9]를 꼭 닮은 파트로클루스였지.

포르키아스 하지만 당신은 아버님의 뜻에 따라

　　대담한 항해가이자 내정에도 뛰어난 메넬라오스와 결혼하셨죠.

헬레나 아버님께선 딸을 주시고, 나라의 통치권까지 넘기셨어.

　　그 부부생활에서 헤르미오네가 태어났지.

포르키아스 하지만 왕이 유산인 크레타 섬을 찾으려고 용감히 원정길에 올랐을

　　때,

　　외로운 당신 앞에 너무나 아름다운 손님이 나타났죠.(8843~8861행)

　어린 시절 테세우스에게 납치될 정도로 미모가 뛰어났던 헬레나는 스파르타의 왕 메넬라오스와 결혼하여 자식까지 두었지만 트로이의 왕자 파리스에게 납치되어 트로이 전쟁의 원인이 되었다. 위에서 말하고 있는 아름다운 손님이 바로 파리스이다. 트로이 전쟁 도중 파리스가 사망하자 파리스의 동생 데이포보스는 헬레나를 자신의 첩으로 만들었다. 여기까지는 신화의 내용과 일치한다. 괴테는 헬레나가 스파르타의 왕 메넬라오스 곁을 떠나고 신화세계를 벗어나 게르만의 영주인 파우스트의 성으로 가서 파우스트와 만나는 것으로 설정하고 있다. 파우스트는 무리를 이끌고 트로이 전쟁으로 취약해진 스파르타 산간지역에 난공불락의 성을 축조한 후 스파르타 배성들을 약탈한다. 한편 메넬라오스는 트로이 전쟁을 승리로 이끌고 헬레나를 다시 스파르타로 데려오지만 다른 남자와 살다온 헬레나에 대한 질투 내지는 그녀가 저지른 부정에 대한 응징으로 그녀를 신전의 제물로 바치기로 작정한다. 스파르타의 왕궁에 도착하여 이 사실을 안 헬레나는 파우스트의 성으로 피신한다. 앞에서 지적한 바와 같이 괴테는 육체는 없지만 정신적으로 전지전능하기 때문에 시공을 초월하여 어디든지 자유자재로 갈 수 있는 호문쿨루스라는 인물을 통해 독일 중세인 파우스트가 고대 그리스의 미녀 헬레나를 자연스럽게 만날 수 있게 만든 것이다.

고대 그리스의 미는 조화와 균형인데, 파우스트와 헬레나가 만나는 첫 장면을 보면 이런 고대 그리스의 미가 잘 형상화 되어 있음을 알 수 있다. 우선 두 사람의 만남을 매개한 망루지기 린코이스 사건을 먼저 살펴보자. 그리스 신화에 등장하는 천리안 린코이스는 아르고 호의 돛대 위에서 주위를 감시하는 역할을 맡았던 인물인데, 괴테의 작품에서는 파우스트의 성을 지키는 망루지기로 등장한다. 그는 높은 탑에서 주위를 감시하면서 움직이는 물체를 모두 보고해야 하지만 헬레나의 아름다움에 현혹된 나머지 헬레나가 도착한 사실을 알리지 않았다. 그로 인해 헬레나를 영접하면서 결례를 범했다고 생각한 파우스트는 헬레나를 처음 만나는 자리에 사슬에 묶인 린코이스를 대동하고선 그에 대한 처분을 헬레나에게 일임한다. 헬레나 앞으로 불려 나온 그는 자신이 저지른 잘못에 대한 변명은 하지 않고 헬레나에 대한 찬사를 늘어놓는다. "신께서 보내주신"(9220행) 분이며, 아름다움에 눈이 부셔 오로지 헬레나만 쳐다볼 수밖에 없었다고 하면서, "눈부신 아름다움"(9245행)에 눈이 멀었으니 죽이든지 살리든지 뜻대로 하라고 말한다. 임무를 게을리 한 죄로 처벌을 받을 자리에서 린코이스가 헬레나에게 찬사를 늘어놓자 헬레나는 자신의 잘못이라고 하면서 린코이스에게 자비(관용과 화해)를 베푼다.[10] 린코이스가 천리안을 가졌다는 것은 "아무도 본 적 없는/천하의 진품"(9297~9298행)을 볼 줄 아는 혜안의 소유자라는 말이다. 따라서 헬레나에 대한 린코이스의 찬사[11]는 파우스트에게도 그대로 적용된다. 두 사람의 대화를 듣고 난 후 파우스트 역시 헬레나의 절대적인

---

10) 제가 초래한 죄를 벌할 수 없습니다./슬프군요! 이 무슨 가혹한 운명이 절 따라다니는지요./어딜 가나 남자들의 마음을 유혹하여/절 좇으려 자신뿐 아니라/소중한 임무마저 잊게 만들다니요./반신(半神)들, 영웅들, 신들, 심지어 악령까지도/저를 빼앗고 유혹하고 싸우고 몰아대면서/정처 없이 이리저리 끌고 다녔습니다./세상을 어지럽힌 게 한 번뿐이던가요?/두 번, 세 번, 네 번 재앙을 가져오고 있지요./이 착한 사람을 데려가 풀어주세요./신에게 우롱당한 사람이 어찌 욕을 보겠습니까?(9246~9257행)

11) 이 아름다운 분의 위력은/모든 재산과 생명을 지배합니다./이미 전 군대가 맥이 빠지고,/창검도 모두 무디어져 소용없게 되었나이다./그 화려한 모습 앞에서는/태양도 빛을 잃고 식어버립니다./눈에 보이는 게 너무나 풍성해/모든 것이 공허하고 무의미해집니다.(9348~9355행)

미에 대해 똑같은 찬사를 늘어놓는다.

> 놀랍습니다. 오 여왕이시여. 여기서 동시에
> 사랑의 화살을 쏘는 여인과 그것에 맞은 사람을 보겠군요.
> 내가 보는 활은 화살을 날려 저 자의 가슴에 상처를 입혔습니다.
> 그 화살 연달아 날아와 나를 맞히는군요.
> 이 성 안 어디를 둘러봐도
> 깃털 달린 화살이 나는 것 같습니다.
> 이제 나는 무엇입니까? 당신은 졸지에
> 충직한 신하들을 배신케 했고, 내 성을 위태롭게 했습니다.
> 그러니 벌써부터 두렵군요, 내 군대가
> 패배를 모르는 부인께 항복할까봐.
> 나 자신은 물론 내 것이라 망상하던 모든 걸
> 당신에게 바치는 수밖에 없겠군요.
> 그대 발밑에 엎드려 자진해 충성을 맹세하노니,
> 납시자마자 모든 재산과 옥좌를 차지하신
> 당신을 주인으로 섬기게 해주십시오. (9258~9272행)

이리하여 두 사람은 사랑에 빠지고 낙원의 세계 아르카디아에서 가정을 꾸린 후 그 결실로 오이포리온이라는 아들을 얻는다. 그러나 두 사람의 행복은 아들 오이포리온의 죽음으로 막을 내린다. 이카루스처럼 하늘을 날다 추락하여 죽은 오이포리온이 땅 속 깊은 지하세계에서 어머니를 부르자[12] 헬레나는 "행복과 아름다움을 늘 함께 누릴 수"(9939행) 없음을 애통해 한다. 그리고 파우스트에게 "쓰라린 이별"(9942행)을 고하며 포옹을 하자 그

---

12) 어머니, 절 이 어두운 나라에/홀로 내버려두지 마세요!(9905~9906행)

녀의 육신은 사라지고 옷과 면사포만 그의 팔에 남는다.

포르키아스의 말이 끝나자마자 헬레나의 옷이 구름이 되어 흩어지면서 파우스트를 감싸고 하늘 높이 들어 올려 데리고 날아간다. 헬레나와의 사랑을 통해 파우스트는 세속의 삶을 초월하여 이데아의 세계(천공)를 느끼게 된 것이다. 이것으로 3막은 끝나고 4막이 시작된다.

파우스트는 "구름수레"(10042행)를 타고 다시 지상으로 내려오고, 구름은 떠오르면서 "무상한 나날의 큰 뜻을 눈부시게 반영"(10054행)하며 형체도 없이 멀리 사라진다. 헬레나의 옷을 타고 하늘나라에 다녀왔다는 것은 꿈속에서 헬레나와 사랑을 나누다 꿈을 깨고 현실로 돌아온 것으로 볼 수도 있고, 현실을 잠시 접어두고 예술을 통해 아름다움을 추구하다 다시 현실 세계로 눈을 돌린 것으로 볼 수도 있다. 어쨌든 헬레나 체험이 파우스트를 완전히 바꾸어 놓는다. 천국을 보았기 때문이다. 이제 파우스트는 천국에서 본 새로운 삶을 실천하는 일만 남았다. 그래서 파우스트에게 새로운 희망이 넘친다.

… 이 지상에는 아직도

위대한 일을 할 여지가 남아 있어.

놀랄 만한 일을 해내야 해.

과감히 노력하고픈 힘이 느껴지네.(10181~10184행)

파우스트는 개인의 자아가 개인의 자아로 머물지 않고 총체적 개인이 되기를 희망한 인물이다. 따라서 파우스트가 위대한 일을 행하겠다는 것은 총체적 개인을 실천으로 옮기겠다는 것인데, 그것은 곧 이 지상에 유토피아를 건설하는 일로 구체화된다. 유토피아를 건설하기 위해서는 권력과 힘이 필요하다. 그래서 파우스트는 명예나 명성을 위한 것이 아니라 행동을 실천에 옮기기 위해 지배자가 되겠다고 말한다.

지배권을 획득하는 거다, 소유권도!

행위가 전부다. 명성은 허무한 것이다.(10187~10187행)

2부 제5막에 이르면 파우스트는 황제의 반란군을 진압하고 그 공로로 해안지대를 봉토로 하사받고, 대규모 간척사업을 벌여 그곳을 옥토로 만든다. 파우스트가 꿈꾼 유토피아는 모든 인간이 열심히 노력하면 착취당하거나 박해받지 않고 자유롭게 살 수 있는 행복한 세상을 만드는 것이다.

지혜의 마지막 결론은 이렇다.

자유도 생명도 날마다 싸워서 얻는 자만이

그것을 누릴 자격이 있는 것이다.

그래서 위험에 둘러싸이더라도 여기에선

남녀노소가 모두 값진 나날을 보내는 것이다.

나는 이러한 군중을 지켜보며

자유로운 땅에서 자유로운 백성과 살고 싶다.(11574~11580행)

파우스트는 언젠가 이 땅에 건설될 유토피아를 떠올리며 다음과 같이 말한다.

이 같이 드높은 행복을 예감하면서

지금 최고의 순간을 맛보고 있노라.(11585~11586행)

이 말과 더불어 백 살이 된 파우스트는 죽음에 이른다. 파우스트가 쓰러지자 그 순간을 기다려왔던 메피스토는 악마들과 함께 파우스트의 영혼을 가져가려 하지만, 천사들이 파우스트의 영혼을 하늘나라로 인도한다.

VI. 구원의 의미

사랑만이 사랑하는 사람을
천국으로 인도하지요!(11751~11752행)

두 주인공 그레첸과 파우스트는 지옥에 떨어지지 않고 하늘나라로 올라가 구원을 받는다. 기독교적인 관점에서 볼 때 죽기 직전에 참회하며 신에게 귀의한 그레첸은 그렇다고 치더라도 파우스트는 절대로 구원을 받을 수 없다. 그는 내세에 아무런 관심이 없었을 뿐 아니라 악마에게 영혼까지 팔았기 때문이다. 더구나 죽는 순간까지도 회개하지 않고 당당하게 죽음을 맞이한다. 그럼에도 불구하고 파우스트는 구원을 받는다.

하느님은 메피스토에게 파우스트를 유혹해도 좋다고 하면서 "착한 인간은 비록 어두운 충동 속에서도/무엇이 올바른 길인지 알고"(328~329행) 있음을 확신하고 있다. 이 말처럼 만약 파우스트의 운명이 신의 의지에 따라 정해진 것이라면 이 드라마는 비극이 될 수 없다. 비극이란 화해할 수 없는 갈등과 그로 인한 파국이 전제가 되기 때문이다. 따라서 파우스트의 구원을 종교적 시각으로 해석하지 않는 것이 옳다.

목숨을 연장할 수 있음에도 불구하고 자신이 저지른 잘못에 대해 책임을 지고 당당하게 죽음을 맞이함으로써 새로운 자아를 얻었던 그레첸은 구원을 받았다. 파우스트는 그레첸과 그레첸의 가족 그리고 그레첸과의 사이에서 난 사랑의 결실까지도 죽음에 이르게 만들고, 헬레나와의 사랑에서 얻은 아들 오이포리온마저 잃어버리며, 간척사업을 하면서 무고한 사람들을 희생하기도 하는 등 수많은 잘못을 저지르고 고통도 받았다. 그러나 인생의 의미가 무엇인지 밝혀내고자 하는 의지를 굽히지 않았기에 그는 마침내 그 뜻을 이루게 된다. 그리고 자신의 뜻대로 지상에서 유토피아를 건설하다가 목숨을 다한 파우스트는 구원을 받는다. 이처럼 비록 고통이 따른다고 하더라도 인간에 대한 존엄성을 잃지 않고 자유의지로 인류를 위해 스스로의 삶을 사는 파우스트와 같은 사람이 신 없는 시대에 살아가는 우리들이 본받아야 할 인간상일 것이다. 다만 그것을 기독교적인 의미의 구원으로 형상화시켰을 뿐이다. 파우스트의 불멸의 영혼을 인도하는 천사들의 말도 이런 문맥으로 읽어야 할 것이다.

> 언제나 갈망하며 애쓰는 자,
> 그를 우리는 구원할 수 있다. (11936~11937행)

인류의 미래인 유토피아를 건설하는 것이 곧 자신의 사명임을 깨달았다는 것은 파우스트라는 한 개인이 개인을 넘어서서 총체적 개인이 되었음을 의미하는 것인데, 이를 가능하게 해준 것이 바로 사랑이다. 여성과의 사랑을 통해 파우스트는 높은 도덕성을 배우고 자유의지를 통해 인생을 개척해

가는 것임을 배우며, 개인의 삶이 개인의 삶에 머물지 않고 인류 전체의 삶
과 부합되어야 함을 느낀 것이다. 그리하여 죽은 파우스트의 영혼이 승천
할 때 신비의 합창이 울려 퍼진다. 『파우스트』의 마지막에 나오는 유명한
구절이다.

> 일체의 무상한 것은
>
> 한낱 비유일 뿐,
>
> 미칠 수 없는 것,
>
> 여기에서 이루어지고,
>
> 형언할 수 없는 것,
>
> 여기에서 성취되었네.
>
> 영원히 여성적인 것이
>
> 우리를 이끌어 올리도다.(12104~12111행)

VII. 나오는 말

플라톤 미학의 근본개념은 아름다움이다.

아름다움이란 무엇인가? 소크라테스는 지혜가 가장 아름다운 것이라고
했고, 히피아스는 건강을 유지하며 오래 살면서 명성을 얻는 것이 가장 아
름다운 것이라고 했다. 그러나 플라톤은 현상계의 사물뿐만 아니라 영혼
그리고 이데아에도 아름다움이 있으며, 그 중에서도 이데아의 아름다움이
가장 순수한 아름다움이라고 했다.

근대인 파우스트는 이데아의 아름다움을 갈망하는 인물이고, 메피스토
는 파우스트가 목적하는 바를 이루도록 도와주는 인물이다. 파우스트는 마
법의 거울 속에 나타난 여인에게 매료된 후 그레첸과의 관능적 사랑에 빠

졌다. 그러나 관능적 사랑은 시간과 공간을 초월하는 이데아의 아름다움과는 거리가 먼 것이기에 그레첸과의 만남은 비극적으로 끝날 수밖에 없었다. 그럼에도 불구하고 그레첸과의 관능적 사랑을 통해 헌신적인 사랑과 자유의지를 알게 되었고, 또 그 자유의지를 통해 인간은 높은 도덕성과 고귀한 인품을 얻을 수 있음을 느끼게 되었다.

그레첸과의 사랑을 통해 시공의 한계를 인식한 후 파우스트는 시간과 공간을 초월한 아름다움을 추구한다. 그는 헬레나를 통해 조화와 균형이 주는 아름다움을 인식하게 된다. 그러나 상상의 산물인 예술은 꿈과 같은 것이라 현실까지 완벽하게 아우를 수 없다. 그래서 파우스트는 예술에도 등을 돌리게 된다.

그레첸을 잃고 헬레나를 잃은 파우스트의 운명은 비극적이다. 그러나 그레첸과의 관능적 아름다움과 예술을 통한 아름다움을 추구하던 파우스트는 마침내 인식의 전환을 맞게 된다. 자신이 바라던 이데아의 아름다움을 본 것이다. 자유의지를 바탕으로 높은 도덕성을 획득하면서도 영원할 수 있는 것이 무엇인지 깨닫게 되는데, 그것이 바로 파우스트가 마지막에 정열을 바쳐 건설하는 신도시이다. 신도시, 즉 모든 인간이 아무런 구속을 받지 않고 자유롭게 살 수 있는 유토피아가 바로 파우스트가 꿈꾸던 이데아의 세계인 것이다. 이를 루카치 식으로 표현하면 파우스트는 마침내 총체적 개인이 되는 길을 찾은 것이다.

[더 생 각 해 볼 문 제]

1. 파우스트는 지상에 유토피아를 건설하는 것을 아름답다고 주장하고 있다. 우리는 왜 살
   며, 삶의 의미를 느끼게 해주는 진정한 아름다움이란 무엇인지 각자 생각해 보자.
2. 현대 사회에서 신의 역할은 무엇인지 생각해 보자.
3. 이 작품에서 헬레니즘과 헤브라이즘이 어떻게 융합되어 있는지 생각해 보자.
4. 단테의 『신곡』에서 말하는 구원과 괴테의 『파우스트』에서 말하는 구원의 차이에 대해
   생각해 보자.

[주 제 어]

파우스트 전설

15세기 말에서 16세기에 걸쳐 실존했던 파우스트에 관한 전설적인 이야기. 전해오는 이야
기에 의하면 파우스트는 신학을 공부하였으나, 어느 날 신을 버리고 악마인 메피스토펠레스
와 계약을 맺는다. 그는 24년 동안 이 세상에서의 쾌락과 즐거움을 향유하고 인식에 대한 무
한한 욕구를 충족시켜 주는 조건으로 악마에게 자신의 영혼을 팔고, 영혼을 판 죄의 대가로
나중에 비참한 최후를 맞이한다.

파우스트

괴테의 파우스트는 전형적인 근대인이다. 휴머니즘을 부르짖으며 이성을 중시하면서 이성
에 바탕을 둔 과학과 기술의 힘을 신봉한 근대는 그 본질상 무신론의 시대였으며, 이런 근대
는 지금도 계속되고 있다. 따라서 파우스트가 전형적인 근대인이라는 말은 이 세상에서 이룰
수 있는 삶에 가치를 둘 뿐 사후세계에 대해서는 아무런 관심도 없다는 뜻이다.

메피스토펠레스

하느님의 허락을 받고 파우스트를 유혹하기 위해 지상으로 내려온 악마. 메피스토펠레스는 절대정신, 근원적 진리의 존재자체를 부정하는 현실주의자이다. 절대 진리를 긍정하는 입장에서 본다면 근원적 진리자체를 부정하는 메피스토펠레스는 죄를 짓고 파괴를 일삼는 존재이며, 악의 나락으로 떨어뜨리려고 노력하는 존재가 된다는 말이다. 악의 화신 메피스토가 인생과 우주에 대한 근원적인 진리를 갈구하는 파우스트에게 나타나 쾌락에 인생을 맡기라고 유혹한다.

호문쿨루스

괴테가 파라셀수스의 연금생물체 호문쿨루스 제조법에서 힌트를 얻어 형상화시킨 인조인간. 파라셀수스는 남성의 정액을 밀폐된 증류기에 넣어 40주 동안 양육하면 인간이 된다고 주장하였다. 인간은 정신과 육체로 이루어져 있지만, 괴테는 육체가 없는 인조인간 호문쿨루스를 만들어낸다. 플라스크라는 공간에 갇혀 있는 호문쿨루스는 육체가 없어 완벽한 인간이 되진 못하지만 그 대신 무한한 사유능력을 가지고 있다.

현대시의 근원

: 보들레르 『악의 꽃』

김종기 | 부산대학교

 **I. 들어가면서**

　시라는 종교를 위해 평생을 치열하게 살았던 보들레르는 운문시집으로는 단 한 권 『악의 꽃』을 남겼다. 그리고 우리들에게 '보들레르 하면 『악의 꽃』, 『악의 꽃』 하면 보들레르' 가 연상될 정도로 보들레르는 『악의 꽃』의 시인으로 각인되어 있다. 시집은 그 제목에서부터 '악' 과 '꽃' 이라는 서로 모순되는 두 단어가 어울려 다소 역설적인 뉘앙스를 풍긴다. 그리고 그 속에 피어 있는, 언뜻 기괴하게 보이는 '악의 시' 들은 시인의 전기적 에피소드와 맞물려 신비감을 더해주고 있다.

　술꾼이며 아편중독자, 여자와 사치에 빠진 댄디였고 빚에 쪼들려 도망 다녔던 금치산자…. 젊은 시절 걸린 매독의 합병증인 신경쇠약증으로 인한 죽음. 이런 삶 속에서 다양한 예술 비평과 스캔들의 시를 한 편 한 편 써내려간 시인. 이것이 우리에게 알려진 시인의 일반적인 모습이다.

　그렇다면 그의 작품세계는 어떤가? 그의 시는 현대시의 근원으로 알려져 있다. 대강 정리해 본 다음과 같은 평가가 그 이유이다. 그의 시가 파리라는 '현대적' 도시를 최초로 시적 영감의 원천으로 삼았다는 것. 그래서 자질구레한 일상, 추함, 진부함, 그리고 악(惡)에서 까지도 시라는 꽃─아름다움을 피워냈다는 것. 이런 시를 통하여 반문명적, 반계몽적 비전을 제시하였다는 것. 현대비평이 말하는 공감각, 상응, 상상력, 아날로지, 알레고리, 상징 등의 개념을 시 속에서 예술적으로 형상화하였다는 것. 그리고 이제는 시학의 보편적 공리가 된, 시와 언어의 관계를 형이상학적인 차원으로 끌어올렸다는 것….

그러나 생존 당시의 보들레르는 그다지 큰 주목을 받지 못했다. 세기를 넘어 20세기의 중반에 이르러서야 제대로 평가받기 시작한 것이다. 프랑스 시 이해를 위한 필독서인 『프랑스 현대시사(現代詩史)─보들레르에서 초현실주의까지』는 그 첫 문장을 "『악의 꽃』으로부터" 라는 문장으로 시작한다. 한편으로는 말라르메와 발레리의 상징주의 시에 이르는, 다른 한편으로는 랭보를 거친 초현실주의 시에 이르는 두 갈래 프랑스 현대시의 출발점이 모두 보들레르라는 견해에 아무도 이견을 제시하지 않는다.

심미적 차원의 이러한 평가뿐만 아니다. 사회 · 역사적인 관점에서 1930년대 벤야민이 주목한 보들레르 시의 현대성은 1970년대 이후 하버마스, 아도르노 등에 의해 새롭게 해석, 계승된다. 또한 데리다는 언어 기호적 관점에서 보들레르 시를 새롭게 해석하였다. 보들레르 시의 독창성과 시학의 깊이가 현대에 와서 또 다시 평가되고 있음을 알 수 있다.

이 글에서는 우선 『악의 꽃』이 어떤 시집인가를 시집 구성의 측면에서 살펴보고, 전체적인 내용 흐름에 따라 작품들을 읽어볼 것이다. 그리고 그 시들이 무엇을 의미하며 어떻게 형상화 되는지를 살펴볼 것이다. 이러한 과정을 통하여 『악의 꽃』이 왜 현대시의 근원이 될 수 있는가를, 그리고 『악의 꽃』의 가치가 어디에 있는가를 이해해 볼 것이다.

II. 『악의 꽃』밭을 따라

『악의 꽃』은 서시 「독자에게」로 시작하여, 여섯 개의 장으로 구성되어 있다. 그런데 시집의 목차에 따른 각 장의 제목과 그를 구성하고 있는 시들을 전체적으로 살펴보면, 이 시집은 개별 시들의 단순한 모음이 아니다. 어떤 전체적인 구성적 배려를 통하여 각 시들과 장, 그리고 시집 전체가 하나의 비극적 드라마처럼 촘촘하게 엮여 있기 때문이다. 위고 프리드리히도 보들레르가 뛰어난 시인임을 이러한 시집 구성의 관점에서 밝히고 있다. 시집 전체의 "건축적 배치"를 통하여 시의 "형식의 힘"을 얻고 있다는 것이다. 여러 견해들을 종합해 보면『악의 꽃』의 "건축적 배치"는 다음과 같다.

"저 높은 곳을 향한 도약과 추락 사이의 대조"라는 한 존재의 비극적 상황이 그려진 제1장 〈우울과 이상〉, "대도시라는 표피적 세계 속에서 도피를 시도"하는 제2장 〈파리 풍경〉, "인공낙원 상태에서 시도하는 도피"로서의 제3장 〈술〉, "자신을 매혹하는 파괴[방탕과 타락]에 자신의 존재를 내맡김"으로써 육체의 악과 죄가 피어나는 제4장 〈악의 꽃들〉, 도피를 위한 모든 시도가 실패로 끝난 후 신성 모독적 전복을 통한 "신에 대한 야유와 반항"을 그린 제5장 〈반항〉, "절대적 미지인 죽음 속에서 휴식을 찾기 위하여" 기울이는 "최후의 시도"인 제6장 〈죽음〉으로의 귀결.

이제『악의 꽃』밭으로 들어가 보자. 시집을 열고 있는 「독자에게」는 시집 전체의 서문에 해당한다. 따라서 이 시는 시집 전체에 담긴 내용, 그러니까 시인의 탄생에서부터 죽음에 이르는 인생의 전 여정이 안내되어 있다. "정신"과 "몸"의 갈등, "죄"와 "후회"의 반복, "의지"의 "증발", 온갖 악덕과 회한, 죄악, 악마로 인한 지옥으로의 추락, 방탕, 죽음, 우리 인간의 가련한 운명, 인간에게 있어 가장 큰 악덕이며 고통의 근원인 권태… 그런데 시인과 독자 모두, 그러니까 우리 모든 인간은 이 권태를 "제일 흉악하고 악랄하고 추잡한" "까다로운 괴물" 임을 잘 알고 있다고 전제한다. 그래서 시인은 이를 모른 척 살아가는 우리를 "위선의 독자"라 부르며 자신의 시집에 초대한다. 그리고 독자 또한 권태를 운명으로 받아들일 수밖에 없는 이 땅의 존재라는 점에서, 시인과 닮은 사람, 시인의 "형제"라고 부른다.

> [···] 그대는 안다, 독자여, 이 까다로운 괴물을,
> ─ 위선의 독자여, ─ 나를 닮은 이여, ─ 내 형제여!

1. 〈우울과 이상 Spleen et Ideal〉

시인[시적 화자]은 우선 자신의 존재를 "전능하신 하느님의 점지를 받아/[···] 이 따분한 세상에 태어"난 존재로 규정한다. 저 하늘의 존재였다가 어떤 운명으로 인하여 이 "따분한 세상"에 추방된 것이다. 그래서 시인은 "역한 독기" 풍기는, "안개 낀 삶을 무겁게 짓누르는/권태와 끝없는 슬픔"이 가득한 '여기, 이 땅'에 "등을 돌리고" 저 높은 이상세계로 다시 「상승」하고자 한다. 그 세계는 시인이 우주 만물과 소통할 수 있는 행복한 세계이다.

> [···] 고요한 빛의 들판을 향해 힘찬 날개로
> 날아갈 수 있는 사람은 행복하여라;
>
> [···] ─ 삶 위를 떠돌며 꽃들과 말없는 사물들의 언어를
> 힘들이지 않고 알아내나니!

그런데 이 세상에 추방당한 시인의 모습은 어떤가? "땅 위, 야유 속에 내몰리니,/그 거창한 날개도 걷는 데 방해가 될 뿐"인, 저 높은 흰 구름 위를

날아다니다가 배의 갑판 위에 잡혀온 새「알바트로스」와 같은 존재이다. 유배된 "시인"은 당연히 고향을 그리워할 수밖에 없다. 고향인 하늘 위 세계를 찾아 다시 돌아갈 방법은 없는가? 그 유일한 방법은 예술, 즉 아름다움을 통해서라고 시인은 생각한다. 그래서 시인은 예술가들을 자신의 길을 비추어 주는「등대[들]」로 삼는다. 예술이 이 땅에 추락한 존재의 "존엄을 보일 수 있는 최상의 증거"이기 때문이다.

그러나 이 세상 시인의 지금 모습은 "악몽이 사납고 억센 주먹질로/전설의 늪 깊은 곳에" 빠뜨린「병든 뮤즈」, "날마다 저녁의 빵을 벌기 위해/[…] 속물들 마냥 웃기기 위해,/굶주린 어릿광대처럼 아양 떨고,/남모를 눈물에 젖은 웃음도 팔아야 하"는「돈에 팔린 뮤즈」혹은 "게으름뱅이," "무능한 수도사」의 모습이다. 시인이 이 땅에서 저 이상세계를 추구하는 것을 방해하는 것이 또 있다. 그것은 바로 "시간"인데, 시인에게 이 시간은「원수」이다. 시인이 찾아야할 "수많은 보석들"과 "수많은 꽃들" "어둠과 망각"은 "깊은 적막 속에서" 향기를 풍기지만, "예술은 길고 시간은 짧아" 이 땅에서 시인의 운명은「불운」하기 때문이다.

그 결과 시인은 저 너머 세계를 찾아 헤매는「길 떠난 보헤미안」이 된다. 그 세계는 이 땅에 추락하기 이전의 세계, 즉「전생」의 세계로서 "어두운 미래의 낯익은 세계"이다. 마치 바다 속에 수많은 보물이 숨겨져 있는 것처럼 이 전생의 세계, 아름다움의 세계는 따라서 시인의 내면에 있다.「이상」세계로 돌아가는 것이「아름다움」을 통해서 가능하다면, 이제 시인은 자신의 내면으로부터 우러나는「아름다움에 바치는 찬가」를 불러야 한다.

그런데 아름다움은 두 얼굴을 가지고 있다. "악마 같으면서도 숭고한" "아름다움"은 시인에게 "선과 악을 뒤섞어 쏟아" 붓는다. "별"이든, "석양" 이든, "향기"든, "공포"든, "살인"이든, 아름다움이란 어떤 종류라도 상관 없다. 단지 시인이 이 "추한" 세상을 벗어나고, "시간"의 압박에서 자유로울 수 있다면.

그대 하늘에서 왔건, 지옥에서 왔건 무슨 상관이랴?
오「아름다움」이여! 끔찍하되 숫된 거대한 괴물이여!
그대의 눈, 미소, 그대의 발이
내가 갈망하나 만나보지 못한「무한」을 열어주기만 한다면.

「악마」로부터 왔건「하느님」에게서 왔건 무슨 상관이랴?
[…]
운율이여, 향기여, 빛이여, 오 내 유일한 여왕이여!—
세계를 덜 추악하게 하고, 시간의 무게를 덜어만 준다면!

시인은 포기하지 않고 이상세계의 모습을 그려본다. 아름다움을 통해서
가 닿을 수 있는 이상세계의 모습, 그 행복의 상태와 그에 이르는 과정이 잘
드러나 있는 작품들 중의 하나가「이국 향기」이다. 마치 고갱의 그림처럼
은밀하게, 그리고 감각적으로 펼쳐진 열대의 어떤 "섬나라"는 여기가 아닌
저기의 나라, "이국"이다. 그것은 시인이 꿈꾸어 왔던 이상세계의 구체적
인 모습이다.

어느 다사로운 가을저녁 두 눈을 감고
훈훈한 그대 젖가슴 내음 맡으면,
단조로운 태양 볕 눈부신
행복한 해안이 내 눈앞에 펼쳐진다.

그것은 게으른 섬나라, 거기서 자연은 키운다,
진귀한 나무와 맛있는 과일들을,
날씬한 체구에 활기찬 사내들을,

순진한 눈빛이 놀라운 여인들을.

그대 내음을 따라 매혹적인 고장으로 안내되어,

나는 본다, 바다의 파도에 흔들려 아직도 몹시 지쳐 있는

돛과 돛대 가득한 어느 항구를,

그동안 타마린의 초록색 향기는

대기 속을 감돌며 내 콧구멍을 부풀게 하고,

내 마음 속에서 수부들의 노래와 뒤섞이누나.

전체적으로 시적 화자가 저기 이국으로 가는 과정을 보면, 먼저 시각이 차단되고 후각이 열리면, 또 다른 시각 그러니까 상상에 의한 시각이 열리는 과정이다. 구체적으로 살펴보자. 시각이 닫힌 상태("두 눈을 감고")에서 후각("젖가슴 내음")은 또 다른 시각적 전경을 펼쳐주는데, 이는 어떤 "행복한 해안"의 "섬나라"이다. 이제 이 시각적 전경은 더 구체적으로 "과일들"과 "사내", "여인들"을 통해 드러나는 건강함과 풍요의 행복한 해변이다. 그런데 "그대 내음을 따라" 안내된 "매혹적인 고장"은 시인의 상상에 의해 환기된 세계이다. 그것은 "바다의 파도에 흔들"린 긴 여행의 끝에 다다른 어느 항구이며, 그곳은 향기도 색깔을 가지고 소리와도 어울리는 조화로운 세계이다. 이는 여러 감각들이 함께 어울려 하나가 되는 공감각의 조화이며, 이러한 감각의 조화로운 세계를 통하여 시인은 저 너머의 세계, 이상 세계로 또 다시 떠날 수 있음을 암시하고 있다.

그런데 이 소네트가 보여주듯, 감각—육체가 신비적으로 통일체를 구성하고 있는 이 지상의 존재는 흔히 여자로 드러난다. 여자의 구불구불하고 향기 나는 「머리타래」를 통해서 시인은 "영원한 열기 흔들리는 순수 하늘의 영광"을 보기 때문이다. 시인이 "꿈꾸는 오아시스, 또 추억의 술을/오래

오래 들이마시는 표주박"과 같은 존재가 바로 여자이기 때문에, 여자는 시인에게 저 이상세계를 열어주는 매개체가 된다. 또한 여자는 감각과 정신의 통일체로서 「전 우주를 규방에 끌어넣는」 존재가 된다.

그러나 이 세상에서 시인의 존재도 육체와 정신을 가진 인간이다. 따라서 시인은 이 통일체인 여자에게서 저기 이상세계로의 상승적 요소와 저 아래 지옥으로의 타락의 요소를 동시에 만날 수밖에 없다. 시인에게 여자는 감각의 복합체로서, 이상과 타락 사이의 묘한 존재, 설명할 수 없는 신비한 존재, "더러운 위대함! 숭고한 치욕!"이 된다. 그래서 「춤추는 뱀」과 같은 여자는 약과 동시에 독을 가지고 있고, 그 약—독은 시인을 '여기'를 벗어나 저 너머 세계로 떠나게 해준다.

> 그대 이빨 가장자리에
> 침이 솟아오르면,
>
> 나는 씁쓸하고 기분 북돋우는
> 보헤미아의 술을 마시듯
> 내 마음에 별들을 뿌려주는
> 흐르는 하늘을 마시듯!

여자는 여기 이 땅의 존재이다. 동시에 저 너머 세계를 열어주는 안내자이다. 이러한 여자가 아름다움과 예술을 추구하는 시인에게 어떤 존재인지, 그리고 시인이 이 존재를 통해 더러운 세상에서 아름다움을 찾아내는 과정이 어떤 과정인지 잘 드러나는 작품이 「썩은 짐승 시체」이다.

> 기억해 보렴, 내 사랑이여, 우리가 본 것을
> 그토록 화창했던 그 여름날 아침

작은 길모퉁이의 더러운 썩은 짐승 시체 하나를:

　　　　조약돌 깔린 침대 위에 드러누워,

두 다리 하늘로 쳐들고, 음탕한 계집처럼

　　　　불타오르며 독기 품어내며,

쩍 벌렸지, 뻔뻔하고도 태연스럽게,

　　　　썩은 냄새 가득한 그 배때기를.

　　　[…]

그 썩은 배때기 위로 파리 떼는 윙윙거리고,

　　　　거기서 검은 구더기 떼 기어 나와,

걸쭉한 액체처럼 흘러나오고 있었지,

　　　　살아 있는 그 누더기를 타고.

　　　[…]

형상들은 사라졌고, 단지 한낱 꿈이었지

　　　　잊혀진 캔버스 위에

오직 회상만을 더듬어 화가가 완성하고 있는

　　　　천천히 떠오르는 스케치였지.

　　　[…]

― 그렇지만 당신도 이 더러운 오물을 닮고야 말리

　　　　이 무서운 부패물을 닮고야 말리,

내 눈의 별, 내 자연의 태양,

　　　그대 내 천사, 내 정염인 당신도!

그래! 당신도 그러하리, 오 우아한 여왕이여,

　　　종부성사 끝난 뒤,

당신도 가서, 흐드러진 꽃과 풀밭 아래서,

　　　해골들 사이에서, 곰팡이 필 때.

그때엔, 오 나의 미녀여! 말하라

　　　입 맞추며 당신을 뜯어먹을 구더기에게,

해체된 내 사랑의 형상과 신성한 본질,

　　　내가 간직하였다고!

　산책길에서 시인은 애인과 함께 썩은 짐승 시체와 그 부패에서 비롯된 파리 떼와 구더기 떼 같은 온갖 "더러운 오물"들을 우연히 마주친다. 우선 시인의 눈에는 "썩은 냄새 지독"한 그 시체의 모습이 여자―"음탕한 계집"과 같아 보인다. 그런데 창조의 원천이었던 "위대한 '자연'"으로 되돌아간 짐승의 부패한 시체에서 "하늘"은 역설적으로 "찬란한 해골"과 "피어나는 꽃"을 보는 듯하다. 썩은 시체에 파리 떼가 "오르락내리락" 움직이며, 구더기 떼가 "반짝반짝 빛"나며 "살아서 불어나"기 때문이다.

　그런데 이 땅에서 한 존재가 썩고 문드러져 구더기 떼 파리 떼 넘쳐나는 역겨움도 시인의 눈에는 달리 보인다. 창조자가 완성한 하나의 예술품으로 보이는 것이다. 그래서 썩은 짐승의 시체는 그 "형상은 사라졌"지만 "기억만을 더듬어 화가가 완성하고 있는" 어떤 작품이 된다. "썩은 짐승 시체"가 가지는 음산함이나 부패 혹은 더러운 표면적인 느낌과는 달리, 이 시에서 시체는 일단 "화가"인 자연―신의 창조력으로서의 파괴력과 모종의 풍요

함의 상징으로 제시되는 것이다.

이제 시인은 이 "더러운 오물"에 자신의 애인인 여자를 투영시킨다. 저 하늘에 존재하는 이상세계의 구체적 대상물("내 눈의 별, 내 자연의 태양")이었던 여자도 결국은 저 「썩은 짐승 시체」처럼 자연에 의해, "곰팡이"에 의해 썩어 사라질 것이다. 그러나 썩은 짐승의 시체에서 자연의 해체와 기괴한 창조를 깨달은 시인은 그 자연, 태양의 힘에 굴복 당하지 않는다. 시인의 "미녀", 즉 아름다움이 썩어 "해체" 되더라도 그 "형상과 신성한 본질"을 시인이 "간직하였"기 때문이다.

"회상"을 통하여 간직하였던 "아름다움", 그리고 그 "사랑의 형상과 그 신성한 본질"이 무엇인지 생각해 보자. 언뜻 보면 르네상스의 서정이 노래한 "죽음을 기억하라(memento mori)"나 "오늘을 꺾어라[즐겨라](carpe diem)"와 유사하게 보일 수도 있다. 그러나 보들레르의 초월적 시학은 "지금 여기"에서 한 여자를 설득하기 위한 현실적 수사학이 아니다. 그것은 "회상", "형상", "본질"과 같은 표현을 통하여 읽을 수 있는 피타고라스의 기하학적 세계관, 혹은 플라톤의 이데아적 세계관 때문이다. 또한 이러한 사유 체계를 통한 이상적 "아름다움의 탐구"는 플라톤의 존재론적 이원성의 세계관, 뿐만 아니라 신플라톤주의의 미학적 인식론과 흡사하다. 이 시에서 드러난 시인의 궁극적 탐구가 "이 땅"에 유배당한 시인의 이상적 아름다움인 "초자연적 아름다움" 혹은 "절대적 아름다움"에 대한 유일한 사랑 혹은 욕망에 기인하기 때문이다.

보들레르의 이러한 욕망은 시와 음악 같은 예술에 의한 "아름다움의 탐구"를 통하여 이루어지는데, 「에드가 애런 포에 관한 연구」에서 이러한 생각을 구체적으로 밝히고 있다.

'미'의 이러한 찬탄할만한, 불멸의 순간이 우리로 하여금 이 '땅'과 그 전경들을 하나의 통찰로, 하늘과 상응하는 것으로 여기게 해준다. 저 너머에 있는 그 모든 것, 삶이 드러내 보여주는 그 모든 것에 관한 만족할 줄 모르는 갈증은 우리가 가진 불멸성에 관한 가장 생생한 증거이다. 시를 통하고 동시에 시를 가로질러, 음악을 통하고 가로질러 영혼은 무덤 너머에 있는 광채를 어렴풋이 예감하는 것이다. 그리고 좋은 시 한 편이 눈물을 흘리게 한다면, 이 눈물은, 땅위에 있으면서도 즉각 하늘이 계시하는 낙원을 얻고자하는, 불완전 속에 유배되어 있는 어떤 천성의 증거이다.

이처럼 시의 원리란, 엄격하고도 단순하게, 더 높은 아름다움에 대한 인간적 갈망이다.

자연의 부패 속에서도 "내 사랑의 형상과 신성한 본질을" 영원히 간직할 수 있는 예술적 능력을 가진 시인이지만, 그러나 지금 그가 발 딛고 있는 이 땅은 〈우울〉한 세계, "납빛 지평선이 둘러싸고 있는 어두운 세상"이다. 그래서 시인은 「심연에서 외친다」: "이곳은 극지보다 더한 불모의 세계,//[…] 미련한 잠에 빠질 수 있는/천한 짐승의 팔자가 나는 부럽다./시간을 감는 실꾸리는 그토록 더디네!"

이처럼 저 너머 세계에 대한 좌절, 이와 동시에 겪는 이 세상에 대한 권태는 덧없고 부조리한 이 땅에서 삶을 꾸려나갈 수밖에 없는 인간의 존재론적 불만에서 비롯되는 정신병적 증상이다. 바로 이 권태가 보들레르적 "우울"의 근본적인 바탕인데, 서양에서 그 뿌리가 깊다. 멀리는 에피쿠로스주의자인 로마의 시인 루크레티우스가 말한 "인간을 짓누르는 무게"인 "비참하고 무거운 짐"으로서의 "삶에 대한 혐오", 스토아주의자인 세네카의 "삶의 권태"로까지 거슬러 올라가기 때문이다.

이러한 사유는 파스칼이 말한 "무한한 공간의 영원한 침묵" 속에서 "권태로운 왕"인 인간이 느끼는 "불운 가득한 인간"의 "권태", 그리고 "죽음에 이르는 병"으로 인간을 몰고 가는 키에르케고르의 "절망"과 "공포"를 거쳐, 보들레르에서 "우울"이라는 이름으로 나타난다. 그리고 그것은 현대에

까지 닿아 있다. 20세기의 사르트르에게서 실존적 인식의 결과인 "구토"라
는 이름으로, 초월하지 못하고 좌절할 수밖에 없는 인간의 병이 고스란히
드러나고 있기 때문이다. 신과 우주로부터의 소외라는 인간의 실존적 자의
식이 짙게 깔린 이러한 사유의 흐름 속에서, 보들레르 또한 '우울'과 '권
태'를 통해 인간의 본질을 꿰뚫어 본 것이다.

　향수 속에 존재하는 "이상"의 세계, "향기로운 낙원", "초록 낙원", "순결
한 낙원"을 그리워하며 「슬프고도 방황해[예]」는 시인에게 이제 세상은 "더
러운 도시의 검은 대양", "우리 눈물로 만들어진 진창", "무덤" 같은, 그래
서 "우울"한 세계이다. 시인의 이러한 세계, 「우울」과 좌절과 절망의 내면
세계는 다양한 알레고리를 통하여 형상화된다.

　　낮고 무거운 하늘이 뚜껑처럼

　　오랜 권태에 시달려 신음하는 정신을 내리누르고,

　　지평선 사방을 감싸며

　　밤보다 더 음침한 검은빛을 퍼붓는다;

　　땅은 축축한 토굴로 바뀌고,

　　거기서 '희망'은 박쥐처럼

　　겁먹은 날개를 이 벽 저 벽에 부딪히고,

　　썩은 천장에 제 머리 박아대며 날아다닌다;

　　끝없이 쏟아지는 빗발은

　　거대한 감옥의 쇠창살을 닮고,

　　소리 없는 더러운 거미 떼가

　　우리 머리 속 깊은 곳에 그물을 친다,

그때 갑자기 종들 성나 펄쩍 뛰며
하늘을 향해 무섭게 울부짖는다,
악착같이 불평하기 시작하는
정처 없이 떠도는 망령들처럼.

─ 그리고 북도, 음악도 없는 길고 긴 영구차들이
내 넋 속에서 서서히 줄지어 가고,
'희망'은 패하여 눈물짓고, 포악한 '고뇌'가
숙인 내 해골에 검은 기를 꽂는다.

"우울"의 세계란 "이상"이 보이지 않는 닫힌 세계, 절망의 세계이다. 그래서 "낮고 무거운 하늘이 뚜껑처럼" 시인의 "정신을 내리누르고" 절망의 "검은빛을 퍼붓는다." 이상세계의 하늘은 닫히고 절망으로 하강하여 이 세상을 "축축한 토굴"로 바꾸어버린다. 그래서 이 세상은 "더러운 거미 떼가" 우글거리는 "우리 머리 속 깊은 곳"에 자리 잡은 "감옥"이 된다. 이제 더 이상 "희망"은 하늘을 향해 "높은 대기 속으로" 날아오르는 「상승」의 "종달새", 하늘을 자유롭게 넘나드는 「알바트로스」가 아니다. 시인의 "희망"은 "썩은 천장에 제 머리를 박아대"는, 이 땅이라는 "감옥"에 갇힌 "박쥐"가 되었다. 시가 진행되어 감에 따라 "정신"은 "머리 속 깊은 곳"으로, 마지막 행에서 그것은 이미 시체의 일부인 "해골"로 바뀐다.

이렇게 보면 이 시에 드러나는 움직임은 정신의 상승과 하늘의 거부─하강이 갈등하고 충돌하는 과정이다. 이 과정에서 시인의 정신은 처참하게 패배한다. "뚜껑" 같은 "하늘"은 결국 "검은 기"를 시인의 "해골"에 꽂고, 시인의 정신, 시인의 「상승」은 마침내 죽음을 맞는 것이다.

천상에서 이 땅으로 추방된 시인의 영혼이 아름다움을 통하여 잃어버린 고향, 저 너머의 세계를 찾아 방황하는, 찢겨진 영혼의 긴 여정이 〈우울과 이상〉이다. 이 장을 구성하는 시들은 '우울'과 '이상'이라는 두 양 극단의 요소가 함의하는 대립과 갈등과 긴장의 양태를 구체적으로 드러낸다. 그것은 감각과 정신, 선과 악, 아름다움과 추함, 천국과 지옥, 신과 악마, 상승과 하강, 하늘과 심연, 빛과 어둠, 낮과 밤, 고통과 쾌락, 타락과 승화 등의 대립을 통해서이다. 이들 대립적인 요소는 그러니까 우리들 인간의 깊숙한 내면에서 전개되는 비극적 드라마의 두 주연배우인 것이다.

〈우울과 이상〉에 배치된 시들의 특성을 고려하면, 그 제목은 〈이상과 우울〉이 되어야 옳을 듯하다. 이상적인 행복의 시들이 먼저 배치되고 그 세계로부터 점차 우울의 세계가 전개되고 있기 때문이다. 그러나 이는 보들레르의 의도된 배치로 보인다. 만약 '여기, 이 땅'에서의 우울이 없었다면 '저기, 이상세계'에 대한 인식도 없을 것이다. 따라서 보들레르는 우울의 세계에서 꿰뚫어본 이상세계를 그리움의 대상으로 먼저 상정한 것이다. 그리고 이러한 인식의 출발이 되는 "우울"은 이제 현실의 도시인 〈파리 풍경〉을 가득 채운다.

2. 〈파리 풍경 Tableaux Parisiens〉

시집 『악의 꽃』의 두 번째 장이다. 보들레르 스스로 이 시집의 시들이 한 편 한 편의 독립된 시들의 단순한 묶음이 아니라, 이들이 전체로서 하나의 구조를 형성하고 있다고 강조하였다. 『악의 꽃』 초판이 풍속을 해친다는 이유로 일부 시들을 삭제해야 했기 때문에 시인은 2판을 꾸며야 했고, 이때 시집 전체 속의 시들을 새로운 순서로 배열했다. 뿐만 아니라 초판에는 없었던 이 장을 새로 설정하였다. 따라서 시집 전체에서 시인이 강조하려 했던, 초판에서는 생각하지 못했던 그 어떤 새로운 점이 이 〈파리 풍경〉에 숨어 있다고 쉽게 유추할 수 있다. 시집의 전체성과 통일성, 혹은 "건축적 배치"를 위해 〈파리 풍경〉이 그만큼 중요하다고 생각할 수 있는 것이다.

사실 보들레르는 파리의 시인이다. 그의 전기(傳記)를 보면 인생의 거의 전부를 파리에서 살았다. 그리고 작품의 거의 모든 배경은 파리이다. 그런데 19세기 중엽 오스만 남작의 도시 계획에 의해 파리가 매일 변하고 있던 그 시절, 파리는 이미 세계적인 대도시였다. 따라서 이 장은 그의 시가 도시의 시, 현대성의 시로 해석되는 중요한 바탕을 제공한다.

이런 현실의 도시 파리를 그린 〈파리 풍경〉에는 앞장의 〈우울과 이상〉에 나타난 "우울"이 그 구체적인 모습으로 그려져 있다. 도시적 우울, 그러니까 도시적 환경에 처한 인간은 파리의 거리와 그 거리를 채우고 있는 인간들을 통해 구체적으로 묘사된다. 그리고 배경이 되는 거리들 또한 전혀 아름답지 않다. 하나같이 이름도 없고 건물의 형체도 모호하고 매연에 뒤섞인 안개에 의해 흐릿한 "어스름 파리"이며, 싸구려 "자선 병원"이다.

이 도시의 사람들은 그러니까 "병자"들이다. 이 장을 구성하는 시들인 「빨간 머리 거지 계집애에게」「백조」「일곱 늙은이들」「가여운 노파들」「장님들」「지나가는 어느 여인[과부]에게」「밭가는 해골」 등의 제목만 보아도 이곳 사람들이 병자임을 알 수 있다. 그러나 이들은 시인과 "닮은 이"이며 "형제"이다. 이들 또한 "외딴 섬에 잊혀진 뱃사람들,/포로들, 패배자들!"로서 시인처럼 저 천상에서는 고귀한 영혼이었다가 여기 이 지상, 이 대도시의 파리에 유배된 현대 도시의 시민, 불구자들인 것이다.

그러나 이러한 우울의 도시 속에서도 예술을 통한 저 이상세계를 향한 시인의 예술적 탐구는 힘겹게 계속된다. 그래서 시인은 "은밀한 음욕을 가리는 덧창들이/누추한 집집마다 달려 있는 옛 성문 밖 거리를 따라/[…] 홀로 간다, 환상의 검술을 닦으러,/거리 구석구석에서 우연의 운율을 맡아내며,/[…] 때로 오래 전부터 꿈꾸던 시구와 딱 마주치기도 한다." "성문 밖 오래된 거리도, 모두 다 내[시인에]게는 알레고리"가 된다. 이러한 도시, 여기 이 땅에서 저 이상을 추구하는 시인의 모습은 「장님들」의 알레고리를 통하여 잘 표현되고 있다.

> 저들을 보라, 내 넋이여, 정말 끔찍하다!
> 흡사 마네킹 같고, 어딘가 우스꽝스럽다;
> 몽유병자처럼 섬뜩하고 야릇하게 생긴
> 그들은 어두운 눈알로 어딘가 모를 곳을 쏘아본다.
>
> 성스러운 불꽃 사라져버린 그들의 눈은
> 먼 곳을 바라보듯 마냥 하늘로 쳐들고 있다;
> 아무도 그들의 무거운 머리가 생각에 잠긴 듯
> 길바닥 쪽으로 숙여진 것을 본 적이 없다.
>
> 그들은 이렇게 끝없는 어둠 속을 건너가고 있다,
> 이 영원한 침묵의 형제는. 오 도시여!
> 네가 우리 주위에서 잔인하리만치 환락에 취해,
>
> 깔깔대고 노래하고 울부짖는 동안에도,
> 보라! 나 역시 간신히 몸을 끌며 간다! 그러나 그들보다 더 넋이 빠져
> 나는 이렇게 말한다, '하늘'에서 무엇을 찾고 있는가, 저 장님들은?

파리의 길거리에서 우연히 마주친 장님들이 걷는 모습을 시인의 깊은 "넋"은 "끔찍하"고 "우스꽝스럽"고 "섬뜩하"고 "야릇"한 대상으로 파악하고 있다. 그들은 움직이지 않고 가만히 서 있는 "마네킹" 혹은 넋이 빠져버린 "몽유병자"처럼 보인다. 날개 잃은 천사처럼 "성스러운 불꽃 사라져버린" 「장님들」은 빈 동공의 눈, "어두운 눈알로" 이 세상 낮은 곳인 "길바닥 쪽"을 "본 적이 없다." 이 땅의 그 무엇도 볼 수 없는 장님들은 오히려 "먼

곳을 바라보듯 하늘"을 보고 있다. 희로애락에 "취한" "도시"의 삶을, "이렇게 끝없는 어둠 속," 유배된 장소인 이 땅의 삶을 "끔찍하"게 "건너가고" 있는 것이다, "어딘지 모를 곳을 쏘아" 보며.

눈을 뜨고 있는 시인은 "그러나 그들보다 더 넋이 빠"진 존재이다. 장님들처럼 시인도 "역시 간신히 몸을 끌며 간다!" 이미 시인은 지상에 유배당했기에 큰 날개가 오히려 거추장스러운 「알바트로스」이기 때문이다. 그런데 "'하늘'에서 무엇을 찾고 있는가? 저 장님들은?" 시인은 안다. 이 땅의 혼란한 삶에 우울을 느끼고 저 하늘의 세계를 추억하며, 그곳을 그리워하는 우리 인간들인 「장님들」의 비애를. 그리고 시인은 느낀다. 이 낮은 곳 진창에서 헤매면서도 언제나 "초록 낙원"을 꿈꾸는 그들의 현실과 절망을. 그래서 「장님들」 또한 시인에게 "영원한 침묵의 형제들"인 것이다.

시인이든 「장님들」이든, 여기 이 땅이라는 "자선 병원 깊숙한 곳에서 죽어가는 병자들"인 인간에게 "정오"에도 "하늘은 어둠을 퍼붓고 있[었]다, 마비된 서글픈 이 세상 위로." 이러한 파리, 한낮에도 어두운 이 땅 파리에서 시인은 무엇을 할까? 「어스름 새벽」까지 시를 쓴다. 우울의 공간인 여기 낮은 곳 파리는 시인에게는 저 너머 세계를 보여주는 알레고리와 상징의 대상이기 때문이다.

그러나 이제 시인은 지쳐 있다. 도시의 그 모든 것, 거리며 지나가는 어느 여인이며 계집도, 이제 저 이상세계의 그림자인 아름다움을 위한 사랑을 보여주는 데 지친다. 파리에 「어스름 새벽」이 올 때 이제 이들 모두는 지친 것이다. "사내[시인]는 글쓰기에 지치고, 계집[도시]은 사랑하기에 지친다."

3. 〈술 Le Vin〉

"우울"의 도시에서 지친 시인에게 술은 저 하늘에 빛나는 "'태양'의 거룩한 아들"이다. 술은 또한 구할 수 없는 저 너머 세계를 환각 속에서 만나게 해주는 기쁨이다. 그리고 여기 낮은 진창에 빠져 허우적대는 인간들에게 이 진창의 도시를 「인공 낙원」으로 만들어 주는 위안이다. 그래서 "술"의 소유자는 이 땅의 슬픈 유배자들, 소외되고 꿈을 잃은 현대인들이다. 「넝마주의들의 술」「살인자의 술」「외로운 자의 술」인 것이다.

이러한 사람들의 술이기에, 술은 여기 이 "거대한 도시 파리의 뒤범벅된 구토물"을 벗어나, 저기 저 너머로 도망하게 해주는 날개 달린 말이 된다. 『악의 꽃』이 도피의 성전이라면, 「연인들의 술」이 그 절정으로 보인다.

오늘은 우주가 찬란하구나!

재갈도, 박차도, 고삐도 없이,

술 위에 걸터타고 떠나보자

신성하고 신비로운 하늘을 향해!

열병이 끈덕지게 고문하는

두 천사들처럼,

아침의 푸른 수정 속

먼 신기루를 따라가자!

슬기로운 회오리바람의

날개 위에서 부드럽게 흔들거리며

너와 나 나란히 환희 속에,

누이여, 나란히 헤엄치며,

쉼 없이 끊임없이 도망가자

내 꿈의 천국을 향해!

저 찬란한 공간인 우주, 하늘에는 이상세계의 신기루가 있다. 창공을 향한 "종달새"에 비유된 시인의 힘찬 정신적 「상승」의 행복한 상태를 우리는 이미 보았다. "숱한 연못을 넘고, 골짜기 넘고,/산을, 숲을, 구름을, 바다를 넘어,/태양도 지나고, 창공도 지나,/또다시 별 나라 끝도 지나, […]/[…] 고요한 빛의 들판을 향해 힘찬 날개로/날아갈 수 있는 사람은 행복"하다는.

그러나 이 땅의 "우울"을 인식한 후 술을 통한 「상승」은 이제 더 이상 순수한 정신의 "상승"은 아니다. 저 하늘을 향한 "열병"이 제 스스로 어찌할 수 없는 우리들 인간들을 "끈덕지게 고문하"기 때문에, 술을 빌어 "떠나"는 것이다. 그 목적지 또한 시인이 확신하는 어떤 실체가 아니라 "먼 신기루를 따라"가는 것이며, 결국은 "내 꿈의 천국을 향해" "도망가"는 것이다.

이 땅의 낙오자인 시인에게 「술의 넋」이 술과 시인과의 "사랑이 시를 낳아/진기한 꽃처럼 '하느님'을 향해 피어오르도록!" 염원하지만, 그것은 시인의 내면에서 이루어지는 예술적 창조 과정에 의한 상승으로 이어지지 않는다. 그것은 "슬기" 그 자체인 예술을 통하지 않은 술기운("슬기로운 회오리바람의/날개")을 빌린 여기 이 땅으로부터의 수동적인 단순한 도피이다. 그래서 술은 여기 이 땅의 유배자들에게 순간적인 위안, 쾌락, 격려, 기쁨 등 "우울"을 잠시 잊게 해주는 마약과 같은 것이다.

4. 〈악의 꽃들 Fleurs du Mal〉

술을 통한 이 땅으로부터의 도피는 영속적인 이상세계의 회복과는 거리가 멀었다. "술은 내 눈을 더욱 밝게 귀를 한층 예민하게 해줄 뿐!"이었다. 저 너머 세계를 향한 길이 "술"과 같은 다른 수단에 의해서 열려지지 않음을 인식한 시인에게 이 세상은 "메마른 땅, 날카로운 고함소리로 뒤숭숭한 자갈투성이의 황무지"로 변한다. 이제 "이 가난한 땅"에서 피어나는 건 온갖 〈악의 꽃들〉뿐이다.

언제나 "악마"와 "권태"가 꿈틀거리는 이 "세상"은 "예술에 대한 [시인의] 큰 사랑을 알고" "가장 매혹적인 여인으로 둔갑하여" 시인을 유혹한다. 살해당해 머리가 떨어져 나간 여자도 "침대 위에서 거리낌 없이 벌거벗은 몸통"으로 "은밀한 광채와 숙명적인 아름다움을/유감없이 드러내 보인다." 이 여인은 예술을 위해 시인이 죽여 버린 여자, 「순교의 여인」이다.

이제 시인은 「피의 샘」이 된다. "결투장에서처럼 도시를 가로질러/내[시인의] 피는 흘러간다, 포석을 작은 섬으로 바꾸며, [⋯] 도처에서 자연을 빨갛게 물들이면서." 예술을 통해 이상세계로 되돌아간다는 것도 어렵다는 것을 점점 더 뚜렷하게 인식하게 된 시인이 가학적이며 자학적인 피 흘리는 예술적 「결투」를 벌이기 때문이다. 그 결투의 구체적인 모습이 여기 이 땅의 "검은 애욕"과 "쾌락"과 "방탕"과 "관능" 등의 온갖 "악"과 "죄"에게 자신의 몸을 내맡겨 자신을 「파괴」하는 것이다.

자신을 이처럼 「파괴」한 시인은 애초 자신이 꿈에 그려 "빛나는 태양에 취한 천사처럼" 날아가고자 했던 여행, 저 너머의 이상세계, 사랑과 예술의 세계로 향한 여행은 더 이상 「시테르 섬으로의 여행」이 아니라고 확실하게 인식한다. "노래로도 알려진 유명한 고장," "달콤한 비밀과 마음의 향연의 섬," "비너스의 섬"에서 시인이 "본 것이라고는 오직/내[시인의] 모습이 목매달린 상징적인 교수대뿐"이기 때문이다.

목매달아 죽은 우스꽝스런 자여, 그대 고통은 내 고통!

건들거리는 그대 사지를 보고 나는 느꼈다,

해묵은 고통이 담즙의 긴 강물이 되어

구역질처럼 내 이빨로 솟아오르는 것을,

소중한 추억 지닌 가엾은 자여, 그대 앞에서

나는 느꼈다, 그 찌르는 듯한 까마귀 떼의 모든 부리와

검은 표범들의 모든 턱주가리를, 그놈들은

일찍이 얼마나 내 살을 갈아 부수기 좋아했던가.

5. 〈반항 Révolte〉

〈악의 꽃〉밭 한가운데에서 "이 마음과/몸을 혐오감 없이 바라볼 힘과 용기를!" 신에게 갈망했던 시인의 외침은 이제 신에 대한 〈반항〉으로 이어진다. 그래서 "감람동산"의 예수에게 시인은 묻는다. 예수도 시인처럼 이 세상의 그 모든 박해와 고통과 야유 속에서 "저 아름다운 찬란한 날들을" "꿈꾸고" 있었는가를. "회한은/창보다 더 깊숙이 당신[예수]의 옆구리를 파고들지 않았"는가를. 야유 가득한 이 땅에서 "저주받은 시인"의 모습을 예수에 비유하면서, 시인은 "폭군"과 같은 "하늘", 즉 "신"이 이상세계를 갈망하는 시인을 모른 척 외면한 것으로 여기는 것이다. 그래서 시인은 신을 야유한다. "카인 족속이여, 하늘로 올라가/하느님을 내던져라, 땅바닥에!"

이 〈반항〉 시편들의 제목인 「성 베드로의 부인」 「아벨과 카인」 「악마의 연도」를 보면, 시인의 반항은 현실 자체에 대한 반항이라기보다는 이 현실에 자신을 추방해버린 "신"에 대한 반항임을 알 수 있다. 그리고 앞서 보았던 보들레르의 "우울"이 이 세상에 유배된 인간의 존재론적 불만이 드러나는 병적 상태였다면, 이 〈반항〉은 인간에게 "우울"할 수밖에 없는 존재조건을 숙명으로 덮어씌운 창조자에 대한 존재론적 〈반항〉이다. 따라서 보들레르의 "우울"이나 "반항"은 형이상학적 차원에서 탐구된 인간에 관한 성찰과 인간의 존재조건에 대한 〈반항〉이자 몸부림이다.

그런데 표면적으로는 종교적인 의미와 색채를 띤 〈반항〉이지만, 아름다움 즉 예술을 통하여 저 너머의 세계를 갈망했던 보들레르의 경우 종교란 이미 예술의 종교, 시의 종교임을 알아야 한다. 시인은 자신의 시의 "칼"로 이 땅에서 예술을 조각하고 "그 칼로 죽을 수 있"기를 염원하기 때문이다.

　― 나는, 나는 분명히 떠나가리, 행동이

꿈의 누이가 아닌 이 세상에 만족하여;

아, 칼을 휘두르고, 그 칼로 죽을 수 있었으면!

성 베드로는 예수를 부인했다 …… 그것은 잘한 일이었다.

그리고 이 〈반항〉은 더 이상 "하늘," 즉 "신"에게가 아니라 "사탄"을 향한 절규 같은 시인의 기도에서 그 절정에 이른다.

그대에게 영광과 찬양 있으라, '악마'여,

그대가 다스리는 '하늘' 높은 곳에 있을 때나

패배하여 말없이 꿈에 잠기는 '지옥' 깊은 곳에서나!

언젠가 내 넋이 '학문의 나무' 아래, 그대 곁에서

쉬게 하여 주소서, 그대의 이마 위에

새로운 '신전'처럼 그 가지들이 우거질 시각에!

이제 시인이 가고 싶은 그곳이 하늘이든 지옥이든, 그 장소의 지배자가 신이든 사탄이든 상관없다. 그래서 이 "기도"는 시인이 그토록 고통스럽게 추구해 왔던 아름다움이라는, 시라는, 예술이라는 "학문의 나무" 아래에서 쉬고 싶은 "넋"의 절규이다. 그래서 시인의 시는 저 "새로운 '신전'"에 우거질 시의 종교가 된다. 시인에게 시는 이제 기도의 수단이 되었으며, 예술과 아름다움은 신앙의 대상이 되었다. 시, 아름다움, 예술…, 무엇보다도 이들이 지겨운 이 세상으로부터 벗어날 수 있는 구원의 수단이 되기 때문이다.

6. 〈죽음 La Mort〉

이러한 〈반항〉의 결과 시인이 도달할 수 있는 곳이 "하늘 높은 곳"이든 "지옥 깊은 곳"이든, 시인의 "넋"이 "학문의 나무" 아래서 쉬려면 시인은 그곳으로 가야한다. 그곳으로 가는 과정이 이제 시집의 마지막 장인 〈죽음〉이다.

〈죽음〉은 우선 「연인들의 죽음」 「가난한 자의 죽음」 「예술가의 죽음」 「어느 호기심 많은 자의 죽음」을 통하여 구체적으로 드러난다. 여기서 〈죽음〉의 주체인 "연인들"은 「연인들의 술」의 "연인들"이며, "가난한 자," "예술가," "호기심 많은 자" 등은 시인을 포함한 거지들, 노파들, 예술가들, 장님들 등, 앞서 우리가 만났던 이 세상에 "유배된" 군상들이다. 그런데 이들에게 〈죽음〉은 단순한 「하루의 끝」이 아니다. 시인에게 죽음은 "원기를 되살려주는 어둠"이며, "우리를 위로하고 살아가게 해주는 것", "삶의 목표", "유일한 희망"이다. 그리고 무엇보다도 죽음은 여기 이 땅에서 저 너머의 "가보지 못한 '천국'을 향해 열린 회랑!"이다.

특히 시인에게 있어 삶이란 "신비로운 본질을 과녁에 맞추기 위해" "화살 통"의 "화살들을" 잃어가는 과정이며, "저 위대한 '창조물'을 응시하기" 위한 것이다. 그 결과로 닥쳐오는 시인의 죽음, 「예술가의 죽음」은 "하늘 높은 곳"이든 "지옥 깊은 곳"이든 "새로운 '신전,'" "기이하고 어두운 '신전'"에서 "'죽음'이 새로운 태양처럼 떠올라,/그[예술가들 두뇌의 꽃들을 활짝 피우게 하리라"는 희망이기도 하다. 예술가인 시인에게 죽음은 저 너머의 아름다움을 찾기 위한 한 편 한 편의 시로 사라져가는 생명의 또 다른 모습인 것이다.

그러나 시인에게 이 죽음은 한낱 「어느 호기심 많은 자의 꿈」일까? 죽음은 "달콤한 고뇌", "기이한 아픔", "공포 섞인 욕망", "불안과 강렬한 희망"처럼 알지 못할 그 어떤 것이기 때문이다. 마침내 죽음은 "떠나기 위해서

떠나는" "진정한" 「여행」으로 귀결된다. 그래서 이 〈죽음〉「여행」의 종착
지는 "하늘 높은 곳"인지 "지옥 깊은 곳"인지 시인에게 미지로 남겨져 있
다. 단지 시의 "새로운 '신전'"이 있는 곳, 시와 예술이라는 "학문의 나무"
아래 쉴 수 있는 곳이기를 염원하며 시인은 죽음 여행을 재촉할 뿐이다.

> 오 '죽음'이여, 늙은 선장이여, 때가 되었다! 닻을 올리자!
> 우리는 이 고장이 지겹다, 오 '죽음'이여! 떠날 차비를 하자!
> 하늘과 바다는 비록 먹물처럼 검다 해도,
> 네가 아는 우리 마음은 빛으로 가득 차 있다!
>
> 네 독을 우리에게 쏟아 기운을 북돋워주렴!
> 이토록 그 불꽃이 우리 머리를 태우니,
> '지옥'이건 '천국'이건 아무려면 어떠랴? 심연 깊숙이
> '미지'의 바닥에 잠기리라, 새로운 것을 찾기 위해!

III. 현대시의 고전, 「악의 꽃」

한권의 시집이 고전이 될 수 있다는 것은 어떤 의미일까? 무엇보다도 『악
의 꽃』이 한 시대를 마감하고 새로운 시대를 열었다는 점일 것이다. 이 시
집의 출현 이전과 이후를 비교할 때 시에 관한 미학적 인식이 혁명적으로
바뀌었기 때문이다. 즉 우리가 살고 있는 시대의 시를 현대시라 한다면, 보
들레르의 시부터 지금의 시적 경향이 출발되었다는 의미가 될 것이다.

『악의 꽃』이 출간되었을 때, 그때까지의 전통적인 예술가들에게 그것은
분노를 일으켰다. 그리고 다수의 대중들에게 그것은 정서적 도발이자 충격
이었다. 『악의 꽃』에 담겨 있는 저속하고 일상적인 소재, 그리고 이를 표현

하기 위한 여러 가지 시적 서술방식이 그 시대의 미학 혹은 시적 인식으로
는 도저히 받아들일 수 없는 일종의 정서적 테러였기 때문이었다. 그러나
새로운 시적 인식의 돌파구를 찾아 헤맸던 말라르메 등의 젊은 세대에게는
놀라움 그 자체였다.

『악의 꽃』이 보여주는 이러한 시의 새로운 경향을 그 이전의 시들과 비
교해 보자. 보들레르 이전이나 동 시대의 시들은 하늘, 바람, 별, 호수와 안
개, 숲과 꽃, 그리고 구름과 숭고한 사랑과 약속과 이별과 눈물 등, 그야말
로 자연 속의 소재를 통하여 우주가 인간의 내면으로 들어오고 인간의 내
면이 우주화되는 순진한 낭만적 화해의 세계였다. 보들레르는 이러한 자연
의 소재들, 그리고 그들과의 조화로운 세계관이 이미 산업혁명과 과학과
기술의 발달로 엄청나게 변해버린, 대도시라는 인간의 새로운 존재 조건을
결코 문제 삼지 못한다는 사실을 인식하였다.

그래서 그는 현실로 주어진 대도시의 풍물들과 도시적 배경과 환경, 익
명의 군중 등을 시의 재료로 삼았다. 온갖 군상들, 건물과 광장과 공원, 언
덕, 변두리의 허름한 판잣집들과 시궁창, 잡초, 공장과 굴뚝, 검은 연기, 골
목과 새로 만들어진 거리, 가스등, 뾰족한 지붕, 도시의 잿빛 하늘, 소음, 처
음 등장한 합승마차 등, 그 모든 추악하고 일상적인 도시적 감성을 자신의
시세계를 형성하는 상징과 알레고리의 대상으로 그려내었다. 이전까지의
시에서는 볼 수 없었던 이러한 도시의 테마가 보들레르 시와 미학의 중요
한 영역을 이루고 있는 것이다.

결국 보들레르는 낭만주의의 순진한 시적 세계관을 위선으로 파악하였
던 것이다. 본격적인 근대 산업사회, 자본주의 사회를 향해 달려가던 그 당
시 인간의 내면적 진실에 낭만주의적 세계 인식이 어떤 반향도 울리지 못
함을, 찢어진 현대인의 영혼을 되찾기에는 너무도 무력함을 깊은 예술적
고뇌로 성찰한 것이다. 그래서 시의 역사에 있어 최초로 일상성의 도시, 평
범하고 진부한 도시, 거지와 노파와 장님과 창녀와 술주정꾼과 살인자와

노름꾼이 넘쳐나는 더럽고 악한 도시, 인간이 현재 발 딛고 있는 '지금, 여기', 그러니까 이전의 시에서는 도저히 그 소재가 될 수 없었던 도시적인 그 모든 것들을 서정의 시세계로 형상화시켰던 것이다.

이처럼 보들레르는 너절한 일상이 가득한 도시를 배회하며 그 일상들을 새로운 모습으로 인식하고 변형시켰다. 이러한 변형에는 선과 악, 미와 추, 신과 악마, 타락과 승화 등이 온통 뒤섞여 있으며, 그들은 시인의 상상력 속에서 융해된다. 시인의 상상력 속에서 현실의 리얼리티와 절대성은 와해되고, 우울과 이상, 그리고 파리의 풍경을 구성하는 온갖 극단적인 요소가 하나로 통합되어 새로운 의미를 부여 받는 것이다. 이것이 '악으로부터 꽃을 피워낸다'는, 아름다움을 창조해낸다는 시집의 제목 『악의 꽃』의 의미일 것이다. 보들레르가 진·선·미의 결합이라는 그리스 미학 이래 계속되어 온 전통적이며 고전적인 시학의 틀을 거부한 것이라면, 뿐만 아니라 추함과 악덕, 위선과 거짓, 어둠과 심연 등 인간의 나약함과 사악함까지도 아름다움과 연결될 수 있다고 본 것이라면, 이제 보들레르로 인하여 전통적인 아름다움의 개념은 전복되고 그 범주는 무한히 확장되게 된 것이다.

그렇다면 『악의 꽃』에 있어 일상을 예술적으로 형상화시키고, 더러운 현대의 도시에서 아름다움을 찾아내며, 관능과 저속함, 그리고 악까지도 아름다움과 진실로 승화시켜주는 요소는 무엇일까? 그러니까 보들레르의 시를 시로 만들어 주는 근본적인 시학의 요소를 생각해 보아야 한다.

보들레르의 시에 나타난 예술적 형상화는 독특한 과정을 거친다. 현대 도시의 현실적 소재를 예술로 형상화시킴에 있어 흔히 사실주의적 특성, 그러니까 미메시스적 특성은 전혀 보이지 않는다. 그것은 사실적 리얼리티의 재현을 거부하고, 그를 꿰뚫어 인식론적 리얼리티를 표현하기 때문이다. 이러한 예술적 형상화의 인식론적 과정은 시적 상상력과 언어를 통하여 서술적 언어의 의미가 시적 언어의 상징적 의미로 구축되는 과정이다. 이 과정에서 구체적으로 작용하는 시적 글쓰기의 요소들이 『악의 꽃』이 담고 있는 공감각, 상응, 상상력, 아날로지, 알레고리, 상징 등인 것이다.

　우리는 앞서 『악의 꽃』밭을 따라가며 이러한 시적 글쓰기와 시세계를 구체적으로 살펴보았다. 보들레르는 자신이 구축하고 있는 이러한 시학을 소네트 「교감」을 통해 상징적으로 제시하고 있다.

　　자연은 하나의 신전, 거기 살아 있는 기둥들에서

　　이따금씩 어렴풋한 말소리 새어나오고,

　　인간이 그곳 상징의 숲을 지나가면,

　　숲은 정다운 시선으로 그를 지켜본다.

　　밤처럼 그리고 빛처럼 끝없이 넓고

　　어둡고 깊은 통합 속에서

　　긴 메아리 멀리서 어우러지듯,

　　향기와 색채와 소리 서로 화답한다.

　　어린애 살결처럼 싱싱하고,

　　오보에처럼 부드럽고, 초원처럼 푸른 향기들이 있고,

　　ㅡ 또 다른, 썩었지만 기세등등한 풍요한 향기들이 있어,

　　용연향, 사향, 안식향, 훈향처럼,

　　무한한 것으로 확산되어

　　정신과 관능의 환희를 노래한다.

Ⅳ. 우리에게 『악의 꽃』은 무엇인가

프랑스의 현대 시인 폴 발레리는 "보들레르와 더불어 프랑스 시는 국경을 넘었고 전 세계에서 읽힌다. 그의 시는 현대성의 시 자체처럼 인정받은 것이다"라고 평가하였다. 발레리의 이러한 견해는 보들레르 시의 현대성이 프랑스뿐만 아니라 세계시의 흐름에서도 그대로 받아들여지고 있음을 진단한 것이었다.

그러나 프랑스를 비롯한 서양에서 '보들레르가 현대시의 근원' 이라는 전제가 당연히 받아들여진다 할지라도, 먼 나라의 시인, 그것도 백년이 훨씬 지난 19세기 중엽의 한 시인이 남긴 조그만 시집 한 권인 『악의 꽃』이 오늘날 우리에게 어떤 의미가 있을까? 한 권의 작은 시집이 이처럼 큰 반향을 일으켰다면 그 이유는 무엇일까?

명치유신 이후 일본의 근대화가 절정에 달한 시점에 보들레르를 비롯한 프랑스 상징주의 시가 번역되어 일본 시단에 끼친 영향은 엄청났다. 그 번역 시집 『해조음(海潮音)』은 오늘날까지도 잘된 번역의 본보기로 읽힐 정도이며, 일본시의 역사에 커다란 전환점을 마련한 하나의 사건이었다. 그래서인지 최근 발표된 도쿄대학 권장도서 40권 목록에 『보들레르 전집』이 들어 있다.

일본의 이런 사정은 제국주의의 역사를 통해 우리의 근대 문학에 그대로 영향을 미친다. 1910~1920년대의 우리나라 시단, 특히 김억의 『오뇌의 무도』, 이상화의 「나의 침실로」 등을 떠올려 보면 한국 현대시의 기원에 프랑스의 상징주의, 그 중에서도 보들레르의 『악의 꽃』이 차지하는 무게를 느낄 수 있다. 특히 서정주의 경우를 빼놓을 수 없다. 그의 초기 시집인 『화사집』을 보면 보들레르의 영향이 어느 정도인지 짐작할 수 있다.

시간이 흐를수록 평가가 새로워지고 있는 기형도의 시에서도 『악의 꽃』 향기가 느껴진다. "비닐백의 입구같이 입을 벌린 저 죽음", "습관은 아교처럼 안전하다", "콘크리트처럼 나는 잘 참아왔다", "하늘은 딱딱한 널빤지처럼", "둥사 잉크 가득 찬 밤"…. 쉽게 만날 수 있는 기형도의 언어에서 『악의 꽃』에 나타난 도시성, 인공성, 반자연성과 유사한 미적 인식을 발견할 수 있다. 그리고 그의 시 「집시의 詩集」이 보들레르의 산문시 「천직」의 모티프와 흡사함은 우연일까?

뿐만 아니다. 『악의 꽃』은 여전히 우리의 고등학교 문학 교과서에 소개되고 있다. 그리고 세계 문학계에서도 근대 혹은 현대와 관련하여 새롭게 논의되고 있다. 모더니즘, 포스트모더니즘과 관련하여 보들레르의 작품이나 글들이 흔히 인용되고 있는 것이다. 독일, 미국 등에서 연구되는 보들레르의 현대성 관련 논의는 『악의 꽃』과 함께 그의 산문시집과 비평적, 미학적 성찰까지도 현대의 고전임을 말해주는 예가 될 것이다.

그러나 보들레르 시의 정수인 『악의 꽃』이 우리에게 감동을 주는 이유는 단순한 데 있을 것이다. "악의 꽃들" 한 송이 한 송이가 아름답기 때문이다. 그래서 그 아름다움은 지금 우리 현대인들의 마음에도 여전히 감동으로 다가와 진실로 공감된다. 시대와 세상을 뛰어넘어 인간의 존재, 속성, 운명에 관한 근원적인 성찰과 고뇌가 독창적이며 감동적인 시적 언어를 통해 생생히 울려나는 것이다.

V. 나가면서

그렇다. 시는 언어 예술이다. 음악이나 그림의 재료와는 달리 시의 재료는 이 세상을 이미 규정하고 있는 일상 언어이다. 그렇다면, 이미 존재하는 세상만을 가리키기 위한 언어의 일상의미를 뛰어넘어, 시는 어떻게 새로운 의미를 창조할 수 있을까? "언어는 존재의 집"이라는 하이데거의 명제를 "시는 언어의 집"이라는 비트겐슈타인의 명제와 연결시켜 보자. '존재—

언어—시'의 관계를 더 큰 인식 틀에서 사유해 보아야 한다.

시(poésie)는 근본적으로 시(poème)를 통해 자신의 '존재'를 예술로 형상화한다. 그런데 우리에게 '시'(poème, 詩)는 비트겐슈타인의 명제 이전부터 이미 "언어[言]의 집[寺]"이었다[詩=言+寺]. 또한 우리는, 바로 보들레르의 『악의 꽃』을 통해서, 이 '시', '언어의 집' 안에는 쉽게 알 수 없는 어떤 '존재'가, 어떤 새로운 의미가 자리하고 있음을 보았다. 그것은 여기—세상—일상의 모든 "악"으로부터 피어난 "꽃" 그러니까 아름다움이었다. 그렇다면 보들레르의 시(poésie)는 '잠자는 언어 속의 미녀', 즉 아름다움일 것이다. 이 미녀가 잠들어 있는 '언어'가 바로 "어렴풋한 말소리 새어나오"는 "어둠처럼 빛처럼 끝없이 넓고/어둡고 깊은", "상징의 숲", 언어의 숲일 것이다.

이 땅의 "저주받은 시인" 보들레르는 이런 "상징의 숲", 언어의 숲을 헤쳐 길을 찾아 이 미녀를 만나려 했다. 평생을 고독과 가난과 야유와 싸우며 인내했고, 오로지 그 미녀만을 꿈꾸었다. 그리고 "견자(見者)"의 눈으로 그 숲을 헤쳐 나아갔다. 온 숲을 헤맨 후, 그는 잠들어 있는 미녀를 발견했고, 마침내 그 미녀에게 애정과 회한 어린 입맞춤을 주었다. 그리고 그 미지의 숲속에 자신의 글자국을 뚜렷이 남겼다. 그것이 『악의 꽃』이다.

[더 생 각 해 볼 문 제]

1. 보들레르 시에서 감각(시각, 청각, 후각, 촉각 등)의 상응(어울림)이 형성되는 과정과, 그 효과를 생각해 보자.

2. 이러한 감각의 상응이 어떻게 보들레르적 상징을 형성하는지 작품을 통해 구체적으로 이해해 보자.

3. 『악의 꽃』의 형식으로서 "건축적 배치"가 시세계의 상징이 형성되는 과정에 어떤 역할을 하는지 생각해 보자.

권태

덧없고 부조리한 이 땅에서 삶을 꾸려나갈 수밖에 없는 운명적 인간의 존재론적 불만에서 비롯되는 정신병적 증상.

우울

'영국적 언짢음'을 의미하였던 영어 spleen(우울)이라는 말이 18세기 중엽 프랑스에 도입된다. 그러나 '권태'에서 비롯되는 보들레르의 '우울'은 '존재에 대한 혐오'라는 훨씬 무거운 의미를 가진다. 이런 인식은 에피쿠로스주의자인 로마의 시인 루크레티우스에게까지 거슬러 올라간다. 이것이 파스칼의 권태, 키에르케고르의 절망과 공포를 거쳐, 보들레르에서 "우울"로 나타난 것이다. 이제 20세기의 사르트르에게서 "우울"은 실존적 인식의 결과인 "구토"라는 또 다른 이름으로, 초월하지 못하고 좌절할 수밖에 없는 인간의 병을 고스란히 드러내는 개념이 된다.

상징

영혼의 상태를 표현하기 위하여 구체적인 이미지를 사용하는 시적 표현 기법. 따라서 상징은 영혼의 상태를 직접 묘사하지 않는다. 또한 어떤 구체적인 이미지를 빌려서 그것을 명확하게 규정짓는 것도 아니다. 중요한 특징은 영혼의 상태가 이미지를 통하여 직접, 그리고 단번에 드러나는 것이 아니라 조금씩 점차적으로 '암시'된다는 것. 따라서 상징은 설명되지 않는 이미지를 사용하며, 특히 리듬이나 음률과 같은 언어의 음악성을 최대한 활용하여 영혼의 상태를 독자의 마음속에 그대로 환기시키고자 하는 시적 글쓰기의 방법이다. 이러한 시적 글쓰기에서 독자는 상징된 의미를 해석할 수 있는 어떤 실마리를 찾기 쉽지 않다. 상징은 내재적인 모호성을 지니기 때문이다.

또 하나의 창조된 별나라

: 프루스트 『잃어버린 시간을 찾아서』

김승철 | 부산대학교

 **I. 프루스트의 삶과 시대**

마르셀 프루스트(1871~1922)는 많은 작품을 썼다. 그러나 그의 삶은 전적으로 한 작품에 바쳐진 것이었다고 해도 지나친 말이 아니다. 그래서 그의 삶의 이야기는 『잃어버린 시간을 찾아서』라는 소설의 잉태에 관한 이야기와 다름없다. 그러면 이 책을 일종의 자서전처럼 읽을 것인가? 작품을 평가하는데 있어 전기적 입장을 취하는 생트뵈브를 신랄하게 비판했던 프루스트의 견해를 따르면, 작가와 작품을 연계시키는 것은 그를 오해할 소지가 있을 것이다. 그러나 그의 전기를 보면 전적으로 그의 견해를 따를 수 없는 것도 사실이다.

프루스트는 근대 유럽사에서 가장 격동적인 한 시대를 살았다. 19세기 말의 몇 십 년과 20세기로 접어든 초기 20년은 마치 폭발하듯 일어난 1789년 프랑스 대혁명처럼 새로운 질서의 물길을 열어놓았다. 또한 이 시기는 '벨 에포크'라 불리는 이른바 황금시대이기도 하다. 이 시기는 프랑스 문화가 세계적으로 인정받고, 또한 고급문화가 대중문화의 형태로 확산되던 커다란 변화기이다. 1889년 파리의 만국박람회장에 에펠탑이 세워지고, 전화, 자동차, 비행기 등을 비롯한 문명의 발달은 일상생활과 제도의 변화를 가져왔으며, 영화의 발명, 아르 누보의 탄생과 더불어 예술 분야에도 혁신을 가져왔다. 19세기 말로 접어들면서 부르주아 계급의 부상으로 점차 귀족 계급은 쇠락의 길로 접어들고, 더불어 귀족 계층의 전유물이었던 사교계의 살롱도 변화와 쇠퇴를 거듭한다. 또한 프랑스 사회는 드레퓌스 사건으로 인해 동요되고 양분된다. 이어서 1914년부터 1918년까지 지속된 제1차 세계대전이 일어났다. 프루스트가 활동하던 시기는 이미 그 복합성과 분열적인 성격으로 포스트모던의 혼돈을 예고하고 있었다. 그는 제3공화정 이전 나폴레옹 3세의 제2제정이 무너진 직후인 1871년 7월 10일 파리의 교외 오퇴유에서 태어났다.

프랑스—프로이센 전쟁에서 비스마르크에게 패한 프랑스는 굴욕적인 평화를 대가로 알자스와 로렌 지방을 독일에 내주어야했다. 1871년 3월부터 5월까지 파리 코뮌의 지지자인 파리 시민 혁명군들이 반란을 일으켰으나 겁에 질린 보수 정권에 의해 '피의 일주일' 동안 잔인하게 진압되었다.

방역의학의 태두이자 의학박사이며 가톨릭 신자였던 아버지 아드리앵 프루스트와, 유대인 집안 출신으로 지적이고 교양 있으며 모성애가 강한 어머니 잔 베유 사이에서 태어나 프루스트누 두 살 아래인 로베르를 포함한 가족들과 함께 파리에서 평범한 유년기를 보냈다. 병약했던 마르셀은 10살 때부터 천식을 앓았다. 가족은 매년 부활절과 여름휴가를 파리에서 남서쪽으로 100킬로미터 정도 떨어진 일리에에서 보냈다.

성적표에 적힌 것처럼 질병으로 '항상 결석' 했지만, 마르셀은 리세 콩도르세의 학교생활에 잘 적응했다. 그는 여기에서 철학교사 알퐁스 다를뤼에게서 많은 영향을 받았다. 당시의 편지를 보면 그가 동성애에 관심을 가졌던 점은 분명하지만 사춘기에 샹젤리제에서 함께 놀던 마리 드 베르나다키에게 마음을 빼앗기기도 했다. 군인으로 지원한 그는 지병이었던 천식으로 동료들의 수면을 방해했기 때문에 오를레앙의 병영이 아니라 시내에 거처를 잡았다.

　군대에서 나오자 그는 될 수 있으면 공부를 계속하고 싶었다. 아버지는 마르셀이 외교관이 되기를 바랐다. 그래서 그는 법학부 및 정치학 학교에 들어갔다. 그는 소르본에서 앙리 베르그송의 강의를 듣는데, 사촌인 루이즈 뇌뷔르제와 베르그송의 결혼에서 신부측 들러리를 섰다. 이 무렵 그는 사교계를 출입하면서 많은 친구들과 귀족들을 사귄다. 발작에 비견될 정도로 일종의 사회풍속도를 그려놓은 그의 작품에 등장하는 인물군은 어디에서 그 원천을 끌어왔을까? 온갖 정념을 관찰하고자 하는 소설가의 수업과정에서 사교계는 유리한 무대가 된다. 한가로움은 다양한 유희와 풍부한 어휘를 통해 온갖 감정들에 밀도를 더해준다. 프랑스 소설가들은 17세기에 궁정에서, 18세기에 살롱에서, 그리고 19세기에는 사교계에서 인물들의 초상을 발견했다. 사교계에서 관찰한 샤를뤼스의 악덕이나 게르망트 공작부인의 이기심, 베르뒤랭 부인의 속물근성은 프랑수아즈와 같은 인물이 가졌던 서민의 양식(良識)과 대조를 이룬다. 프루스트가 작품 집필에 보여준 행적에 비추어볼 때, 그에게 있어 사교계는 관찰의 장소로서 필요했던 것이다. 이후에 그는 법학사와 문학사 학위를 취득하지만 마자린 도서관의 무급 사서직(그것도 거의 휴직)을 제외한 어떤 직업도 갖지 않았다. 그러나 학창시절부터 꾸준하게 글을 써왔고, 몇몇 친구들과 함께 문예지 『향연』을 창간했다. 1895년 3인칭 시점의 소설 『장 상퇴유』를 집필하기 시작한다. 이러한 글쓰기의 결과는 시편과 에세이, 중편들로 된 『즐거움과 나날들』(1896)의 출판으로 나타난다. 그는 이 책의 출판으로 혹독한 대가를 치러야 했다. 그는 문인들로부터 사교계의 속물로 취급받았을 뿐만 아니라, 장 로랭이 『뉴스』지에 이 책을 중상하는 글을 싣자 결투를 신청한다. 1897년 2월 6일 비오는 오후 므동 숲의 빌봉 탑 앞에서 벌어진 두 사람의 권총 결투는 무승부로 끝났고, 다음날 『르 피가로』지에는 "부상자는 없고 이로써 분쟁은 끝났음을 입회증인들이 선언했다"고 보도되었다.

20세기로 접어들기 직전 프랑스를 격동으로 몰아넣었던 쟁점은 드레퓌스 사건이다. 1898년 1월, 에밀 졸라는 이 사건에 대해 「나는 고발한다」는 제목의 공개서한을 『새벽』에 기고한다. 프루스트는 졸라의 재판에 참석하고, 드레퓌스 사건에 대한 재조사 요구서에 서명했다. 그러나 정치활동에는 참여하지 않았다.

그의 아버지 아드리앵 프루스트 박사는 1903년 11월 뇌출혈로 사망했다. 그 무렵 프루스트는 1889년부터 읽기 시작한 영국의 작가 존 러스킨에 깊이 빠져 있었다. 러스킨에 대한 연구는 어머니와 마리 노들링거의 도움을 받아 『아미앵의 성서』의 번역으로 이어지고, 1905년 초에 발표된 「독서에 관하여」는 역시 그에 의해 번역된 『참깨와 백합』의 서문으로 실린다. 하지만 이 같은 왕성한 활동은 곧 닥쳐올 불행으로 중단된다.

1905년, 그는 어머니를 요독증(尿毒症)으로 잃게 된다. 어머니를 잃은 프루스트는 한동안 슬픔에서 헤어나지 못한다. 이때의 심정은 "지금 엄마의 방도 텅 비어 있고, 내 마음도 인생도 텅 비어 있습니다"(루이즈 드 모르낭에게), "나는 내가 가장 사랑하는 모든 것을, 내가 이 세상에서 사랑하는 모든 것을 잃었기 때문에 너무나도 불행했습니다. 엄마라면 기뻐해 주실 것이라고 생각하면서 치료를 받기로 했습니다. 그러나 이 치료가 내게는 더할 수 없는 고통입니다"(『서간집』, 5권, 376쪽)라는 편지에 나타난다. 또한 13세 때 "당신에게 가장 비참한 일은 무엇인가?"라는 설문지에 "어머니와 떨어져 있는 것"라고 한 답변이 남아 있다. 이러한 어머니의 죽음은 그에게 현실적인 변화를 가져다주었다. 상당한 유산을 물려받은 상속인이 된 그는 오스만 가 12번지로 이사하고 작품 활동에만 전념할 수 있게 된 것이다. 그러나 1907년, 겨우 창작활동을 재개하며 『르 피가로』지에 「부모를 죽인 자식의 감정」을 발표하기 전까지 그는 슬픔에 젖어 아무런 활동도 할 수 없었다.

1908년, 프루스트는 가짜 다이아몬드를 둘러싸고 일어난 르므완 사건을 소재로 삼아 19세기 프랑스 작가들(발자크, 플로베르, 샤토브리앙 등)의 문체를 모방한 모작들을 발표한다. 이 작업은 일종의 정신적인 훈련과정이었고, 대작가들의 문체의 무의식적인 모방으로부터 벗어나기 위한 것이었다. 프루스트는 당시 19세기 프랑스 문학비평의 '아버지'라 불린 생트뵈브에 대한 비평을 구상한다. 사후에 출판된 『생트뵈브 논박』은 화자와 어머니 사이의 대화 형식으로 구성되어 있는 평론집이다. 그런데 갑자기 이러한 구상은 폐기되고 소설의 창작으로 전환된다. 이때부터 그는 자신의 나머지 생을 거의 이 소설의 창작활동에 바친다. 병세가 점점 악화되어 침상을 떠나지 못하는 중에도 프루스트는 창작활동에 매달렸고, 낮에는 잠을 자고 밤에만 잠시 외출하며, 방음을 위해 코르크를 덧댄 자신의 방안에 틀어박혀 거의 세상과 등진 생활을 했다. 그는 자신의 건강을 이유로 사람들과 거리를 두었고, 그들의 부탁을 거절했다. 부정기적으로 고용된 비서들과 헌신적인 셀레스트 알바레가 그를 위해 집안을 돌보고 한없이 쌓여가는 원고들을 타이프로 옮겼다.

1910년과 1911년 사이에 『잃어버린 시간을 찾아서』는 거의 완성되었다. 그러나 이 책의 출판은 자신의 다른 작품과 마찬가지로 난관에 봉착했다. 1912년, 프루스트는 파스켈과 NRF 출판사의 갈리마르에게 타자 원고를 보냈으나 모두 출판 거부 통보를 받는다. 또한 이 원고는 올랭도르프사의 편집장 앵블로에게 보내졌으나 "제가 우둔한 탓인지는 모르겠으나 어떤 사람이 잠을 청하기 위해 침상에서 어떻게 뒤척이는지를 묘사하는 데 30페이지나 사용할 수 있는지 저로서는 이해할 수가 없습니다"는 답변과 함께 출판이 거부된다. 1913년, 결국 그는 그라세 출판사와 자비로 출판하기로 계약한다. 그해 말, 「스완의 집 쪽으로」가 출간되고 그는 명성을 얻게 된다. 그러나 한때 프루스트의 운전기사였고 후에 그의 비서가 된 알프레드 아고

스티넬리는 조종사가 되기 위해 앙티브로 떠나 이듬해 비행기와 함께 수장된다. 이 사건은 프루스트를 절망하게 만들었고, 이어 1914년 8월, 제1차 세계대전이 발발한다. 전쟁 기간 동안 파리의 출판사들이 문을 닫았기 때문에 프루스트는 자신의 책을 계속 출간할 수 없었다.

1919년에 이르기까지 이 소설은 도입부에서 결말 사이에서 내부적인 증식을 거듭하여 수천 페이지 분량으로 불어난다. 1919년 출판된 「꽃핀 아가씨들의 그늘에서」로 공쿠르 상을 수상하고, 레지웅 도뇌르 훈장을 수여받는다. 1922년 12월, 프루스트는 폐렴으로 충실한 불면의 동반자 셀레스트와 동생 로베르가 지켜보는 가운데 숨을 거둔다. 그의 유해는 파리의 페르 라셰즈 묘지에 안장된다.

II. 『잃어버린 시간을 찾아서』의 구성과 특성

프루스트의 『잃어버린 시간을 찾아서』가 '오래 전부터(Longtemps)'로 시작해서 '시간 속에서(dans le Temps)'로 끝맺는 것은 이 작품이 우리 독자에게 회귀적 반추의 고리('비평적 회상')를 상정해 놓은 상징처럼 보인다. 이것은 마치 프루스트의 화자가 어린 시절 산책하던 상징적인 두 길, 메제글리즈 쪽과 게르망트 쪽에 각각 속하는 인물인 질베르트와 생루의 딸인 생루 양을 수렴(收斂)의 공간이면서 동시에 방사(放射)의 공간으로 보는 것과 같다. 화자의 삶을 가로질러온 여러 방향들은 생루 양을 정점으로 모여들고 다시 사방으로 퍼져나가기 때문이다. 그래서 이 책의 독서는 일종의 거울 놀이가 된다. 거울 놀이는 독자가 주인공과 동일시 할 뿐만 아니라 그 책의 시작에서부터 읽었던 것에 대해 그 역시 회상하기 때문이다. 독자는 읽고 있는 페이지 위에서 수많은 다른 중간의 페이지들이 중첩되는 것을 보게 된다.

장소

콩브레	파리	발벡	동시에르	베니스
생틸레르 교회	상젤리제 공원	그랑 호텔	기병대 병영	여행 계획과 취소
레오니 고모의 집	게르망트의 별장	발벡 해변	플랑드르 호텔	어머니와 함께 방문
스완집 쪽 (메제글리즈) (탕송빌)	마르셀 가족의 아파트	엘스티르 화실	요양원	
게르망트 쪽 (비본 시냇가)	살롱	리브벨		
마르탱빌 종탑	사창가	라 라스플리에르		

인물(창조된 작중인물 500명)

가족	소년시절의 친구	게르망트 가족	예술가	기타
나(마르셀, 화자)	스완(부인 오데트)	빌파리지 후작부인	베르고트(작가)	베르뒤랭 부부
어머니	질베르트 (스완의 딸)	생루	엘스티르(화가)	알베르틴
아버지	블로크	샤를뤼스 남작	뱅퇴유(음악가)	코타르(의사)
할머니	르그랑댕	공작 부부	라 베르마(배우)	쥐피앵
레오니 고모		대공 부부	라셀(배우)	노르푸아(외교관)
아돌프 종조부		생루 양	모렐(피아니스트)	
프랑수아즈(하녀)				

1. 미완의 소설

이 책이 그토록 늦게 씌어지고, 햇빛을 보지 못할 뻔했거나 3분의 1이 사후에 출판된 이유는 무엇인가? 그것은 프루스트의 특유한 창작 방식에 있다. 『즐거움과 나날들』에서부터 그는 이미 씌어졌거나 흔히 잡지에 출판된 단장(斷章)들과 중편 소설, 운문이나 산문으로 된 시편, 그리고 모작들을 병치시킨다. 그 순서는 집필 연대기를 따르지 않고 음악의 테마들처럼 사교 생활의 타락, 악덕, 질투, 예술을 통한 구원이 뒤섞이는 여정을 계속 따른다. 1000여 페이지에 달하는 원고로 사후에 출판된 『장 상퇴유』는 프루스트가 편집한 것이 아니다. 편집자들은 4년 동안 쓰인 단편들을 주인공 삶의 연대기 순서에 따라 출판했다. 그러나 프루스트 자신이 이러한 구조를 선택했다면 아마도 생전에 이 책은 출판되었을 것이다. 그런데 그는 이미 최초의 소설 속에 나타나는 무의지적인 기억을 통한 시간의 전복(顚覆)이 없는 자서전이나, 고전적인 허구의 선조적(線條的)인 전개가 그에게는 적합하지 않다고 느꼈으리라. 프루스트가 러스킨의 『아미앵의 성서』와 『참깨와 백합』을 번역하고 붙인 서문들 역시 이전 텍스트들의 몽타주이다. 사실상 1908년까지 프루스트는 창작이나 선택을 하지 못한 채 허구와 비평 사이에서 망설이고 있었던 셈이다. 『생트뵈브 논박』은 이러한 발생의 관점을 잘 보여준다. 프루스트에 따르면, 이 책은 250~300페이지의 '소설'이거나 125페이지 정도의 '비평서'가 될 예정이었다. 그러나 프루스트는 매우 짧은 이 책의 흩어져 있는 단편들을 조합하지 않고 있다가, 1909년 봄에 갑자기 『잃어버린 시간을 찾아서』의 창작으로 넘어간다. 마침내 그는 '나(je)'를 이야기하지만 프루스트 자신이 아닌 화자의 고안 덕분에 자신의 책을 어떻게 구성해야 하는가를 발견하게 된다. 또한 이러한 방법론의 발견은 서사 (récit)를 해체하고 재구성하기 위해 물음 형식과 응답 형식을 취하면서 여기에다 레미니상스(무의지적인 회상)를 이용함으로써 가능해진다(물음과 응답은 초고에서는 뒤섞여 있다가, 1913년부터 〈콩브레〉와 「되찾은 시간」 사이로 분리된다). 프루스트는 『즐거움과 나날들』, 『장 상퇴유』 이후로 다룰 주제들을 바꾸지는 않았다. 다시 말해 그는 이런 주제들을 변모시킬 소설 형식을 찾는 데 15년이나 걸린 것이다. 그래서 그는 1909년부터 콩브레와 「되찾은 시간」의 초판을 동시에 작성한다. 그는 더 이상 이 방법론을 바꾸지 않는다. 말하자면 그림의 전체 구도가 잡힌 것이다. 그 결과, 소설의 각 판본은 출판될 준비가 되어 있는 반면, 동시에 각 판본은 불안정하고 불만족스러워서 수정되고 발전되어야 했다. 이러한 노력은 문장(수많은 개작), 에피소드의 삽입(알베르틴, 1914~1918년 전쟁), 많은 페이지의 위치이동(『프랑수아 르 샹피』의 독서는 「스완의 집 쪽으로」와 「되찾은 시간」 사이로 분리되고, 뱅퇴유의 칠중주는 「갇힌 여인」의 마지막 부분으로 넘어간다)으로 나타난다.

소설은 처음에 1권(1909)으로 구상되었다가 이어서 2권(『마음의 간헐』: I. 「잃어버린 시간」 II. 「되찾은 시간」, 1909~1912), 다음에는 3권(『잃어버린 시간을 찾아서』: I. 「스완의 집 쪽으로」 II. 「게르망트 쪽」 III. 「되찾은 시간」, 1913)으로 된다. 「스완의 집 쪽으로」에서 나와 「게르망트 쪽」으로 옮겨졌던 「꽃핀 아가씨들의 그늘에서」는 1913년에 출판된다. 1919년부터 중심 부분인 「소돔과 고모라 I, II, III(「갇힌 여인」), IV(「사라진 알베르틴」 또는 「달아난 여인」)」이 나온다. 결국 이 소설은 프루스트의 생전에 4권, 사후에 3권이 출판된다. 프루스트는 최종적인 원고에서 전 인생의 작품을 손질하고 젊은 날의 텍스트들을 옮겨 쓴다. 이 원고는 오래전부터 완성되었으나 현대성의 한 전형으로 보이는 영원한 미완의 상태로 남아 있다. 그 결과, 『잃어버린 시간을 찾아서』는 대다수 프랑스 문인들이 출판되기를 꿈꾸는 '플레야드 총서'로 3권으로 된 1954판에 이어, 4권으로 된 1987~1989판이 출간되었다.

2. 보이지 않는 플롯

이야기의 주제는 이 작품의 서두에서 보이지 않는다. 프루스트는 자신의 책략을 이전의 어떤 소설가보다 더 잘 감춘다. 일반적으로 소설은 제목에서 그 의미가 어느 정도 드러나지만, 『잃어버린 시간을 찾아서』를 읽을 때 그것은 쉽사리 간파되지 않는다. 독자는 주인공—화가의 모호한 여정에서 외양과 실재를 세심하게 하나하나 구별해 보아야 한다. 외양은 장소, 환경과 시간의 횡단 속에서, 친구나 사랑 또는 사교계의 만남 속에서 나타난다.

콩브레의 어린 시절, 파리의 청년시절, 발벡의 바닷가, 그리고 어머니, 질베르트 스완, 소녀들의 무리(그들 가운데 알베르틴)에 대한 사랑이 있다.

이어서 화자는 파리로 돌아오는데, 그곳에서 그는 점차 가장 폐쇄적인 살롱들을 출입할 수 있게 되고, 게르망트 공작부인을 사랑하게 된다. 「소돔과 고모라」에서 동성애의 발견, 알베르틴을 동반한 발벡에서의 두 번째 체류(알베르틴은 고모라의 여인이다). 이어서 파리로 돌아옴, 알베르틴에 대한 비극적인 사랑. 여기서 행복은 알 수 없는 비밀에 대한 질투 어린 탐색으로 대체된다(「갇힌 여인」). 달아남, 알베르틴의 죽음, 망각의 과정과 온갖 열정의 치유(「달아난 여인」). 폭격을 받아 소돔(샤를뤼스와 쥐피앙이 경영하는 사디스트들을 위한 사창가로 인해)과 폼페이(「되찾은 시간」의 1부)로 변한 파리를 알아보기 위해 방문한 1914년과 1916년 두 번에 걸친 파리 여행, 그리고 단절된 요양소에서의 오랜 체류. 〈영원한 경배〉와 〈가장무도회〉라는 두 가지 에피소드. 이어서 시간은 존재를 변하게 하지만, 과거는 재정복될 수 있으며, 이러한 재정복에 필요한 도구는 예술작품이라는 것에 대한 최후의 발견. 결국 예술작품은 진정한 삶을 찾아내고 밝혀준다. 이것이 선조적인 방식으로 묘사된 주인공 삶의 외양적 단계들이다.

다음으로, 심오한 실재의 수준은 이야기를 따라 흩어져 있는 경험들을 다시 모은다. 이러한 경험들은 대략 3가지이다. 첫째는 감춰진 비시간적인 본질(마르탱빌 종탑들의 모습이고, 콩브레의 산사나무, 발벡의 세 그루 나무), 둘째는 행복감을 불러일으키는 레미니상스(마들렌, 풀 먹인 수건, 게르망트 저택의 고르지 못한 포석)이며, 셋째는 예술작품들과의 만남(베르고트 작품의 독서, 엘스티르의 그림, 뱅퇴유의 음악)이다. 이러한 경험, 만남들은 「되찾은 시간」의 〈영원한 경배〉에서야 그 답이 충분히 주어지는 물음이나 부름과 같다. 첫 번째 경험들은 세계가 어떤 감춰진 의미를 지니고 있고, 우리가 시간을 재창조하고 동시에 거기에서 벗어날 수 있었던 기억의 황홀함을 갖고 있었다는 사실을 알아차리게 만든다. 첫째와 두 번째의 경험들을 재구성할 수 있게 하는 세 번째 경험들은 예술작품들을 영속하게 만들었다. 예술작품은 세상에 의미를 부여하고, 시간을 보존하며 거기에서 벗어나기 때문이다.

　그러나 플롯은 그 전개가 허구적인 서술로 인해 중단되고 전도되는 만큼 더욱 알쏭달쏭하다. 사건의 연대기적 순서는, 화자가 태어나기 15년 전으로 거슬러 올라가는 〈스완의 사랑〉과 같이, 에피소드들의 도입으로 인해 파괴된다. 더구나 프루스트는 모든 날짜를 세심하게 지워버린다. 그래서 비평가들에게는 연대기(사건들에 대해서는 1880년부터 1920년까지, 하지만 가장 나이 많은 인물들은 1820년경에 태어났고 가장 어린 질베르트의 아이들은 1900년경에 태어났다)를 찾고 거기에서 부주의나 불일치를 지적하는데 상당한 재능이 필요했을 것이다. 사실상 소설가에게 중요한 것은 숫자나 날짜가 아니라 시간이 흘러가는 표시이다. 다른 한편, 화자는 그가 이야기하는 현재로부터, 비평하고 두 시간을 근접시키며, 아직 알려지지 않은 사건들을 예고하거나, 반대로, 중단시키기 위해 서술에 개입한다. 오데트에 대한 스완의 사랑과 질베르트에 대한 화자의 사랑이나 「되찾은 시간」의 요양원 체류를 분리하는 것은 바로 '여백들'이다. 즉 거기서 세월은 흘러가지만 아무런 언급이 없다. 20세기에 들어 소설은 시간의 전복, 플롯의 제거 등 다양한 기법의 변화를 보여주고 있는데 이러한 것은 프루스트가 이미 시도하고 실험했던 것이다.

III. 작품 읽기

1. 의지적 기억과 무의지적 기억

『잃어버린 시간을 찾아서』는 한 작가의 글쓰기에 관한 이야기이다. 이 작품 속에서 미래의 작가로 나타나는 화자는 온갖 삶의 체험을 겪고 난 후, 이 책이 끝나는 시점에서 글쓰기를 시작한다. 따라서 이 작품은 화자에게 있어서는 글쓰기의 착수에 이르는 일련의 탐색에 대한 이야기며, '비의(秘義) 전수' 의 이야기이다. 화자의 글쓰기를 유발한, 그리고 탐색의 동기를 부여한 사건은 이 작품의 서두에 제시된 '마들렌 에피소드' 이다. 화자는 마들렌 에피소드를 통한 레미니상스의 체험에서 오는, 죽음조차 초월하게 만드는 '일종의 감미로운 쾌락' 의 원인에 대한 탐색을 시작한다. 그러나 이러한 탐색은 결국 실패로 돌아가고, 「되찾은 시간」에 이르러서야 마들렌 에피소드와 동일한 일련의 계시가 찾아와 그 원인은 해명된다.

이러한 프루스트의 문학은 생존 시에 올바른 평가를 받지 못했던 작품, 그의 말대로 프랑스 문학의 걸작 중의 하나인 제라르 드 네르발의 문학세계와 유사하다.

네르발의 『실비』에는 마들렌의 맛이나 '개똥지빠귀의 지저귐' 과 같은 종류의 감각이 내포되어 있다. 마지막으로 보들레르에 이르러서는 이런 어렴풋한 추억은 더욱 많고, 분명히 우연의 횟수도 적기 때문에 내 생각으로는 확고부동한 것이다. 이 시인이야말로 충분한 시간을 두고 신중하게 골라서, 가령 여자 냄새, 머리털 냄새나 유방 냄새에서 '한없이 둥근 창궁(蒼穹)' 이나 '함선기와 돛대로 가득한 항구' 등을 그에게 환기시키는 신비한 아날로지를 의식적으로 추구한다. 나는 전치된 감각이 이와 같이 그 밑바닥에 숨어 있는 보들레르의 시편을 상기하려 한다.

프루스트는 잃어버린 시간을 찾는 일, 이것을 단 하나의 의무라고 깨닫는다. 우리가 지금 살아가는 인생에는 아무런 중요한 것도 없으므로, 그것은 잃어버린 시간에 지나지 않는다. 사물이 명확하게 정착되고 지각되는 것은 영원의 모습, 곧 예술의 양상을 통해서일 뿐이다. 기억에 의해 잃어버린 갖가지 인상을 재창조하고 원숙기에 이른 한 인간의 기억이라는 이 거대한 광맥을 캐내는 일, 그리고 이러한 회상을 예술작품으로 만들어내는 일, 이것이야말로 프루스트가 일생을 바친 집요한 노력이었다.

그리하여, 화자는 콩브레의 추억들을 상기시킨 후, 그 추억의 가치가 의지적인 기억에 의해서가 아니라 덧없는 감각에 의해서 제공되었다는 사실에서 나온다고 밝히는데, 이러한 덧없는 감각은 자신의 내면에 갇혀 있던 시간을 해방시켜 주었다. 이러한 사유는 「되찾은 시간」에서 발전될 것이다. 그 유명한 마들렌(그 맛은 매우 풍부하게 콩브레의 몇 가지 이미지들을 밝혀주고, 옛날의 자아를 소생시킬 것이다) 에피소드는 프루스트의 미학을 밝혀준다.

마들렌 에피소드

콩브레는 나의 취침이라는 무대이고 그 비극이었다는 것뿐, 이제 그밖에는 아무것도 나에게는 존재하지 않게 된 지 이미 여러 해가 지난 어느 겨울날이었다. 외출에서 돌아오자 어머니는 내가 몹시 추워하는 모습을 보시고는, 평소 습관은 아니었지만 홍차를 좀 마시는 게 어떠냐고 제안하시는 것이었다. 처음에는 거절했다. 그런데 왠지 모르게 생각을 바꾸고 말았다. 어머니는 프티트 마들렌이라는 짤막하고 통통한 과자를 가져오라고 했다. 그것은 마치 가느다란 홈이 파인 조가비 껍질 속에서 본떠낸 것 같았다. 울적한 하루였는데다가 내일도 쓸쓸하기만 할 것이라는 전망 때문에 마음이 짓눌려 있던 나는, 기계적으로 홍차 한 스푼을 입으로 가져갔다. 홍차 속에는 마들렌 한 조각이 부드럽게 녹아 있었다. 그런데 과자부스러기가 섞여 있는 한 모금의 차가 입천장에 닿는 바로 그 순간 나는 소스라치게 놀랐다. 나의 내면에서 뭔가 이상한 현상이 일어나고 있다는 것을 느꼈다. 일종의 감미로운 쾌감이 나를 사로잡았던 것이다. 그것은 고립되어 있는 그 원인을 알 수 없는 쾌감이었다. 그 쾌감은 마치 사랑이 가져다주는 효과처럼, 어떤 소중한 정수로 나를 충만시켜 주었기 때문에, 그로 인해서 그 즉시 나는 인생의 유의변전에 초연해지고, 인생의 재액이란 무해한 것이며, 인생이 짧다고 하는 것은 착각이라는 생각이

들었다. [⋯]

　이번에는 우리 집 뜰 안의 온갖 꽃이며 스완 씨 정원의 꽃들과 비본 냇가의
하얀 수련, 그리고 마을의 선량한 사람들과 아담한 집들, 성당과 콩브레 전체
와 그 부근, 그런 모든 것이 꼴을 갖춘 견고한 모습으로 마을도 정원도 함께 내
찻잔에서 나오는 것이었다.

—「스완의 집 쪽으로」

마음의 간헐

　나의 전인간적인 전복, 초저녁부터 피로 때문에 심장이 쿵쾅거려 괴로운 것
을 꾹 참으면서, 나는 구부려 천천히 신중히 신을 벗으려고 했다. 그러나 편상
화의 첫 단추에 손을 대자마자 뭔지 모를 신성한 것의 출현으로 가득 차 나의
가슴은 부풀어, 흐느낌에 몸이 흔들리고 눈물이 눈에서 주르르 흘러나왔다.
[⋯] 나는 이제 막 기억 속에서 그 처음 도착하던 저녁 그대로인 할머니의 피곤
한 내 몸 위에 기울인 부드럽고도 근심어린, 낙심한 얼굴을 언뜻 보았다. [⋯]
이렇듯, 매장한 지 1년 이상이 지난 이제야 할머니의 품 안에 뛰어들고 싶은
격한 욕망에 사로잡혀—사실 달력을 감정의 달력과 일치시키는 걸 자주 방해
하는 그 날짜의 틀림 때문에—처음으로 할머니의 죽음을 알았다.

—「소돔과 고모라」

　이렇게 보면, 스코트 몬크리프가 『잃어버린 시간을 찾아서』를 『지나간
일들의 추억』으로 번역했을 때, 그는 한 개인의 역사에서 요구되는 연속성
의 특수한 형태인 기억을 서투르지만 노골적으로 표현한 셈이었다. 그는
의지적 기억을 반영한 이 번역으로 프루스트의 의도를 왜곡한 셈이었다.

2. 사랑의 심리학 : 질투와 동성애

고전작가든 낭만파 작가든 사랑의 묘사는 깊은 진실에 이르지 못하며, "우리가 사랑에 대해 품고 있는 생각만큼 사랑과 거리가 먼 것이 달리 없다"고 프루스트는 생각했다. 그가 보다 정확하게 규명하려 한 사랑의 여러 현상은 만남, 선택, 곁에 있거나 없는 것에 대한 효과, 전적으로 무관심에까지 이르는 망각들이다. 그는 새롭고도 비극적인 사랑의 묘사를 우리에게 전해준다. 또한 사랑의 한 형태인 동성애의 양상은 프루스트가 소돔과 고모라라는 성서적 이름으로 꼬리표를 붙여놓은 묵시록적인 차원으로 드러난다.

2-1. 질투, '달아나는 존재'

우리는 사랑에 애타고 있지만 누구를 사랑하는지 모른다. 우리 영혼의 무대 위에 연애극의 상연이 준비되고 그 배역은 어린 시절부터 독서한 이래로 우리 머릿속에 씌어 있고, 또한 우리는 사랑받는 연인 역을 해줄 배우를 물색한다. 우리는 사랑하는 연인을 숙고 끝에 갖은 능력과 적합성을 따져본 후에 고르는 게 아니라 인상의 우연에 좌우되어 선택하기 쉽다. 그리하여 나중에 알게 되듯이 대상의 직접적인 가치와는 아무 상관이 없는 경우가 많다. 왜냐하면 맨 처음 고른 연인이 그 순간 우연히 거기에 존재했기 때문이다. '자신의 연장, 자기 증식의 가능성, 곧 행복'을 가져다 줄 대상을 찾는다. 그래서 우리가 사랑에 대해 생각할 때, 라로슈푸코의 다음과 같은 기본적인 성찰을 기억해야 할 것이다. "사랑의 즐거움은 사랑한다는 것이다." 그래서 그 필연적인 귀결로, "상대가 보여주는 열정보다는 자신이 가진 열정에 의해 더 행복해지는 것이다." 한 여인을 사랑할 때, "우리는 그녀 속에 단지 '우리' 영혼의 상태를 투영하는 데 지나지 않는다. 따라서 중요한 것은 여인의 가치가 아니라 그 상태의 신비함이다." 타인들의 연애를 이해하기 어려운 것도 그 때문이다. 프루스트에 따르면 사랑의 첫 단계는 상상작용인 것이다. 다음으로 불안은 사랑을 끌어가는 동력이다. 상대가 주는 불안에서 벗어나 마음의 동요가 사라지고 나면 그 상대는 무가치한 사람이 되고 만다. 『안나카레리나』는 이런 상황의 비극적이고 전형적인 예이다. 불안과 상상은 사랑을 질투라는 질병으로 이끈다. 오로지 지적인 병인 질투는 사랑하는 여인의 생각과 행동을 모르는 '가능성의 세계'에서 발생한다. "외적인 사실의 현실과 영혼의 움직임이 얼마나 미지의 일이며, 수많은 가정을 낳는 것인가를 우리에게 알려주는 것은 질투의 능력이다." 화자가 사랑하는 여인의 잠자는 모습을 바라보고 쓴 감탄할만한 페이지보다 더 심오하게 상징적인 대목은 없다. 그러나 애석하게도 연인은 언제까지나 잠들고만 있을 수 없으니 오랫동안 그 치료약은 없을 듯하다. 무덤 속으로까지 파고드는 이 질투는 「사라진 알베르틴」 전반부의 주제가 된다.

이처럼 부재도 죽음도 애욕을 치유하지 못한다. 그러나 다행히 기억은 항구적인 힘이 없고, 오랜 부재 후에 마침내 망각이 우리의 정신이 기운을 되찾는데 필요한 무(無)를 가져다준다. "망각은 현실에 적응하는 강력한 수단이다. 망각은 현실과 끊임없는 갈등인 과거의 생존을 조금씩 우리 안에서 파괴함으로". 그래서 사랑하는 상대는 두 번 죽는다. 첫 번째는 육체적으로, 이 경우 죽음은 사랑하는 상대만 엄습하고 우리 마음속에 상대를 아직 살아 있게 하지만, 두 번째는 망각의 조수가 그 추억마저 덮어버릴 때이다.

스완과 오데트 사이에 있어 '그들의 사랑의 국가'라고 불리는 뱅퇴유의 소악절은 오데트에게는 외부 대상과 교감하는 쾌락의 매개체로 받아들여진다면, 스완에게는 외부 대상과 교감하지 않는 쾌락, 즉 일종의 정신적 쾌락의 매개체로 받아들여진다. 스완에게 있어서, 오데트는 소악절처럼 '미지의 매력'을 주지만 그의 욕망을 충족시켜 줄 수 있는 존재가 되지 못한다. 오데트의 존재는 특별한 존재가 아니라 소악절이 스완의 영혼에 열어

준, 정신적 쾌락을 위해 '텅 빈 백지'로 남아 있는 공간에 우연히 기입된 수많은 여인들 중의 하나일 뿐이다. 그러나 끊임없이 상상력을 자극하는 미지의 존재인 '달아나는 존재'로 남아 있을 때, 오데트는 스완에게 질투의 고통과 사랑의 고뇌에 빠지게 하는 정신적 존재가 된다.

이런 존재가 거주하는 지대는 '적대적이고, 타락한, 그러나 감미로운 소용돌이'가 이는 곳이며, '상상할 수 없고 지옥 같은 축제'가 벌어지는 장소이다. 이 축제가 벌어지는 시간은 사랑하는 '여인이 미지의 쾌락을 맛보러 가는 접근할 수 없고, 무서운 고통을 주는 시간'이다. 이 접근할 수 없고, 상상할 수 없는, 미지의 세계는 스완이 어느 날 밤 오데트를 찾아 헤매던 장소이며, 화자가 알베르틴의 말을 듣고 상상하는 고모라 여인들의 천국인 트리에스트이다. 그래서 스완이 오데트를 찾아 헤매던 거리는 마치 오르페우스가 '죽음의 망령들 사이에서 에우리디케를 찾던 어둠의 왕국'과 같고, 화자에게 있어서의 트리에스트는 '당장에라도 불태워 버리고 싶은 저주받은 도시'와 같다.

이 적대적이고, 설명할 수 없는 분위기가 발산되는 것은 알베르틴이 즐겼다고 느꼈던 곳, 그녀의 어린 시절의 추억, 우정 그리고 사랑이 있었던 미지의 세계, 곧 트리에스트로부터였다. 그러한 분위기는 마치 지난날 내게 잘 자라고 말해주러 오지 않던 엄마가, 낯선 손님들과 함께 잡담을 나누며 웃던 소리가 포크 소리에 섞여 들렸던 콩브레의 식당으로부터 내 방까지 올라왔던 것과 같았고, 스완에게는, 오데트가 상상도 할 수 없는 환락을 찾으러 야회에 갔던 그 집들을 가득 채웠던 것과 같은 것이었다. 지금 내가 트리에스트에 대하여 생각하는 것은 주민이 사색에 잠긴 듯하고, 석양이 금빛이며, 종소리가 구슬픈, 그런 어떤 매혹적인 고장 쪽으로서가 아니라, 당장에 불태워 버려 이 현 세계에서 없애고 싶은 저주받은 도시로서였다.

　　　　　　　　　　　　　　　　　　　　　　　　　　　　　　　　— 「소돔과 고모라」

『잃어버린 시간을 찾아서』를 구성하는 중요한 부분 중의 하나는 「소돔과 고모라」이다. 그 주된 주제는 남성과 여성의 동성애이다. 프루스트는 그가 다루었던 주제들을 쇄신했다. 어린 시절과 청춘 시절, 사랑(불안과 질투에 바탕을 둔 주관적 현상), 유행과 속물근성, 존재들의 비영속성(그들은 우리가 그들로부터 갖는 연속된 주관적 인상들 속에서, 그리고 그들 자신들 속에서 변한다), 예술 등등. 그러나 이러한 주제들 중에서 동성애는 더욱 새로운 것이다. 왜냐하면 이것을 평범한 주제의 하나로 다룬다는 사실 자체가 혁신이기 때문이다. 사실상 프랑스 소설에서 동성애의 주제가 공개적으로 길게 다루어진 것은 프루스트와 더불어 처음 있는 일이다. 프루스트가 이러한 주제를 다룬 것은 본질적으로 다음과 같은 사회적 관점에서이다.

— 종족이나 무리로서 동성애자

— 타인과의 관계에서 도착자의 열정의 영향(속임수를 쓰고 가면을 쓴 인물로서의 도착자)

— 도착자의 특수성에 대한 다른 사람들의 반응(화자는 알베르틴이 레즈비언이라는 사실을 발견할 때 그 어느 때보다도 더 질투하는데, 그녀가 '이상한' 종족에 속하기 때문이다. 게다가 그는 생루에게서 남색가를 발견하고 슬퍼한다. 왜냐하면 생루 쪽에서 엉큼함을 드러냄으로써 생루가 그에 대해 가졌던 우정을 손상시키기 때문이다)

동성애는 대상을 제외하면 이성애와 동일하다. 큰 차이는 사회적 조건에 비추어 볼 때 동성애가 훨씬 더 실현하기 어렵다는 사실이다. 어떤 식물들에게 있어 수꽃의 꽃가루를 암꽃의 꽃가루로 옮겨놓는 벌이 하는 것과 비견되는 우연한 결합이 없다면, 도착자는 그를 사랑할 수 있는 사람을 찾을 기회가 별로 없다.

프루스트는 「소돔과 고모라」의 서두에 '성도착자들의 만남의 원형' 처럼 샤를뤼스와 쥐피앙의 만남을 묘사하고 있다. 파리의 게르망트 저택 안마당에서의 난초와 뒤영벌의 수정은 샤를뤼스와 쥐피앙의 동성애 장면과 비교된다. 올라니에는 이러한 비유를 '퇴행적 변신'—진화론과는 반대로 인간에서 동물이나 식물로 변신한다는 점에서—으로 보고 있다. 화자가 발벡의 해안에서 발견하는 해파리도 퇴행적 변신을 한 성도착자의 이미지로 나타난다. 육지에서는 난초가, 바다에서는 해파리가 소돔과 고모라의 세계를 반영하고 있는 것이다. 우리는 먼저, 동물이나 식물로의 퇴행적 변신을 한 존재들에게서 자웅동체의 비전을 발견한다.

자연현상 : 난초와 뒤영벌

더욱 놀라운 일은 샤를뤼스 씨의 태도가 변하자 마치 어떤 요술에 따르듯 쥐피앙의 태도 역시 곧 샤를뤼스의 그것에 어울리기 시작했다. […] 그런데, 내가 늘 알고 있었던 겸손하고도 선량한 모습을 즉각 상실한 쥐피앙은—남작과 완벽한 균형을 맞추어—머리를 쳐들고 상체에 거만스러운 자세를 취하고 주먹을 우스꽝스러울 정도로 무례하게 허리 위에 올려놓고, 궁둥이를 불쑥 내밀고는 신의 섭리로 뜻밖에 나타난 뒤영벌을 향해 난초꽃이 하는 듯한 교태를 부리는 자세를 취했다.

—「소돔과 고모라」

동성애의 징후

연애시를 배우거나 춘화(春畵)를 구경하거나 한 중학생이, 그때에 동급생의 몸에 바짝 다가섰다면, 그는 단지 여성에 대한 욕망과 똑같은 애정 속에서 동급생과 함께 깊이 통하고 있는 것으로 생각하였을 것이다. 그 같은 중학생의 나이로, 어찌 자기가 대다수의 사람과 같지 않다고 여기겠는가? 설령 그가 느끼는 것의 실체를 라 파예트 부인, 라신, 보들레르, 월터 스콧을 읽으면서 분간하는 적이 있더라도, 아직 자기 자신을 관찰하는 힘이 부족해서 그가 자기의 특별한 것을 거기에 덧붙였다는 것도, 또 설령 감정이 같더라도 대상이 다르

다는 것, 원하는 것이 로브 로이이지 다이아나 버논이 아니라는 것을 알아채
지 못하는데, 그들의 대다수는 지성의 가장 밝은 시력에 앞서는 본능의 방어
적인 신중성으로, 그 방의 거울이나 벽을 천연색 여배우 사진들로 메운다. 그
들은 '나는 세상에서 오직 클로에만을 사랑하노라. 클로에는 성스럽고 금발
이어라, 그 사랑으로 내 가슴 넘치노라' 하는 따위의 시를 짓거나 한다.

—「소돔과 고모라」

고독자

　그래서 고독자는 혼자서 애타게 지낸다. 지금의 그에게는 근처 해수욕장의
역에 가서 어느 철도원에게 뭘 물어 보는 재미밖에 없다. 그런데 그 철도원도
승진해서 프랑스의 다른 벽지에 부임해 버렸다. 고독자는 이제 열차 시간이나
일등실의 요금을 그에게 물으러 갈 수 없어 집에 돌아가 그리젤다 같이 탑 속
에 들어앉아 몽상에 잠기기 전에 바닷가를 서성거린다. 마치 어느 아르고노트
의 용사도 구출하러 오지 않는 기묘한 안드로메다처럼, 또 모래 위에 죽어가
는 덧없는 해파리처럼, 혹은 열차가 출발하기 전 플랫폼에 맥없이 서서 승객
무리에게 눈길을 던진다. 그 눈길은 다른 종족의 사람들한테는 무관심한 비웃
음 받는 멍청한 것으로 보일 테지만, 실은 어느 곤충이 같은 종류의 곤충을 끌
기 위해 몸에 장식하는 반짝거리는 광채처럼, 또는 수태시켜 줄 곤충을 끌기
위해 어떤 꽃이 내는 꿀처럼, 그의 앞에 나타난 너무나도 희한한, 상대를 찾기
가 매우 어려운 한 쾌락의 애호가, 곧 이 전문가와 더불어 기이한 말을 나눌 수
있는—거의 세상에서 찾아낼 수 없는—동류의 눈은 못 속인다.

—「소돔과 고모라」

3. 예술 : 베르고트, 엘스티르, 뱅퇴유

프루스트의 문학관 또는 미학(본질의 인식)의 구체적인 실천은 '문체' 의

실현을 통해서 이루어진다. "작가에게 있어서 문체란 화가에게서 색채와 마찬가지로, 기교의 문제가 아니라 비전의 문제이다." 이처럼 프루스트는 자신의 문체를 언급하면서 화가의 비전과 비교하고 있다. 화가가 자신의 화폭에 담아야 할 것은 세부적인 형태를 묘사하는 기교가 아니라 사물의 본질을 포착하는 인상주의 화가들과 같은 색채의 배합에 있는 것이다. 마찬가지로 프루스트에게 문체는 사실주의와 같은 개인적 흥미나 세부적인 부분의 묘사가 아니라 일종의 '심리학적 법칙들의 종합'을 보여주는 수단이다. 프루스트가 자신의 비전을 작품 속에 반영하는 것은 '본능의 목소리에 귀를 기울일' 때 솟아나는 인상이나 '감각을 법칙과 관념과 같은 기호로 번역하여 그것을 어떤 정신적 등가물로 전환하는' 데서 비롯된다. 이것은 크리스테바가 '은유의 찬가'라고 부른 비전과 같은 것이다.

진실이 나타나기 시작하는 것은 작가가 각기 다른 두 대상을 선택하여, 예술세계에서의 유사한 관계를 과학세계에서의 인과율의 공통관계로 설정하여 그들 대상을 아름다운 문체라는 불가결한 고리 속에 잇거나, 삶과 마찬가지로 두 감각에 공통된 특질을 비교하면서 작가가 이들 감각을 시간의 우발성으로부터 벗어나게 하기 위해, 두 감각을 서로 은유 속에 결합시키면서 공통된 정수를 끌어내는 경우뿐이다.

—「되찾은 시간」

프루스트의 작품에는 작가 베르고트, 화가 엘스티르, 음악가 뱅퇴유가 이러한 은유의 기법을 통해 예술을 구현한다. 프루스트의 글쓰기는 결국 예술작품의 창조로 귀결된다. 우리가 "창조적 예술세계로 접근하는 것은 다른 눈을 갖는 것이고, 다른 눈으로 세계를 보는 것이다. 따라서 우리는 우리가 가진 눈의 수만큼 다른 세계를 갖고, 이 별에서 저 별로 진정한 여행을 할 수 있는 것이다."

베르고트 : 베르메르와 작가의 죽음

마침내 베르메르 그림 앞에 왔다. 그의 기억으로는 더 눈부시고, 그가 알고 있는 뭇 그림과 더 동떨어진 것이었는데, 그래도 비평가의 기사 덕분에 그는 처음으로 푸른 작은 인물이 몇몇 있는 것, 모래가 장미색인 것을 주목하고, 드디어 황색의 작은 벽면의 값진 마티에르를 발견했다. 그는 "차양 달린 황색의 작은 벽면, 황색의 작은 벽면"이라는 말을 마음속으로 되풀이하였다. 하지만 그는 원형으로 된 긴 의자 위로 쓰러졌다. 그와 동시에 갑자기 그에게는 자신의 목숨이 끝나가고 있다는 생각이 사라져 버렸다. […] 새로운 발작이 다시 엄습하자, 그는 긴 의자에서 바닥으로 굴러 떨어졌다. […] 베르고트라는 육신은 묻혔다. 그러나 장례식날 밤이 깊도록 책방의 환한 진열창에 그의 저서가 세 권씩 늘여놓은 날개를 펼친 천사처럼 밤샘을 하고 있는 것이 이제 이승에 없는 이를 위한 부활의 상징인 듯싶었다.

— 「갇힌 여인」

엘스티르 : 인상주의

은유의 기법과 인상주의는 엘스티르가 그린 상상적 바다 풍경화 〈카르크튀이 항구〉에서 잘 드러난다. 그의 인상주의 미학은 글쓰기의 과정 속에 나타나고, 또한 발벡의 해변이나 베니스의 바다 분위기를 재창조하기 위해 인상주의 이론이 원용된다.

그 화면에 그려진 수많은 가옥들은 항구의 한쪽 부분을 가리고 있는 것인지, 배를 수리하는 도크를 가리고 있는 것인지, 혹은 어쩌면 […] 물굽이를 이루고는 뭍으로 깊숙이 파고들어 오는 바다 자체를 가리고 있는 것인지, 어쨌든 시가를 이루고 있는 돌출한 곳의 맞은편에 보이는 가옥들의 지붕 위로는 […] 배의 돛대들이 비죽이 솟아 있었고, 그 돛대들은 또 그 돛대들이 속해 있는 선체를 뭔가 도시의 일부분 같기도 하고, 지상의 건축물 같기도 한 것으로 만들어 놓은 것처럼 보이는 것이었다. […] 배들은 너무나 밀집한 채로 열 지어 있어서, 거기서는 사람들이 배에서 배를 향해 이야기를 나누고 있는데도 배와 배 사이를 구별할 수 없었고 […] 이렇게 선단을 이루는 그 어선들은, 예컨대 크리크벡의 성당들보다도 오히려 바다에 속해 있는 것처럼 보이지 않았다. […] 조선소의 공사에 반쯤 가려진 바다 한가운데 있는 배 한 척은 도시 한가운데로 항해하는 것 같았다. […] 바다가 뭍 안으로 깊숙이 들어와 있는가 하면, 뭍은 이미 바다가 되어 있고, 주민들은 수륙양서의 인간들인 그런 항구의 인상을 이 화면 전체가 주고 있을지라도 바다의 요소는 도처에 강렬하게 나타나 있었다.

—「꽃핀 아가씨들의 그늘에서」

예술의 독신자 : 스완과 샤를뤼스

우리가 세계를 지각하면서 갖는 인상의 착오는 정신의 게으름으로 대상 속에 껍질로 둘러싸여 있는 부분을 탐색하지 못하는데서 생기는 것이다. 따라서 표면적 인상에만 머물러 있는 예술가는 아무것도 생산하지 못하는 '예술의 독신자' 로 불릴 수밖에 없다. 이들이 예술에 대해 갖는 열광은 겨우 '브라보' 하고 외치는 탄성에 지나지 않는다. 그들은 결코 진정한 한 줄의 글도 쓸 수 없는 것이다. 사랑을 통해 생겨난 기쁨, 고통, 그리고 사랑의 대상이 가진 신비는 자칫 예술의 마티에르가 아니라 덧없는 에너지의 소모로 끝날 수 있음을 프루스트는 지적하고 있다. 이런 점에서 "내 타입이 아닌 […] 한 여자 때문에 […] 내 일생의 가장 좋은 시간을 허비했다는 것을 생각해 보구려!" 라는 스완의 말은 시사적이다. 스완이나 샤를뤼스가 예술가가 되지 못하는 것은 자신의 말대로 애욕의 희생자로 남았기 때문이다. 성욕을 예술의 마티에르로 승화하지 못한 그들은 '브라보' 하고 외치는 '예술의 독신자' 로 남아 있을 수밖에 없었던 것이다.

Ⅳ. 오늘날 프루스트는…

1. 몽타주, 환상, 그리고 영화

프루스트의 작품은 영화의 모티프를 내포하고 있다. 창작의 방법에 몽타주 기법이 이용되고 있다는 것은 이미 위에서 살펴본 바이다. 구성에 있어서 원근법의 파괴, 망원렌즈로 본 것 같은 영상들의 융합은 마네 회화의 중요한 기법 중의 하나다. 마네의 영향이 스며 있는 엘스티르의 상상적인 그림에서, 프루스트가 사진효과와 비교하면서 보여준 것도 이러한 기법이다. 풍경의 이질적인 부분들은 이러한 기법을 통해 상호 침투하는 환상의 효과를 낳는다. 〈카르크튀이 항구〉에는 이런 효과가 잘 드러나 있다. 망원경은 현상에 대한 묘사의 모델로서 「되찾은 시간」의 말미에 작가에 의해 선택된 시각 도구이다. "내가 그 이후 사원에 새겨 넣길 원했던 진실에 대한 지각에 우호적이었던 사람들은 '현미경'에서 진실을 발견했다고 나를 칭찬했다. 그때는 내가 사실 많이 떨어져 있고, 각각이 하나의 세계였기 때문에 아주 작은 사물들을 보기 위해 망원경을 사용했을 때였다."

망원경은 가깝게 하고 크게 한다. 그러나 그것은 혼합, 충돌, 상호침투의 신기한 효과들을 만들어낸다. 프루스트는 엘스티르의 그림들을 원근법의 새로운 법칙들을 끌어내는 것처럼 묘사한다. 이것은 새로운 원근법, 먼 것이 아닌 가까워진 면들의 원근법, 현대성이 만들어낸 객관적인 지각이 아닌 변화하는 감각의 원근법이다. 즉, 망원경에 의한 원근법이다. 이것은 새로운 환각이기보다는 새로운 진실에 관한 문제이다. 이러한 환각은 공간적 근접성에 대한 환각이다. 프루스트에게는 이미 영상의 시대가 펼쳐져 있는 것이다.

2. 미래의 책

현대에 있어서 고전은 무엇인가? 대부분의 고전 작품이 그러하듯 진정한 걸작은 어떤 법령과 같은 것이 아니라 세대마다 그 의미와 영향력을 새롭게 하는 데 있다. 주지하다시피 『잃어버린 시간을 찾아서』는 문학사에서 제임스 조이스의 『율리시즈』, 버지니아 울프의 『등대로』와 더불어 의식의 흐름을 표현한 모더니즘 작품의 하나로 꼽힌다. 이와 달리 오늘날 우리가 『잃어버린 시간을 찾아서』를 고전으로 읽을 수 있다면 어떤 측면에서일까?

『잃어버린 시간을 찾아서』가 고전의 반열에 오른 이유는 수없이 많을 것이다. 그 중에 가장 중요한 요소는 이 작품의 복합성에서 찾을 수 있다. 우리가 이 책을 읽을 때마다 매번 다른 세계를 돌아다녀야 하는 것은 이러한 복합성 때문이다. 프루스트가 19세기의 위대한 작품들을 비평할 때 겨냥했던 내용도 복합성이다. 그의 책은 원칙이 없어서가 아니라 무질서의 원칙을 지녔기 때문에 복합적인 체계이다. 프루스트는 '사실상 고전적인 소설을 전혀 닮지 않은 한 권의 책'에 대해 말한다. 또한 이 책을 "중요한 하나의 작품, 소설이라 하자, 왜냐하면 일종의 소설이기 때문이다"라고 묘사한다. 이 책은 바로 자신의 책일 것이다. 『잃어버린 시간을 찾아서』의 복합성은 현재 하이퍼텍스트의 복합성과 유사하다. 우리는 하이퍼텍스트에서처럼 이 책의 이곳저곳을 돌아다니고 머물기도 하면서, 총체적인 관점이 아니라 국부적이고 부분적인 관점을 갖는다. 마치 시공을 낯설게 하는 발벡 해변 주위를 자동차로 산책하는 것처럼, 독서의 이동은 우리를 새로운 풍경과 새로운 전망, 새로운 여행에로 초대한다. 『잃어버린 시간을 찾아서』는 하이퍼텍스트나 삶처럼 멀리 떨어진 장소들 사이에 미지의 관계를 실현하기에 적합한 환경이다. 프루스트 소설을 다시 읽는 것이 마치 누보로망 작품을 읽는 듯한 느낌을 받는 것은 이러한 사실에서 비롯된다.

20세기의 많은 작가들은 복합성과 세계의 무질서를 그려 보이는 데 적합한 책의 형태를 열망했다. 우리는 말라르메의 '책'과 발레리의 '시스템', 비트겐슈타인의 '앨범'이나 들뢰즈와 가타리의 '리좀'을 생각해 볼 수 있다. 그러나 이러한 책들은 일종의 유토피아에 지나지 않는다. '책' '시스템' '앨범' 그리고 '리좀'은 구현된 작품이 아니라 미래에 도래할 하나의 이상에 불과한 것이다. 이런 관점으로 볼 때, 현실에서 『잃어버린 시간을 찾아서』보다 '책'이나 '리좀' 같은 이상을 더 잘 구현한 책이 있을까?

우리는 이처럼 현대적 의미의 고전으로서 『잃어버린 시간을 찾아서』의 중요성을 부여할 수 있다. 문학사에서 말하는 고전으로서의 중요성뿐만 아니라 무질서와 복합성을 내세우는 포스트모던의 관점에서도 이 책은 고전으로 읽힐 수 있는 것이다. 더 나아가 모리스 블랑쇼가 말하듯 한 권의 '미래의 책'으로도 그 중요성은 빛을 잃지 않을 것이다.

[더 생 각 해 볼 문 제]

1. 프루스트에게 있어 문학은 무엇인가?

2. 잃어버린 시간을 찾는다는 의미는 무엇인가?

3. 프루스트의 사랑에서 질투, 감금, 모독, 망각의 의미를 살펴보자.

4. 프루스트 소설에 나타난 스노비즘은 어떤 것인가?

[주 제 어]

기억

프루스트는 기억을 의지적 기억과 무의지적 기억으로 구분하고 있다. 전자는 우리에게 무질서하고 지리멸렬한 요소들만 제공하고, 반면에 후자는 환유와 은유를 통해 삶의 총체를 드러내며 환기한다.

예술

물질과 경험 그리고 단어 속에서 색다른 어떤 것을 찾아내는 예술가의 작업은 우리가 우리로부터 벗어나 살아가는 매순간마다 자존심, 열정, 지적 능력, 습관 등이 이루어 내는 작업과 정반대의 것이다. 진정한 예술만이 우리로 하여금 자신의 삶을 관찰하게 한다. 그것은 참된 삶을 재창조하고, 인상들을 젊게 하는 커다란 시도이다.

인상

프루스트의 미학은 인상의 미학이라 할 수 있다. 작가에게 있어 인상이란 과학자에게 실험과도 같은 것이다. 단 하나의 차이는 지적인 작업이 과학자에게 있어서는 선행하는 것이고, 작가에게는 나중에 이루어지는 것이 다른 점이다.

시간

변화된 사람들은 수년의 세월이란 비물질적인 색깔 속에 멱을 감으면서 기회만 주어지면 그 시간을 밖으로 표출하려 한다. 일반적으로 시간은 눈에 보이지 않으나 시간은 항상 밖으로 모습을 드러내기 위해 몸들을 찾는다. 그리고 시간은 언제 어디서든지 그 몸들을 만나면 재빨리 자기 것으로 만들고, 그 몸 위에 즉시 마술램프를 켠다.

한 젊은 작가 지망생의
성장과정과 내면세계
: 제임스 조이스 『젊은 예술가의 초상』

김재경 │ 부산대학교

 **1. 제임스 조이스(1882~1941)의 초상**

영국의 시인 엘리엇은 1922년에 쓴 평론에서 제임스 조이스를 "19세기를 죽인 자"로 묘사했고, 에드먼드 윌슨은 『악셀의 성』(1931)에서 조이스를 "인간 의식에 대한 새로운 장을 펼쳐 보인 가장 위대한 문학가"로 소개했다. 조이스가 쓴 『젊은 예술가의 초상』과 『율리시즈』는 서구 문학사에서 기존의 소설에 새로운 형식과 의미를 부여하였고, 『율리시즈』와 『피네건즈 웨이크』는 그의 시대를 넘어 지금도 포스트모더니즘을 비롯한 많은 문학이론의 모델로 언급되고 있다. 자끄 라깡, 자끄 데리다, 질 들뢰즈, 피터 브룩스, 움베르토 에코 등 현대 이론의 대가들도 자신들의 저서들에서 직접 조이스를 거론하고 있다.

조이스는 1882년 2월 2일 아일랜드의 수도, 더블린 래드가 41번지에서 조세 징수관이던 아버지 존 스태니슬라우스 조이스와 어머니 메리(메이) 조이스 사이에서 태어났다. 두 사람 사이에서 모두 15명의 아이가 태어났으나 5명이 유아기를 넘기지 못하였기 때문에 둘째로 태어난 조이스는 장남으로 성장한다. 그는 1888년 9월 예수회가 관장하던 기숙학교 클론고우즈 우드 칼리지 예비학교에 입학하였지만, 가정형편이 어려워 1891년 6월 이 학교를 자퇴한다. 이 시기는 『젊은 예술가의 초상』 제1장의 주요 공간 배경이 된다. 그 후 교회 지인들의 도움을 받아 벨베디어 칼리지 예비학교로 편입하여 우수한 성적으로 두각을 드러낸다. 1899년부터 1902년 사이에 더블린 시내에 자리한 유니버시티 칼리지에서 수학하고 언어학 학위 과정을 이수한다.

그 후 조이스는 노르웨이의 희곡작가 입센의 마지막 희곡 작품 『죽은 우리가 눈을 뜰 때』에 대한 서평을 게재하고, "아일랜드 문예운동"에 가담한 작가들의 국수적이고 편협한 자세를 공격하는 『어중이떠중이들의 시대』라는 소책자를 자비로 출판한다. 1904년 1월 『젊은 예술가의 초상』의 모델이 되는 자서전적 소설 『스티븐 히어로』의 초안을 기획하고, 3월부터 3개월 동안 도오키의 한 초등학교에서 임시 교사직을 맡는다. 이때의 경험은 『율리시즈』 제2장에서 스티븐이 초등학교 아이들을 가르치는 모습으로 묘사된다. 조이스는 그 해 6월 13일 미래의 부인이 될 노라 바너클이라는 골웨이 출신의 여성을 우연히 만난다. 며칠 후 조이스는 "핀즈 호텔"의 룸메이트로 근무하는 노라와 처음으로 데이트를 즐긴다. 이날이 바로 『율리시즈』의 배경이 되는 1904년 6월 16일이고, 아일랜드가 조이스와 『율리시즈』를 기리기 위하여 국경일로 삼은 "블룸즈데이"(Bloomsday)이다. 조이스의 아내 노라를 모델로 삼은 『율리시즈』의 여주인공 몰리 블룸은 남편과의 첫 데이트를 다음과 같이 회상하고 있다.

당신을 위해 태양이 비추고 있소 하고 우리들이 호우드 언덕의 만병초꽃 숲속에 누워 있었을 때 그이가 내게 말했지 그이는 회색의 스코치 나사복에 밀짚모자를 쓰고 있었어 그날 나는 그이로 하여금 내게 구원하도록 해주었

지 그렇지 먼저 나는 입에 넣고 있던 씨앗과자 나머지를 그의 입에 밀어 넣어
줬지 그런데 그 해는 금년처럼 윤년이었어요 그렇군 벌써 16년 전이야 맙소
사 저 오랫동안의 키스가 끝나자 나는 거의 숨이 막힐 지경이었지 그래요 그
이는 나를 야산의 꽃이라 했어 그렇지 우리들은 꽃이에요 여자의 몸은 어디
나 할 것 없이 맞았어요…

　　그래요 나의 야산의 꽃이여 그리고 나는 처음으로 나의 팔로 그의 몸을 감
았지 그렇지 그리고 그이를 나에게 끌어 당겼어요 그이가 온갖 향내를 풍기
는 나의 젖가슴을 감촉할 수 있도록 말이야 그래요 그러자 그의 심장이 미칠
듯이 팔딱거렸어요 그리하여 그렇지 나는 그러세요 하고 말했어요 그렇게
하겠어요 네(yes)

— 『율리시즈』 하, 김종건 역, 367~369

　　노라와 사랑에 빠졌지만 더블린에서 공개적으로 살 수가 없었던 두 사
람은 스위스의 취리히를 거쳐 오늘날 크로아티아의 해안도시인 폴라(Pula)
로 간다. 그곳에서 조이스는 강사직을 얻어 강의와 창작활동에 전념하게
된다. 이 해에 몇 편의 시와 단편소설을 런던의 문예지에 게재하고, 후에
소설 『더블린 사람들』에 수록된 「자매들」 등 몇 편을 《아이리쉬 홈스테
드》에 발표한다. 그 후 그는 당시 오스트리아―헝가리 제국의 영토였던
트리에스테에서의 영어선생 생활을 정리하고 로마로 이주해 은행에 근무
하기도 한다.　영화광이었던 조이스는 1909년 10월 더블린에서 "볼타"라
는 이름의 영화관을 개관하지만, 이듬해 그 영화관은 매각 처분된다. 1910
년 영국 왕을 비난한 내용이 문제되어 『더블린 사람들』 출판이 취소되었
지만 마침내 1914년 『더블린 사람들』이 출판되고, 『젊은 예술가의 초상』
이 《에코이스트》지에 25회에 걸쳐 연재된다. 1916년 12월 뉴욕에서, 1917
년 2월 런던에서 『젊은 예술가의 초상』이 출판되었다. 1919년 10월 조이
스는 가족을 데리고 트리에스테로 되돌아가 영어를 가르치며 『율리시즈』

집필에 전념한다. 1920년 『율리시즈』가 《리틀 리뷰》지에 연재되기 시작했으나 작품의 비도덕성을 문제 삼은 '뉴욕 사회악 방지 위원회'의 고소로 연재가 중단된다. 1922년 2월 그의 40회 생일날에 파리의 셰익스피어 출판사가 『율리시즈』를 1천 부 한정판으로 출간한다. 1925년 파리에서 『피네건즈 웨이크』의 앞부분 「안나 리비아 플루라벨르」를 발표한다.

1931년 7월 조이스 부부는 '유언상의 이유'로 미루었던 결혼식을 런던의 호적등기법원에서 올린다. 1932년 12월 뉴욕의 존 M.울지 판사가 『율리시즈』가 외설적인 작품이 아니라는 유명한 판결을 내림으로써 1934년 2월 이 책은 뉴욕 랜덤 출판사에서 출판된다. 1939년 2월 조이스는 페이버 앤 페이버 출판사로부터 『피네건즈 웨이크』 특별 인쇄본을 입수하고, 5월에 뉴욕의 바이킹 출판사와 페이버 앤 페이버 출판사에서 동시에 출판한다. 그 후 조이스는 파리를 거쳐 취리히에서 생활한다. 1941년 1월 10일 위경련으로 쓰러져 수술을 받다가 1월 13일 숨을 거두고, 1월 15일 취리히 플룬테른 공원묘지에 묻힌다.

그리고 그날은 하늘에서 비 같은 눈발이 내리는 엄습한 겨울날씨였고, 경찰 순찰차들이 엄격하게 거리를 통제할 때 택시도 보이지 않았다.〔…〕

나는 전차를 탔고, 이 전차는 매우 느리게 언덕배기를 올라갔고, 장례식에 사람들이 거의 다 모여 있을 것으로 생각하며, 우리는 공원묘지에 도착했고, 예배당으로 안내를 받았지만 제임스 조이스는 그의 장례식에 사제를 원하지 않아서인지, 그곳엔 어떤 사제도 없었다. 그 사이 멀리서 동물원에 갇힌 맹수들의 희미하게 으르렁거리는 소리만이 들려왔고, 우리는 묘지 주위에 둘러섰다. 또 다시 어찌할 바를 몰랐다. 왜냐하면 사제가 없었기 때문이다. 공식적인 장례 조사 한마디 없었다. 매우 나이 많은 영감이 나타날 때까지 우리는 어찌할 바를 모르며 태연한 척 서 있었다. 거의 모든 교회묘지에서 볼 수 있던 영감들처럼, 마치 그들이 땅속에 묻히기만을 기다리는 사람들처럼 보이는 영감이 나타났다. 키가 작고 분명히 귀가 먹은 영감이었다. 그는 장례 보조원 중 한 사람에게 가까이 다가서서 말했기 때문이다. 그 보조원은 관 아래 놓여 있는 굵은 줄을 쥐고 있었다. 아직 관을 묘지 아래로 내려놓지 않고 있었다. 그가 물었다. "여기 누가 묻히지?" 그 장례사가 말했다. "조이스 씨" 그리고 또다시 상객들이 모인 바로 앞에서조차, 그 말을 알아듣지 못한 것 같았다. 그는 또 다시 물었다. "누구라고?" "조이스 씨" 그가 외쳤다. 그 순간 관은 묘지 아래로 하관되고 있었다.[1]

아일랜드를 대표하는 작가 조이스는 그렇게 묻혔다. 그러나 조이스는 다시 우리 곁으로 돌아와, 전 세계 문학을 사랑하는 이들과 함께 고뇌하고, 농담을 주고받고 있다. 그의 친구가 언제 한 번 더블린으로 돌아가야 하지 않느냐고 물었을 때, "내가 언제 더블린을 떠난 적이 있었든가"라며 능청스레 답했던 조이스는 지금도 전 세계의 독자들과 함께 있다.

2. 슬픈 아일랜드의 역사적 초상

조이스의 조국 아일랜드는 선사시대 다섯 번의 계속된 식민지의 역사가 있다. 그 중 아일랜드 왕족의 조상이라고 믿고 있는 네 번째 영웅들의 종족 "투아타 다 다난" 족은 스페인 출신 밀레시우스의 후손들인 밀레시아족이다. 밀레시우스는 전설적인 이상주의자이자 예술가적 성향이 강한 혈통을 지녔다. B.C 4세기경에는 중부 유럽의 켈트족과 남부 프랑스와 북스페인의 갤릭 켈트족이 아일랜드를 침공하여 국가의 기반을 쌓게 된다. A.D 200년에 아일랜드는 "타라"에서 강력한 왕권을 확립하여 황금시대를

---

1) 1950년 3월 22일 BBC 방송 목격자 증언 in Dublin's Joyce, Hugh Kenner, 372

연다. 더블린 북서쪽 21마일 지점에 위치한 작은 언덕 타라는 고대 통일 왕국의 수도였다. 아일랜드의 시인 토마스 무어가 그곳에는 하프 소리가 끊일 날이 없었다고 기술하였듯이, 타라는 고대 켈트문화의 중심지이자 유럽 문명과 문예운동의 중심이었다. 타라는 마치 영국의 아더왕이 카멜롯을 건설했던 것처럼 아일랜드 고대문명의 화려함을 나타내는 상징이 된다.

조이스는 『젊은 예술가의 초상』에서 아일랜드 민족이 아직 지니지 못한 예술적 아름다움, 누구나 감지할 수 있는 새로운 민족문학의 창조를 자신의 미래의 숙명적 과제로 확신하고 자신의 길을 선언한다.

> 나는 경험의 현실에 백만 번이고 부딪치기 위해 떠나며 나의 영혼의 대장간에서 내 민족이 아직 창조하지 않은 의식을 벼리기 위해 나는 떠나가노라.(336)[2]

그렇다면 조이스는 어디로 가는가? 그는 『초상』(이후 『초상』으로 표기)의 말미에서 "타라로 가는 지름길은 홀리헷을 거쳐야 한다"(333)고 말한다. 조이스는 영국계 아일랜드 시인 예이츠가 주도하던 "아일랜드 문예운동"(1892년~1905)이 "어중이떠중이들"의 편협한 국수주의를 면치 못한다고 비난하고 더블린을 떠난다. 그는 웨일즈의 작은 항구 홀리헷을 거쳐 호머, 단테, 입센, 그리고 플로베르의 문학이 있는 유럽 대륙으로 떠난다.

타라를 중심으로 황금시대를 열었던 아일랜드는 432년 성 패트릭(St. Patrick)이 선교하러 들어온 이후 로마 가톨릭교를 국교로 확립한다. 그 후 스칸디나비아 바이킹족의 침입을 받았고, 1171년에 헨리 2세의 침략을 받은 후 영국의 식민지로 전락한다. 1800년 영국 의회에 의해 합병법(the Act

---

2) 제임스 조이스, 『젊은 예술가의 초상』, 김종건 옮김, 범우사(앞으로 인용되는 본문은 페이지만 표기함)

of Union)이 통과되자 아일랜드 의회는 해산된다. 아일랜드의 정치권력이 런던으로 옮겨지자 수많은 지주들이 의회와 교섭하기 위하여 조국을 배반하고 런던으로 이주하였고, 농민들은 지주의 관리인들에 의해 땅과 곡물을 약탈당했다. 1807년 이후 다니엘 오코넬이 정치지도자로 나서서 "시민 불복종" 운동을 주도하고 합병법의 철폐를 주장한다. 그 후 1845년부터 1848년까지 유럽 최대의 비극적인 사건인 "감자 대기근"이 일어난다. 아일랜드 인구 800만 명 중 절반이 절대 빈곤층이 되었고, 3년 만에 아사와 이민 등으로 150만 명의 인구가 줄어, 1901년에는 450만 명에 머물렀다. 조이스는 『초상』제 4장에서 당시의 상황을 스티븐 집안의 어려운 형편으로 다음과 같이 묘사한다.

그는 빗장이 없는 현관문을 밀쳐 열고 텅 빈 홀을 지나 부엌으로 들어갔다. 남동생과 누이동생 들의 무리가 식탁 주위에 몰려 앉아 있었다. 차는 거의 바닥이 나고 재탕한 차의 마지막 찌꺼기가 찻잔 대신 사용하는 작은 유리병과 잼병 밑바닥에 남아 있을 뿐이었다. 설탕 바른 빵 덩어리와 버려진 빵 껍질들이 엎지른 홍차 때문에 갈색으로 물든 채 식탁에 흩어져 있었다. 식탁에는 여기저기 엎질러진 홍차가 작은 우물을 이루고 있었고, 부러진 상아 손잡이가 달린 칼이 마구 퍼먹다 남긴 파이 속에 깊숙이 꽂혀 있었다. 저무는 해의 슬프고 조용한 회청색 광채가 창문과 열린 문을 통해 들어와서 스티븐의 가슴 속에 맺힌 가책(呵責)의 갑작스런 본능을 조용히 덮으며 진정시켜 주었다. 동생들에게 거부되었던 것들이 장남인 그에게는 모두 부여되었다. 하지만 조용한 저녁놀은 동생들의 얼굴에 어떤 원한의 빛도 드러내 보이지 않았다. 그는 동생들 가까이 식탁에 앉아서 아버지 어머니가 어디 가셨느냐고 물었다. 한 아이가 대답했다 : ── 지이입 보어어러러 가왔어어.

또다시 이사를! 벨비디어 학교의 폴런이란 소년이 실없이 소리내 웃으면서 왜 너희는 그토록 자주 이사를 하느냐고 가끔 그에게 묻곤 했었다. 그렇게

묻는 그 애의 바보스런 웃음소리를 다시 듣는 듯해서 갑자기 냉소적인 찌푸

림이 그의 이마를 어둡게 했다.(217)

아일랜드에서 감자 대기근의 심리적 유산은 거의 측정 불가능할 정도였다. 대기근 이전의 문화적 활기는 위축되었고, 친절의 미덕은 사라져 오직 계산된 행동만이 만연하였다. 하지만 대기근의 최대 피해자는 하층민이 쓰는 아일랜드의 언어, 곧 게일어였다. 대기근 이전에는 400만 명이 아일랜드어를 사용했지만 1845년 감자 대기근 이후 많은 하층민들이 죽거나 이민을 떠났기 때문에 1851년에는 아일랜드어 사용자 수가 절반으로 줄어든다. 이처럼 대기근은 아일랜드의 언어까지도 쇠퇴시킨 것이다. 조이스 역시 학교에서 영국계 신부들이 사용하는 단어와 자신이 사용하는 단어의 차이에서 "언어"에 대한 의식의 눈을 뜨게 된다.

1858년 재미 아일랜드 동포들이 뉴욕에서 아일랜드 독립을 목적으로 "피니언 동지회"를 결성하고 반란을 일으켰으나 영국의 보복으로 즉각 분쇄되었다. 1877년 찰스 스튜어트 파넬이 "아일랜드 의회당"을 조직하고 영국 제국주의에 대항하는 정치운동을 이끈다. 1822년 두 사람의 영국 관리가 더블린의 피닉스 파크에서 "무적자들"[3]에게 살해당한다. 이 사건은 『피네건즈 웨이크』의 주요 단서가 되는 계기를 제공한다. 1889년 파넬의 부관인 캡틴 오시어는 그의 아내와 파넬을 간통죄로 고소한다. 1890년 파넬 스캔들과 영국의 압력으로 아일랜드 의회당은 티모시 힐리의 주도 하에 파넬을 당수직에서 몰아낸다. 이 사건을 염두에 두고 조이스는 9살 때, 「힐리 너마저도」라는 제목으로 힐리라는 배신자를 비난하는 패러디 시를 쓴다. 1891년 10월 파넬이 영국에서 사망함으로써 아일랜드 자치와 독립

---

3) "무적자들"(The Invincibles): 영국 특권층을 암살할 목적으로 조직된 비밀결사조직원 단체

의 꿈은 깨지고 만다. 『초상』의 제 1장 크리스마스 파티 장면에서 아일랜드의 '무관의 왕'으로 불리던 파넬이 실각한 이 사건을 두고 댄티 아주머니와 스티븐의 아버지가 격렬하게 논쟁을 벌이며 흥분한다.

　　─ 오, 저애도 자라면 이 모든 이야기를 기억할 거예요, 댄티가 격렬하게 말했다. ─ 바로 제 집에서 하느님과 종교 그리고 성직자들을 모독하는 말을 듣다니.

　　─ 기억하라지요, 케이시 씨가 식탁 너머로 그녀에게 소리쳤다. 성직자들과 그들의 앞잡이들이 파넬의 가슴을 찢고 그의 무덤 속으로 몰아넣은 말을 말이야. 그가 어른이 되면 그것도 다 기억하라지.

　　─ 개자식들! 디덜러스 씨가 소리쳤다. 시궁창의 쥐들처럼 그를 갈기갈기 찢었지. 비천한 개들!

　　그렇게 생겨먹었어! 정말이지, 그렇게 생겼고말고!(56)

　　1893년 아일랜드 언어와 전통을 부활시키고자 "게일어 동맹"이 결성되고, 1899년 아더 그리피스가 "신 페인당"(Sinn Fein: We Ourselves)을 결성하여 독립운동을 계속한다. 아일랜드는 1921년 "아일랜드 자치 국가"라는 자치령으로 독립한 후 1929년 에이레(Eire)라는 이름으로 개칭하였다. 그후 영국 연방(The Common Wealth)으로부터 탈퇴한 아일랜드는 "아일랜드 공화국"(The Irish Republic)으로 불리며 최근 유럽에서 비약적인 성장을 한 국가로 우뚝 섰다. 아래 인용문은 1992년 "제13회 제임스 조이스 국제 학술회의"에 참석한 메리 로빈슨 대통령의 환영 인사말이다.

　　블룸의 날이 빠른 속도로 제2의 국경일로 정착되고 있는 오늘의 현실은 조이스의 천재성과 예술적 진지성에 대한 우리들의 서약이자 국가로서의 아일랜드의 성숙과 자신감에 대한 서약이다. 우리는 이제 조이스가 들고 있는 거울에 우리 자신을 비쳐보기를 두려워하지 않는다. 정통성에 도전하여 안일을 기꺼이 분쇄한 예술가에 감사할 뿐이다. 조이스가 우리로 하여금… 정신적인 문제를 정직하게 논의하도록 촉구하고 있음을 항상 명심하고 있다. 우리를 위선과 마비로부터 해방시키려는 예술가의 노력이 없었더라면 발전의 가능성은 상상마저 하지 못했을 것이다. 오늘날의 아일랜드는 새 유럽의 대등한 파트너로서 그 역할에 자부심을 느끼는 국제 지향적인 국가이다. 전형적인 유럽인이었던 조이스의 노력이 없었더라면 국가로서의 아일랜드의 성숙과 발전에 더 오랜 세월이 걸렸을 것이다.

로빈슨의 말에서 알 수 있듯이, 조이스는 마비와 억압으로 점철된 조국 아일랜드를 진정으로 해방시키고, 아일랜드가 문화국가로 발돋움할 수 있는 기반을 닦은 예술가임에 틀림없을 것이다.

3. 「젊은 예술가의 초상」 읽기

1914년에 출간된 『초상』은 전형적인 성장소설, 교양소설, 예술가 소설의 범주에 속한다. 주인공 내면의 성찰 과정을 다루는 것은 발전소설 내지 성장소설이고, 주인공의 교양이 보편적이고 조화로운 완성 단계에 이르는 과정을 서술하는 것은 교양소설이다. 그리고 예술가가 되는 과정을 서술한다면 예술가 소설이 된다. 주인공 스티븐 디덜러스가 한 인간으로서 성장하는 과정을 묘사하고 있다는 점에서 『초상』은 교양소설이며, 가톨릭 사제가 되는 길을 포기하고 예술가로 성장하는 과정을 그리고 있다는 점에서 예술가 소설로 분류될 수 있다. "그러나 오늘날 성장소설, 발전소설, 예술가 소설 등은 모두 교양소설의 범주 안에서 논의되고 있고, 이 소설들의 특징은 한 인간의 발전과정을 일정한 의미와 목적 속에서 전개하고 있는 것에 초점을 맞추고 있다."(오한진, 『독일교양소설연구』, 11쪽) 즉 교양소설은 성장기에 놓여 있는 주인공의 정신과 감성, 그리고 윤리의식의 폭이 확대되는 과정을 그린다. 주인공은 주변 환경과의 갈등과 대립을 통해 자기 인식의 범위를 넓히고, 자신의 삶의 형식과 미래의 삶에 대한 방향을 모색한다. 이 같은 자아와 세계에 대한 주체성의 탐색 과정을 수행하는 주인공에게 필연적으로 요구되는 것은 주변 세계와 주고받는 역학 관계에서 드러나는 내용을 철학화 내지 원칙화 할 수 있는 적절한 지적 토대를 형성하고, 삶에 대한 진지한 자세를 모색하는 길이다. 따라서 『초상』은 반 고흐의 "자화상"처럼 조이스 자신이 걸어 온 삶을 조망해 보는 한 편의 초상화가 되고, 이를 바탕으로 예술가로서의 철학과 지적 토대를 형성하는 과정을 비춰준다는 점에서 전형적인 교양소설 내지 예술가 소설의 모델이 된다.

주인공 스티븐이 유아기부터 청년기까지 성장하는 과정을 아우르는 이 소설은 다섯 개의 장으로 구성되어 있다. 각 성장 단계에서 기억할 만한 중요한 에피소드를 자유 연상이나 의식의 흐름 기법을 통해 상호 연결 지으면서 스티븐이 예술가로 성장하는 과정을 그리고 있다.

제1장은 스티븐의 유아기에서 클론고우즈 우드 칼리지 기숙학교까지의 생활을 묘사한다. 자신과 세계가 아직 미분화된 혼란스런 유아 시절의 기억에서부터 아일랜드의 민간 노래 속에 나타난 애잔한 서정성과 '슬픈 아일랜드'의 역사를 구체적으로 보여주면서 스티븐은 서서히 자아와 세계에 대하여 눈을 뜨기 시작한다. 유아기의 스티븐은 주변 인물들과 사물을 시각, 청각, 후각, 촉각, 미각의 오감을 통하여 인지하면서 천천히 인식의 범위를 확장시킨다. 아버지는 "털로 뒤덮인 얼굴"과 "두터운 안경알"로 인식되고, 어머니는 기분 좋은 "야릇한 냄새"로 인지되고, 자신은 아버지가 들려주는 옛날 옛적의 "아기 소 투쿠"와 동일시되고, 그 외 인물들은

O, the wild rose blossoms	"오, 들장미 피어 있네
On the little green place	작은 잔디밭에."
…	…
O, the green wothe botheth	"오, 푸른 장미꽃 피어 있네." (21)

　이것은 어린 스티븐이 기분 좋게 술 취해 집으로 돌아오는 아버지 사이먼 디덜러스가 부르는 아일랜드 전통 민요 "Lilly Dale"(골짜기 백합)을 따라 부른 한 부분이다. "Lilly Dale"은 이미 세상을 떠난 한 여인에 대한 사랑을 노래한 곡이다. 노래 가사만으로는 Lilly Dale이 어떻게 생겼는지, 결혼은 했는지, 어떤 가정의 딸이었는지, 무엇 때문에 죽었는지 알 수 없다. 그렇지만 "Lilly Dale"은 아일랜드 대기근 이후 아주 많은 인기를 누렸다. 이처럼 민중 사이에 널리 퍼져 있었다는 사실을 감안한다면 이 곡으로 당시의 사람들이 처했던 사회적, 정치경제적 현실을 읽을 수 있다. 조이스가 인물을 묘사하면서 구체적인 사실을 적시하지 않는 이런 식의 묘사방식은 영국이라는 폭압적인 제국주의 통치하에 놓여 있던 아일랜드 민중들의 의사표현 방식으로 이해할 수 있다. 즉 식민지 민중들은 대중의 노래를 통하여 사회적 현실과 죽음을 센티멘탈하게 이상화시킴으로써 그들의 감정을 드러내거나 통제한다. 어쨌든 이 노래는 한국의 아리랑처럼 여러 지역에서 새롭게 편곡되거나 변형되어 영국과 아일랜드의 콘서트홀, 뮤직 홀, 주점, 휴게실 등에서 계속 대중의 사랑을 받아왔다. 사이먼 디덜러스가 어린 아들에게 노래를 불러주는 1886년 역시 마찬가지다.

　사이먼 디덜러스는 조이스의 아버지를 모델로 삼아 형상화된 인물이다. 디덜러스를 통해 1880년대 결혼 초 경제적 여유를 누리다가 1903년 아내의 죽음을 계기로 가난한 상태로 전락한 당대의 보통 가장인 조이스 아버지의 삶을 읽을 수 있다. 조이스의 모친 메이 조이스는 모두 17번의 임신을 겼었으며 그 중 살아남은 10명의 자녀를 보육했다. 그런 아내에게 존 조이스는 거의 매일 술에 취해 집으로 돌아와 언어적, 성적 폭력을 행사했다. 이처럼 당시의 남성들은 한편으론 여성을 성적으로 착취하면서도 다른 한편으론 노래를 통해 Lilly Dale처럼 죽은 여인을 이상화하거나 숭고의 대상으로 승화시키고 있다.

어쨌든 소설 속의 사이먼 디덜러스는 인자한 모습으로 그려진다. 그러나 이런 디덜러스와는 달리 스티븐의 어머니와 가정교사 역할을 맡은 댄티 아주머니는 스티븐을 억압하고, 위협하고, 폭력을 행사하는 인물로 형상화 되어 있다. 스티븐의 이웃에 아일린이라는 개신교 집안의 여자아이가 있다. 스티븐이 나중에 어른이 되면 아일린과 결혼하겠다고 하자, 어머니는 "오, 스티븐은 잘못을 빌어야지"라고 말한다. 그리고 댄티 아주머니는 "오, 그렇지 않으면 독수리들이 와서 그의 두 눈을 뽑아버릴 거야"(22)라고 말함으로써 식탁 밑에 숨은 스티븐을 공포에 휩싸이게 만든다. 그리고 이어서 "눈알을 뺄거야", "잘못을 빌어요"(23)라는 노랫말이 반복해서 울린다.

단지 개신교 집안의 딸과 결혼한다는 이유로 어린 주인공을 연약한 여성들이 죽일 듯이 위협하는 이유는 무엇인가? 우선 대기근 이후 가정의 경제적 책임과 출산을 강요받았던 희생자였던 여성들이 자신들이 당한 서러움과 고통을 아이들에게 되돌리는 억압자로 군림한 것으로 해석될 수 있다. 그리고 또 아일랜드 지배에 봉사해 온 영국 국교(성공회)에 대한 아일랜드 가톨릭(댄티 아주머니와 스티븐의 어머니)의 저항으로 읽을 수도 있다.

급우들 중 가장 어린 나이에 기숙학교에 입학하였고 내향적인 성격을 지닌 스티븐은 언제나 주변 아이들의 조롱과 놀림의 대상이 된다. 웰즈라는 아이에 의해 더러운 시궁창에 빠지기도 하고, 잠자기 전에 어머니에게 키스하는(키스 안 하는) 아이로 조롱을 당하기도 한다.

　　── 오, 그런데, 여기 잠자리에 들기 전에 자기 어머니한테 키스를 안 한
다는 녀석이 있어.

　　그들은 모두 다시 큰 소리로 웃었다. 스티븐은 그들과 함께 웃으려고 애를
썼다. 그는 온몸이 화끈하고 잠시 어리둥절했다. 그 질문에 대한 올바른 답은
무엇일까? 그는 두 개의 대답을 바로 했는데도 여전히 웰즈는 소리 내어 웃었
다. 그러나 웰즈는 3급 문법반에 있었기 때문에 틀림없이 올바른 답을 알 것
이다. 그는 웰즈의 어머니를 생각하려고 애를 썼지만 눈을 들어 감히 웰즈의
얼굴을 쳐다볼 수가 없었다. 그는 웰즈의 얼굴을 좋아하지 않았다. 상수리 열
매 따먹기 시합에서 마흔 개를 이겨 낸 자신의 깡마르고 단단한 열매를 그의
예쁜 코담배갑하고 바꾸지 않는다고 해서 시궁창 도랑에다 어깨로 그를 밀
쳐 넣은 자가 바로 웰즈였다. 그건 참 비열한 짓이었다. 모든 친구들이 그렇
게 말했다. 그때 물은 얼마나 차갑고 끈적끈적했던가! 그리고 어떤 애는 한때
큰 쥐 한 마리가 그 찌꺼기 속에 뛰어드는 것을 본 적이 있었다.(31)

　　제2장은 스티븐의 벨베디어 칼리지에서의 생활을 기술하고 있다. 아버
지 사이먼 디덜러스가 일자리를 잃어 집안 사정이 어려워지자 클론고우
즈 우드 칼리지를 자퇴하고, 벨베디어 칼리지로 전학한다. 스티븐은 마지
막 남은 재산을 처분하러 코크로 가는 아버지와 동행한다. 그는 화려했던
"과거만을 늘어놓는" 아버지에 대해 환멸을 느끼면서 아버지와 심리적으
로 결별하기로 결심한다. 가난과 작은 집으로의 계속된 이사 과정에서도
스티븐은 문학을 통해 상상의 세계에 빠져든다. 시적 감수성에 눈뜬 스티
븐은 문학 언어의 아름다움에 도취되어 바이런, 셸리 등의 시를 읽고 온
몸을 훑고 지나가는 황홀한 체험 속에서 다른 학우들에 비해 지적 우월감
과 자존심을 지켜간다. 그는 뒤마의 소설 『몬테크리스토 백작』을 읽으며

백작과 자신을 동일시하거나, 백작이 한때 사랑했던 여인 메르세데스에 대한 환상에 사로잡히기도 한다. 그리고 또 가정의 몰락과 주변세계에 대한 반발심, 그리고 차츰 눈뜨게 된 성적 욕망으로 사창가에서 첫 성적 경험을 체험한다. 정신의 충족만을 성스럽게 여기던 16세 소년 스티븐은 마침내 어느 날 밤 더블린의 홍등가인 "유대인 지역"으로 들어선다.

그는 다른 세계에 와 있었다 : 그는 수세기 동안의 잠에서 깨어났다.

그는 길 한복판에 가만히 서 있었다. 그리고 그의 심장이 가슴에 대고 요란스럽게 쿵쿵 치고 있었다. 기다란 핑크색 가운을 걸친 한 젊은 여인이 그의 팔에 손을 놓고 그를 멈춰 세우며 얼굴을 빤히 들여다보았다. 그녀는 경쾌하게 말했다 :

——안녕하세요, 서방님!

〔….〕

그가 방 한복판에 묵묵히 서 있자 그녀가 다가와서 유쾌하고 신중하게 그를 끌어안았다. 그는 그녀의 포동포동한 양팔이 그를 꼭 껴안고 그녀의 얼굴이 심각하고 조용히 그를 향해 쳐들리는 것을 보며 그녀의 따뜻한 앞가슴이 오르내리는 것을 느끼자, 발작적인 울음을 터뜨릴 뻔했다. 기쁨과 안도의 눈물이 그의 기쁜 눈에 번쩍였고 두 입술은 벌려져 있었으나 말을 하려 하지 않았다. (139~140)

육체의 제단에 몸을 맡긴 스티븐은 남성으로서의 정체성을 일시적으로 회복하지만, 자신의 내면에서 들려오는 다양한 가치와 요구에 더욱 혼란스러워 한다. 아버지는 자신에게 무너진 가정을 다시 일으키라고 요구하고, 교회는 신앙심 깊은 가톨릭 신앙을 견지하라고 압박하고, 국가는 애국자를 원하고, 몸은 욕구를 충족하라고 유혹한다. 이상과 현실의 괴리 속에서 갈등하는 스티븐의 모습은 "지옥"처럼 묘사된다.

제3장에서 스티븐은 자신이 다니는 학교의 수호성자인 프랜시스 자비에르 성인을 추모하는 3일간의 피정(Retreat)에 참가하여 삶의 마지막 단계에서 겪는 4대 사건, 죽음, 심판, 지옥, 천국에 대한 아널 신부의 강론을 듣는다. 어둠, 불, 연기, 악취로 가득한 지옥에서의 끝없는 고통에 대한 여러 가지 사례를 듣고, 스티븐은 자신의 과거를 회상하며 죄책감에 휩싸이게 된다. 강론을 듣고 예배실을 나서며 스티븐은 다음과 같이 느낀다.

예배실의 통로를 따라 걸어 내려 올 때, 그는 두 다리가 후들후들 떨리며, 머리 가죽이 마치 귀신의 손가락이 닿기라도 한 듯 부들부들 떨리고 있었다. 그가 계단을 걸어 올라가서 복도로 들어가자, 복도 벽에는 외투와 비옷들이 머리도 없고 형체도 없이 마치 교수형에 처해진 죄수들처럼 물을 떨어뜨리며 매달려 있었다. 그리하여 한 걸음씩 옮겨 놓을 때마다 자신은 이미 죽은 몸이며, 영혼이 육체라는 껍질에서 비틀어져 나와 이제 허공 속으로 거꾸로 빠져들고 있다는 무서운 생각이 들었다.(69)

천국의 은총은 배제한 채 오직 지옥에 대한 강론으로 일관하는 아널 신부의 메시지는 마침내 그를 고해성사하게 만든다. 그러나 차마 학교 안에서 고해할 수 없어 다른 지역 소속 신부를 찾아가 홍등가를 찾아갔던 일에 대해 고해성사를 한다. 스티븐이 정화된 몸으로 "예수의 몸"인 성체를 명하려는 순간, "지옥과 공포"로 시작되었던 제3장은 평온하게 막을 내린다.

제4장에서 스티븐은 고해성사 이후 미사, 기도, 성체, 회개 등 가톨릭 의무활동을 성실하게 수행하여 "성모 마리아 신심회" 회장직을 맡기도 한다. 이른 새벽 미사에 참석하는 것으로 하루를 시작하는 스티븐의 삶은 사제의 길에 들어선 사람의 그것과 동일하다.

일요일은 성스러운 삼위일체의 신비, 월요일은 성신, 화요일은 수호천사들, 수요일은 성 요셉, 목요일은 제단의 성스러운 성체, 금요일은 수난을 겪는 예수, 토요일은 성모 마리아에게 각각 바쳤다.(198)

스티븐은 소년 시절 내내 성직자가 되는 것을 자신의 숙명이자 소명으로 여기고 살아왔다. 그래서 홍등가에 출입한 자신의 잘못을 뉘우친 후 이렇게 기도와 명상, 고해로 하루하루를 보내지만 스티븐의 마음속에는 또 다시 균열이 생기기 시작한다. 자신의 죄가 사해지지 않으리라는 생각과, 육체가 요구하는 목소리가 수그러들지 않아 자신의 영혼이 타락하여 하느님의 은총을 받을 수 없으리라는 생각으로 불안에 사로잡힌다.

이 무렵 벨베디어 칼리지의 교장은 모범생이자 독실한 스티븐에게 가톨릭 사제의 길을 제안한다. 신부를 자신의 천직으로 생각하고 살아왔지만 스티븐은 교장 선생님의 제안을 단호히 거절한다. 어느 날 바닷가에서 물장난치는 한 소녀의 모습을 보고 가톨릭 사제가 아닌 "삶의 사제"가 되는 것이 자신의 소명임을 인식하였기 때문이다. 스티븐은 예술가로서의 소명의식을 자신의 이름으로 풀어낸다. 사제의 길을 포기한 후 어느 날 바닷가에서 친구들을 만난다. 친구들은 스티븐 디덜러스의 이름을 그리스어로 부르며 놀린다. "스테파노스 디덜러스! 부두스 스테파누우메누스! 보우스 스테파네포로스!"(223)

여기서 스티븐의 그리스어 이름인 스테파노스는 아일랜드에서 기독교 최초의 순교자였던 성 스데반에게서 유래한 것이다. 그리고 보우스 스테파네포로스(Bous Stephaneforos)는 '화환을 두른 황소'라는 뜻이고, 디덜러스는 그리스 신화의 명장 다이달로스에서 유래한 것이다. '화환을 두른 황소 다이달로스'라는 이름을 두고 급우들이 "무슨 그런 이름이 다 있어?"라고 놀려왔지만, 늘 급우들의 괴롭힘에 시달려왔던 스티븐에게 이

놀림은 일상적인 것이었다. 그러나 그는 이 순간 예전과는 달리 자신의 이름 속에서 예술가로서의 소명의식에 대한 확신을 갖게 된다. 스티븐은 친구들이 "화환을 두른 황소"라고 놀려대고 자신을 바닷물에 빠뜨릴 때, 이름에 얽힌 신화의 상징적 의미를 깨닫게 된 것이다. 즉 "화환을 두른 황소"는 고대 그리스에서 신에게 제물로 바친 황소를 의미하는데, 그렇다면 예술가는 예술이라는 제단에 제물로 바쳐지는 황소란 생각이 든 것이다. 이런 상념에 빠져 있을 때 스티븐의 시야에는 바다를 헤치고, 태양을 향해 날아오르는 "매처럼 생긴 사람", 즉 그리스 신화에 등장하는 전설적인 명장 다이달로스의 모습이 그려진다.

이제, 그 전설적인 명장(名匠)의 이름을 듣자, 그는 캄캄한 파도 소리를 듣 듯 그리고 날개 돋친 어떤 형태가 파도 위를 날며 천천히 공중으로 솟아오르는 것을 보는 듯 느껴졌다. 그건 무엇을 의미했던가? 그건 예언과 상징들로 가득 찬 어떤 중세기 책의 한 페이지를 여는 하나의 기묘한 방안(方案), 태양을 향해 바다 위를 나는 매 같은 사나이, 자신이 섬기기 위해 태어나 유년기와 소년기의 안개를 통해 따르고 있던 목적의 한 예언, 보잘것없는 흙덩이를 가지고 새롭게 하늘로 치솟는 불가사의한 불멸의 존재를 자신의 작업장에서 새로이 빚어 만드는 예술가의 한 상징이었던가?(234)

앞에서 언급했듯이 스티븐이 안개처럼 희미한 어린 시절과 성에 눈뜬 소년 시절을 고통스럽게 통과하면서 예술가로서의 자신의 정체성을 확인한 계기는 바닷가에서 한 소녀의 모습을 응시했을 때이다. 이렇게 상념에 빠져들던 한 순간 바닷물이 찰싹거리는 해변에서 먼 바다를 응시하는 소녀의 뒷모습이 "마술에 의해 이상한 모습으로 드러나는 바닷새"의 모습으로 스티븐의 가슴에 각인된다. 바로 계시의 순간(에피파니)인 것이다.

그의 앞 흐름 가운데에 한 소녀가, 혼자 조용히, 바다를 응시하며, 서 있었다. 그녀는 마술이 이상하고 아름다운 바닷새의 모습으로 바꾸어 놓은 사람을 닮은 듯했다. 그녀의 길고 가느다란 벌거벗은 양 다리는 학의 그것처럼 섬세했고 에메랄드빛 한 줄기 해초가 살결 위에 도안을 그려 놓은 것을 제외하고는 온통 순결하게 보였다. 몹시 부풀고 상아처럼 부드러운 빛깔의, 그녀의 허벅다리가 거의 엉덩이까지 벌거벗은 채 드러나고, 하얀 깃 장신을 두른 그녀의 속옷은 마치 부드럽고 하얀 솜털의 깃을 닮았다. 그녀의 청회빛 치마는 허리 주변까지 대담하게 걷어 올려 졌고 뒤쪽으로 비둘기의 꽁지 모습을 하고 있었다. 그녀의 앞가슴은 새의 그것처럼 부드럽고 가냘팠고, 검은 깃털의 비둘기의 앞가슴처럼, 가냘프고 부드러웠다. 그러나 그녀의 길고 아름다운 머리칼은 소녀다웠다. 그리고 그녀의 얼굴 또한 소녀다웠고, 경이적인 인간의 아름다움으로 감돌았다.(228)

조이스는 아기 예수가 동방박사들에게 모습을 드러내는 에피파니의 순간을 인간의 경험을 예술작품으로 탄생시키는 기독교의 육화에 비유했다. 실수와 타락의 가능성을 배제할 수 없는 현세의 일상적인 삶에서 예술을 창조하는 것이 자신에게 주어진 운명임을 확인하는 순간이다. 성모 마리아가 아닌 세속의 한 소녀와의 우연한 조우를 통해 자신을 지금껏 괴롭혀 온 성과 속의 갈등에서 벗어나 "상상력이라는 처녀의 자궁 속에서 말은 육화되도록" 하리라고 결심한다. 그리고 "일상의 빵을 영원한 생명력을 지니는 빛나는 육체로 변화시키는 영원한 상상력의 사제"로서의 길을 가기로 결심한다.

제5장에서는 스티븐의 미학 이론이 소개되어 있다. 스티븐은 토마스 아퀴나스의 철학에 기대어 친구들에게 자신의 견해를 밝힌다. 그의 설명에 의하면 미를 위해서는 세 가지 즉 "전체성", "조화", "광휘"가 필요하며 이

는 곧 인식의 3단계이기도 하다. 스티븐의 주장은 대상들이 서로 통일성을 이루고, 그 통일성 속에서 하나의 사물이 인식되고, 그 사물이 다른 것과 조화를 이룰 때 미의 지고한 본질 즉 심미적 이미지의 빛나는 광휘가 형성된다는 것이다. 그는 인식의 마지막 단계인 광휘를 "스콜라 철학에서 말하는 꾸이디따스, 즉 사물의 '본체'"(283)로 설명한다.

> 이 미의 지고의 본질, 즉 미적 이미지의 밝은 광휘가, 미의 전체성에 의해 사로잡히고 그의 조화에 의해 매혹되었던 마음으로 명료하게 인식되는 순간이야말로 미적 쾌락의 밝고도 조용한 정지상태, 즉 이탈리아의 생리학자 루이지 갈바니가 …. 심장의 황홀경이라 불렀던 저 강심(強心)의 상태와 아주 유사한 정신적 상태인 거야.(283)

이어서 스티븐은 3가지 예술 형식, 즉 서정시, 서사시, 그리고 극시의 형식을 소개하면서 이 중 극시가 최고의 형식이라고 설명한다. 이 단계에 이르면 예술가는 곧 신의 경지에 이르게 된다는 것이다.

> 극적 형식에서 표현되는 미적 이미지는 인간의 상상력 속에서 정화되고 재투사 되는 거지. 물질적 창조의 신비처럼 미적 신비가 달성되는 거지. 예술가는 창조의 하느님처럼, 그의 작품 안에 또는 뒤에 또는 그 너머 또는 그 위에 남아, 세련된 나머지 그 존재를 감추고, 태연스레 자신의 손톱을 다듬고 있는 거야.(285)

조이스가 17세에서 20세까지 다녔던 "유니버시티 칼리지" 생활을 바탕으로 구성된 제5장은 작가 지망생으로서의 심미적 예술관을 형성하고, 종교와 가족과 조국으로부터 떠나겠다는 주인공의 심경이 이 책의 마지막 부분에서 일기 형식으로 서술된다. 스티븐은 "민족의 아직 창조되지 않은 양심을 대장간에서 벼리"하기 위하여, "애정 어린 더러운 더블린"(*Ulysses* 119)과 "자기 새끼를 잡아먹는 늙은 암퇘지"(270) 아일랜드를 떠나 아일랜드 문학의 꽃, 즉 "파란 장미"를 피우겠다고 선언한다. 그리고 그리스의 전설적인 명장 다이달로스에게 "늙으신 아버지시여, 늙으신 명장이시여 지금 그리고 영원히 변함없이 저를 도와주옵소서"(360)라는 기도로써 자신의 결의를 굳힌다. 그리하여 조이스는 오비디우스의 말을 이 작품의 제사(題辭)로 인용하고 있다.

> 그리하여 그는 미지의 예술에 마음을 쏟는다.
>
> ― 오비디우스, 『변신』, 8장 188행

4. 예술가의 언어와 제국주의 인식

한 작가의 작품은 한 민족이나 집단의 의식을 언어로 재현한 것이다. 따라서 문학은 무엇보다 한 집단의 유산인 언어를 살아 있게 만든다. 또한 문학은 개인의 언술행위를 통하여 자신의 사고를 성장시켜 줄 뿐만 아니라, 공통의 언어를 사용하는 공동체의 정체성과 문화의식을 창조한다. 그러나 스티븐은 대학에 입학하여 조국의 식민지 현실을 인식하면서, 작가에게 생명인 언어마저도 영국 제국주의의 유산임을 확인한다.

> 우리가 말하고 있는 언어는 내 것이기 이전에 그의 것이다. '가정', '그리스도', '술', '주인'이라는 낱말들이 그의 입술에서와 나의 입술에서 얼마나 서로 다른가! 나는 마음의 불안 없이 이런 낱말을 말하거나 혹은 쓸 수가 없다. 그토록 뒤에 익으면서도 이국적으로 들리는 그의 언어는, 나에게는 언제나 얻어 온 말일 뿐이다. 나는 그 낱말을 만들거나 또는 받아들인 적도 없다.

나의 목소리가 그들을 멀리하고 있다. 나의 영혼은 그의 언어의 그림자 속에
서 안달하고 있다.(252)

물리학 강의실에서 난로에 불을 지피며 영국인 사제 학감과 대화를 나
누다가 스티븐은 자신에게 친숙했던 언어가 철저하게 지배자의 언어, 영
국제국의 것이라는 것을 발견하고 당혹해 한다. 난로에 기름을 부을 때 사
용하는 깔때기를 두고 더블린의 로워 드럼콘드라에서는 "턴디쉬"(tundish)
라는 단어를 사용하지만, 영국인 사제는 "퍼늘"(funnel)이라는 단어를 사용
한다. 사제는 "턴디쉬"라는 말이 무슨 뜻인지 모르고, 스티븐은 "퍼늘"이
라는 단어를 모른다. 나중에 스티븐은 사전을 찾아보고 "턴디쉬"라는 단
어가 사실은 영국제국의 언어(셰익스피어 시대의 언어)임을 알게 된다.
스티븐은 아일랜드만의 언어라고 여겼던 단어들이 영국인들의 말이었음
을 깨닫고 불안해한다. 언어를 다루는 작가 지망생에게 이 문제는 자신의
존재를 결정하는 중대한 문제로 인식된다. 스티븐은 뒷날 아일랜드를 떠
나기 며칠 전에 쓴 일기에서 그날의 충격을 다음과 같이 회상한다.

'턴디쉬'란 그 말이 오랫동안 내 마음을 짓누르고 있다. 사전을 찾아보고
그것이 영어임을 알았다, 그것은 아주 오래된 투박한 영어였다. 망할 학감 같
으니 퍼늘이라! 그는 왜 여길 와서 우리에게 자기네 말을 가르치려 하는가,
아니면 그걸 우리에게서 배우려는 걸까? 아무래도 이래저래 망할 사람이
야!(334)

젊은 작가 지망생 스티븐이 느꼈던 언어와 민족의 정체성에 대한 위기
의식은 분명 조이스 자신이 영국제국에 대하여 품었던 저항의식의 발로
였을 것이다. 조이스는 『더블린 사람들』과 『율리시즈』를 통하여 오랜 기
간 영국의 식민지로서 억압받아 온 "마비"의 중심지 더블린을 비추고 있

다. 곧 아일랜드인들에게 조이스의 언어는 그들 자신들의 모습을 비춰주는 '잘 닦인 거울'인 것이다.

그렇다면 조이스 자신의 삶을 비춰주는 거울은 무엇인가? 바로 젊은 날의 자화상, 즉 『초상』이다. 우리는 『초상』이라는 거울을 통하여 조이스를 둘러싼 아일랜드의 가정, 교회, 학교, 조국의 모습과 젊은 날의 조이스의 내면을 통찰할 수 있다. 초등학교 시절부터 대학시절까지 내면의 삶의 목소리에 정직하게 반응하고자 했던 스티븐의 삶은 분리와 고립, 투쟁과 좌절의 연속이었다. 그렇지만 자신에게 닥쳐오는 예술가로서의 삶을 숙명으로 받아들이며 다음과 같이 선언한다.

나는 내가 이제 더 이상 믿지 않는 것을 섬길 수는 없어 그것이 비록 나의 가정이건, 나의 조국이건, 나의 교회이건 말이야: 그리고 나는 될 수 있는 한 자유롭게 그리고 될 수 있는 한 완전하게, 인생 또는 예술의 어떤 양식 속에서 자신을 표현하도록 노력 하겠어 또한 나 자신을 옹호하기 위해 나 자신에게 허용된 무기들—침묵, 유랑, 그리고 간지(奸智)를 사용토록 할거야.(327)

이처럼 『초상』은 "예술의 사제"라는 소명에 눈떠 가는 자기 발견의 과정에 그치는 것이 아니라, 주변의 모든 기만적 허위를 폭로하고, 부당한 권위에 대한 체제순응적인 태도를 거부하면서 매 순간 자신의 자화상을 고통스럽게 직면하는 주인공 스티븐의 정직한 자세를 보여준다. 그는 항상 과오와 실수를 두려워하지 않고, 자기에게 주어진 삶의 방향을 외면하지 않는다. 또한 조이스는 「성직」(Holy Office)이라는 시에서 자신에게 주어진 임무에 "정화—정결"이라는 이름을 부여하고, 국수적이고 편협한 아일랜드 문예운동에 가담하는 "저 침묵의 무리들" 중의 하나가 되어선 안 되고, "마음 들뜬 귀부인들의 경박성을 서둘러 만족시켜 주는 자들"의 무리를 떠나 자신이 맡은 예술가로서의 "정화"의 성직을 숙명으로 받아들인다.

> 그들이 몸 굽혀 기어가며 기도하는 곳에
> 나는 두려움 없이, 숙명처럼 서 있다.
> 동지도 없이, 친구도 없이, 나 홀로
> 청어 뼈처럼 냉철하게
> 사슴뿔처럼 공중에 번쩍이며
> 산봉우리처럼 굳세게…

　조이스는 『초상』에서 "과거는 유동적으로 계속되는 현재에 포함되어 있고, 과거는 현재 속에서 해소되고, 현재는 미래를 낳기 때문에 생명을 가진다"고 정의하였다. 조이스는 우리에게 언제나 "지금 여기"라는 현재이다. 그는 더 나아가 『율리시즈』를 통하여 과거가 용해된 현재를, 미래로 나아갈 현재를 암시하고, 또한 실명의 위기에서 작업한 『피네건즈 웨이크』를 통하여 "유럽 문화 자체의 전이 단계"[4]라는 인간의 역사를 순환단계에 따라 "끝나고 다시 시작하는 흔적"으로 비춰준다.

[더 생 각 해 볼 문 제]

1. 주인공 스티븐 디덜러스의 이름에서 암시하고 있듯이 이 작품에서 등뼈로 삼고 있는 다이달로스와 이카로스 신화 이야기를 유추해 보라.

2. 이 작품의 제3장과 제4장에서 주인공 스티븐이 종교에 대하여 지니는 태도는 어떤 차이를

---

4) 다니엘 살바토레 시페즈, 『움베르토 에코 평전』, 임호경 옮김, 67쪽

보이는가?

3. 제5장에서 스티븐은 토마스 아퀴나스의 미학 이론에서 예술을 어떻게 정의하고 있는가?

4. 조이스의 조국과 정치 현실은 주인공 스티븐의 정신적 성장에 어떤 영향을 미치고 있는가?

[주 제 어]

교양소설(Bildungsroman)

주인공의 유년기나 청년기의 성장과정을 묘사한 장편소설. 교양소설은 상승과 하강이라는 인생의 굴곡과정을 거쳐 한 개인이 정신적 성숙에 도달하는 과정을 묘사한다.

에피파니(epiphany)

기독교에서는 세 명의 동방박사 마기(Magi)의 방문으로 상징되는 구세주의 현현(顯現)을 계시하는 것을 의미한다. 조이스에게 에피파니는 '주인공의 갑작스런 정신적 현현' 또는 '드러냄'으로써 사소한 일상의 삶의 한가운데서 사물의 본질을 파악하거나 깨닫는 장면을 의미한다.

의식의 흐름(stream of consciousness)

현대 심리학에서 마음속의 생각이 자유 연상에 의해 이어지는 의식과 무의식의 과정을 가리킨다. 이는 마치 작가가 등장인물의 내면세계 속으로 들어가 그 인물의 내면 의식을 드러내는 방식을 취한다. '내면 독백' '몽타주' '자유 연상' 등의 기법 등으로 언급된다.

상징(symbol)

상징은 예술작품에 형식과 의미를 같이 부여하여 독자들이 등장인물의 성격과 주제의 난해성을 이해하는 데 도움을 준다. 조이스는 『초상』에서 '음매소' '장미' '색상'(빨강, 초록, 암갈색) '새'(독수리) 등의 상징을 사용하여 형식과 의미를 전달하려 한다.

'감자 대기근' (Great Potato Famine)

영국제국으로부터 주요 농산물을 수탈당해 오던 아일랜드에서 1840년대에 발생한 감자 잎마름병 재해로 약 백만 명의 국민들이 사망했고, 그 후 1847년에서 1950년까지 160만 명 이상이 조국을 떠나 북미지역으로 이민을 떠난 계기를 제공한 역사적 사건.

구원과 깨달음의 여정

선과 참(신) 찾아가는 정신의 여정:

아우구스티누스 『고백록』

한마음 깨치면 부처니, 마음 밖에 부처가 따로 없다:

원효 『금강삼매경론』

천지와 감응하는 정신의 모험:

장자 『장자』

2

선과 참(신) 찾아가는 정신의 여정
: 아우구스티누스 『고백록』

이부현 | 부산가톨릭대학교

 **1. 아우구스티누스는 어떤 사람인가?**

아우구스티누스는 354년 북아프리카의 타가스테에서 태어나 430년 히포에서 사망했다. 이 지상에서 76년을 산 셈이다. 그가 출생한 시기는 그리스도교가 국가로부터 공인된 지 41년(콘스탄티누스 대제의 밀라노 칙령 313년)이 지난 후이고, 사망한 시기는 서로마가 멸망하기 36년 전에 해당한다. 그는 32세(386년) 때 결정적 회심(回心)을 거쳐 33세(387년) 때 세례를 받고 그리스도교 신자가 되었다. 이 시기를 기점으로 그의 인생은 크게 두 시기, 곧 세례 받기 이전의 전기(前期)와 그 이후의 후기(後期)로 명확하게 나누어진다.

전기의 생애는 자신이 쓴 『고백록』 1~9권에 걸쳐 잘 서술되어 있는 반면, 후기는 그의 제자였던 주교 뽀시디우스가 쓴 『아우구스티누스의 생애』를 통해 짐작할 수 있다. 『고백론』 1~9권에 따른 그의 전기의 삶은 ① 유년기의 회상과 11세에서 15세까지 마다우라에 가서 중등 교육 과정 동안 겪은 경험담 ② 16세 때 집안의 경제적 사정 때문에 타가스테로 돌아와 집에서 쉴 때 일어났던 이야기 ③ 17세에서 19세까지 카르타고에 가서 대학 과정 동안의 회한에 대한 이야기(이때 주로 그가 공부한 것은 수사학, 문법, 시이다.[1]) 이 시기에 17세의 나이로 그는 한 여자와 동거를 시작하여 아들 아데오다투스를 낳는다. ④ 21세에 1년 동안 고향 타가스테에서 수사학을 가르친 것에 대한 회상과 그 이외의 기간인 20세~28세까지 카르타고에서 수사학을 가르치는 기간에 대한 추억의 반추 ⑤ 29세에 로마로 가서 수사학을 가르치다가, 30세에 밀라노에서 정식으로 국가로부터 보수를 받는 수사학 교수가 되었던 시절의 이야기 ⑥ 32세에 회심을 하고 수사학 교수를 그만 두고 6개월 가량의 준비 기간을 거쳐 33세에 세례를 받은 이야기 ⑦ 33세 때 어머니 모니카의 죽음에 대한 회상 등에서 잘 그려져 있다. 이 시기의 그는 아프리카 출신의 로마 시민들이 흔히 그랬듯이 출세 지향적이었다. 이 점은 하급 관리였던 그의 아버지 빠뜨리치우스뿐만 아니라, 어머니 모니카도 마찬가지였다. 이러한 이유로 그의 부모는 경제적으로 어려웠음에도 불구하고 자식의 교육에 헌신적이었다. 어린 시절 그는 호기심이 많고 노는 것을 좋아했으며, 자기 주장이 강했던 것 같다. 그리고 친구들 사이에서 우뚝 서고 싶은 마음에서 또는 친구들과 같이 어울리기 위해 개인 및 집단 도둑질도 했다. 그가 성적으로 타락한 생활을 했다고 흔히 알려져 있지만, 반드시 그런 것은 아니다. 17세에 여성과 동거한 사실 역시 당시의 풍습으로 미루어보면 이상할 것도 없다. 더구나 14년 동거 기간 동안 외도한 적도 없었다. 그리고 그는 19세에 마니교도가 되어 28세까지 9년 동안 마니교 신자였다. 그러나 무엇보다도 이 시기에 그는 공부만은 열심히 했다. 또한 그는 지속적으로 진리와 선(善)이 무엇

---

1) 그 당시의 교육 과정은 12세까지는 읽기와 쓰기, 셈하기를 배웠다. 그리고 13세부터 16세까지 중등 과정으로 수사학과 문법, 시를 배웠다. 또한 17세에서 20세까지 대학 과정으로 같은 내용을 4년간 더 배웠다

인지에 대해 열정적으로 생각하고 살았다. 이러한 그의 항구적인 탐구 열정이 그리스도교로의 회심의 원동력이었을 것이다. 그는 비록 몸이 아파 어릴 때 세례는 받지 못했지만, 어머니 모니카로 인해 그리스도교 영향 속에 계속 살았다. 이 점에서 그는 이교도에서 그리스도교로 회심을 했다기보다는 돌아온 탕자처럼 방랑하던 그리스도인이 참된 그리스도인이 되었다고 보는 것이 옳을 것이다.

그는 생의 후반기를 북아프리카에서 보낸다. 그는 34세에 고향 타가스테로 돌아가 수도원을 세워 생활하다가, 37세에 사제로 서품되고, 41세에 히포의 주교가 된다. 그 후 35년간을 주교로 지냈다.[2] 하지만 그는 주교로서보다는 학자로서 또는 사상가로서 활동했다. 그는 마니교도, 도나투스파[3], 펠라지우스파[4], 그리고 아리우스파[5]와 끊임없이 이론적으로 투쟁하면서 살았다. 그는 이러한 논쟁을 둘러싼 집필뿐만 아니라 그리스도교 근본 교리에 대한 집필, 편지, 설교 등으로 점철된 바쁜 일생을 살았다. 그가 집필한 책이름만 읽는 데 족히 20~30분을 소요해야 할 정도로 그는 엄청나게 많은 책을 남겼다.[6] 중세 철학 전문가 그라프만의 이야기에 따르면, 그는 시리아 문화, 그리스 · 로마 문화, 그리스도교 문화 전체를 섭렵했던 것 같다(『중세의 정신적 삶』 참조). 그리고 그 모든 것들을 그리스도교를 중심으로 융합하였다. 그래서 그는 그리스도교를 알게 모르게 밑바

---

2) 그 당시의 주교라는 직위를 지나치게 높이 평가해서는 안 된다. 아프리카에만 700명의 주교가 있었고, 대개 일주일에 한 명 꼴로 주교로 임명되었다

3) 도나투스(313~347)에 의해 주도된 북아프리카 교회의 이단 사상이다. 그는 성사(聖事)가 집전자의 성덕(聖德)과 관계없이 그 집행 자체에 의해 은총이 주어진다는 사효성(事效性)을 부정하고 집전자의 성덕(聖德)에 의해 성사의 효력이 결정된다고 주장했다

4) 펠라지우스(360~429)는 원죄를 부정하고 인간 구원에서 인간의 의지의 역할을 지나치게 강조함으로써 은총의 역할을 경시했다

5) 아리우스(250~336)는 성자 그리스도가 창조되었고, 유한한 본성을 지녔다고 주장함으로써 성자의 신성과 함께 위격은 셋이나 실체는 하나라는 전통적인 삼위일체설을 부정했다

6) 저서가 93권, 300통에 이르는 편지와 400편(약 8000편의 설교 가운데)의 설교가 남아 있다

탕에 깔고 있는 서양 사상을 정립함으로써 '서양의 스승' 이라 불리게 되었다.

2. 『고백록』은 어떤 책인가?

『고백록』은 내면의 통찰에 바탕을 둔 자서전 또는 자기 증언이다. 자서전이 개인사(個人史)의 과정 중 인생을 통째로 바꾸는 특정 시점의 결정적 체험을 기점으로 자신의 인생을 돌이켜 해석하는 것이라고 정의한다면, 아우구스티누스의 『고백록』은 자서전의 전형이다. 1600년 동안 계속 베스트셀러 중의 하나로 기록되고 있는 이 책은 안셀무스, 아퀴나스, 에크하르트, 스코투스, 에라스무스, 데카르트, 칼빈, 키에르케고르에게 지대한 영향을 미쳤다.

가. 『Confessiones』를 『고백록』이라고 번역해도 되는 것인가?

진리와 선의 위대한 탐구자 아우구스티누스는 흔히 젊은 시절 섹스에 집착했던 난봉꾼으로 알려져 있다. 이런 해석에 한몫을 한 것이 바로 그의 책 제목에 대한 오역일 것이다. 라틴어 Confessiones를 영어로 그냥 Confessions(고백)으로 옮길 수 없다. 라틴어 Confessines는 영어 Confessions보다 더 다양한 의미를 지니고 있다. 물론 Confessiones는 죄의 고백, 신의 찬양, 신앙의 선언 등의 뜻을 갖고 있다. Confessiones의 또 다른 뜻은 동사형 Confiteri를 보면 알 수 있다. Confiteri는 '확실하게 진술하다' '확실하게 증언하다' 는 등의 뜻도 갖고 있다. 생물뿐만 아니라 무생물도 증언하고 진술한다. 예를 들면, '보석은 귀부인을 콘피테리한다' 는 말은 '보석은 그녀의 신분을 증언하고 있다' 는 뜻이다. 아우구스티누스도 생명이 없는 우주가 신을 콘피테리한다(증언한다)고 말하고 있다.

따라서 증언이 꼭 도덕적인 경우에만 국한되는 것은 아니다. 따라서 Confessiones를 testimony(증언)으로 번역하는 것이 더 적절할 것이다. 현대 영어의 Confession이란 말이 풍기는 의미는 범죄의 고백 또는 교회의 고백성사의 의미를 연상시키기 때문이다. 아우구스티누스는 알 카포네처럼 죄를 고백하는 것도 아니며, 죄 많은 상인처럼 고백하는 것도 아니다. 아우구스티누스는 철저하게 신을 중심에 두고 자신의 삶을 해석하고 있다. 그가 성적으로 방종했다고 하는 것은 그 자신의 해석이고, 신을 증언하기 위한 하나의 장치였다. 곧, 인간의 불완전성과 신의 무한한 은총을 부각시키기 위한 증언이었다. 아무튼 『고백록』이 『증언록』이라는 더 넓은 의미를 지니고 있음을 염두에 두고 이 책을 읽어야 할 것이다.

나. 『고백록』의 구성과 저술 의도

13권으로 되어 있는 이 책은 내용과 문체의 차이에 따라 세 부분으로 나눌 수 있다. 첫째 부분은 유년기에서 33세까지의 시기를 다루고 있는 1권~9권이다. 이 시기는 다시 자신의 성장 과정에 대한 이야기를 서술하고 있는 1권~4권과 회심 과정에 대한 이야기를 담고 있는 5권~9권으로 나눌 수 있다. 둘째 부분은 45세 때의 심정과 기억에 대해 서술하고 있는 10권이며, 셋째 부분은 창세기 주석의 성격을 띠고 있는 11권~13권으로 이루어져 있다. 이러한 책의 구성은 그의 시간론과 밀접하게 관계되어 있다. 첫째 부분은 과거에 대한 기억, 둘째 부분은 현재에 대한 직관 그리고 셋째 부분은 미래에 대한 기대의 성격을 갖고 있다.

아우구스티누스의 『고백록』은 루소나 톨스토이의 『고백록』에서처럼 단순히 죄의 참회와 인간적 한계를 드러내기 위해 쓰여진 것이라기보다는, 죄를 통해 새로운 깨달음을 얻게 해준 신의 은총에 대한 감사와 찬미를 드리고 또한 신의 지극한 사랑과 위대한 능력에 대한 증언을 목적으로 쓰여졌다. 그래서 그는 자신의 젊은 시절의 쾌오를 숨김없이 드러내고, 그 것을 치유해 준 신의 위대한 사랑에 대한 감사와 기쁨과 환희를 주로 1~9권에서 증언하고 있다. 현재 자신의 모습에 대한 이야기와 기억에 대한 논의인 둘째 부분과 창세기 주석에 해당하는 셋째 부분은 신의 위대한 능력들을 주로 증언하고 있다. 이외에도 부차적 목적도 있었을 것이다. 아우구스티누스는 자기처럼 방황하고 있는 사람들에게 체험적 길잡이를 제공하고 싶었을 것이다. 그리고 그 당시의 시대상을 자신의 삶의 변화 가운데 표현해 내고도 싶었을 것이다.

다. 저술의 시대적 요청과 개인적 요청

아우구스티누스는, 이교도들이 득세하고 교회 내부의 분열이 극심하긴 했지만 그리스도교는 비교적 안정세로 접어드는 반면, 로마는 점차 불안정한 몰락의 기운이 역력했던 시대에 살았다. 이러한 시대 상황은 아우구스티누스가 59세에 쓰기 시작하여 72세에 끝마친 『신국론』의 결정적 배경을 이루는 동시에, 『고백록』을 쓰게 하는 하나의 동기를 부여하는 계기가 되기도 한다. 비-그리스도인들은 로마의 쇠퇴 원인을 그리스도교 때문이라고 공박해 왔다. 이런 시대일수록 먼저 자기 성찰이 필요하다. 그래서 그는 『고백록』을 회심한 지 10년 째, 주교가 된 지 2년째인 43세에 쓰기 시작하여 46세에 출판했다.

또한 개인적으로는 자신이 비록 주교이긴 하지만, 자신의 불완전했던 과거와 신의 은총에 의한 회심을 알림으로써 자신이 사목(司牧)하는 신자들과 더욱 가까이 하고 싶어서이기도 했고, 중년에 접어들어 자신의 삶을 되돌아보며 현재를 점검하고 미래의 자신의 위상을 정리할 필요도 느꼈을 것도 같다. 그리고 또 자신을 향한 의혹과 의심의 눈초리를 불식시키기 위한 의도도 있었을 것이다. 그는 동거도 했고, 아들도 있었다. 그러나 무엇보다도 그는 오랫동안 마니교 신자였다. 또 그의 글이나 말은 여전히 신-플라톤적 색채가 농후했다. 따라서 그의 활동이 활발하면 할수록 긍정적 평가와 함께 부정적 평가가 뒤따랐을 것이고, 이에 대한 해명이 필요했을 것이다.

이 글은 『고백록』 1권에서 9권까지만 다룬다.

3. 성장 과정에 대한 회상 : 1권~4권

가. 1권 : 타가스테에서의 유년기과 마다우라에서의 소년기(출생~15세)

시작이 반이라는 말대로 1권은 그의 사상의 압축본으로 볼 수 있다. 인간에게는 무엇인가 자신과 일치하지 않는 부분이 있다. 아우구스티누스는 유년기와 청년기의 기억을 통해 인간에게는 무질서한 면이 있다는 사실을 강조하고 있다. 인간은 자유 의지를 갖고 있지만, 자유 의지는 온전하지 않다. 그도 그리스 사람들처럼 아는 것이 먼저이고 그에 따라 의지가 발생한다고 생각하였다. 그러나 그들처럼 아는 것이 동시에 행하는 것(소크라테스의 知德福의 일치)이 아니라, 아는 것과 행하는 것 사이의 분열을 느꼈다. 이점에서 그는 그리스 주요 전통과 벗어나 있다. 알면서도 행하지 못하는 것이 인간의 삶이다. 의지에 이미 불완전성이 배어 있다. 그래서 인간의 본질은 불안(불안정성 : inquietum)이다. 아우구스티누스에 따르면, 행복은 인간이 단순히 진리(신)을 추구하는 데 있는 것이 아니라, 진리를 소유하고 진리와 하나 되는 데 있다. 플라톤의 『향연』에 따르면 아름다움 자체를 경험하는 데서 인간은 행복해질 수 있다. 그런데 인간은 의지의 불완전성 때문에 그렇게 할 수 없다. 그래서 그는 "당신은 우리를 당신을 향하도록 만드셨기에, 우리의 마음이 당신 안에 쉴 때까지 편안함이 없나이다."(1권 1장)라고 말하고 있다.

그래서 신의 은총이 필요하다. 신은 인간의 의지가 불완전함에도 아무런 대가 없이 인간을 사랑하신다. 저 너머로부터 인간에게 손을 내밀어 주신다. 그래서 신을 굳게 믿고 감사하면서 신을 향해 열심히 살 수밖에 없는 것이 인간의 삶이다. 아우구스티누스의 신은 인격신이다. 그래서 그는 신의 위대성을 찬양하고 인간의 비천함을 이야기하는 것으로 1권을 시작하고 있다. "주여, 당신은 위대하시나이다. 당신은 크게 찬양받을 만하십니다. 당신의 능력과 당신의 지혜는 헤아릴 수 없나이다. 그래서 당신의 창조물 가운데 한 줌에 지나지 않는 인간이 당신을 찬미하고자 합니다. 죽음에 둘러싸여 있는 인간, 죄의 징표를 지니고 살 수밖에 없는 인간이 … 그렇게 하고자 합니다."(1권 1장) 아우구스티누스에 있어서 구원은 불완전한 인간이 다행스럽게도 신의 은총을 통해 완전한 인간으로 전환하는 것이다. 따라서 그에게는 인간의 불완전성(원죄)과 신의 은총이 주요 주제일 수밖에 없다.

누구나 죄인이다. 말도 못하는 어린 것이 젖가슴에 매달려 떼를 쓰는 것도 죄가 아닌가? 해로운 것을 달라고 보채던 일, 제 부모가 달갑지 않다고 사납게 성내던 일 등도 죄가 아닌가? 그는 말도 못하는 어린아이가 질투하는 것을 목격하고 체험했다. 어린 것이라 하여 순진한 것이 아니다. "일찍이 저는 어린아이가 질투하는 것을 목격하고 체험했습니다. 아직 말도 못하는 어린 것이 자기 젖을 먹는 아이를 보자, 눈을 부라리며 새파랗게 질린 얼굴을 하고 있었습니다. 아무도 그를 달랠 사람이 없었습니다. 유방에 젖이 넘쳐흐르는 데도 못 먹어서 허덕이는 아이에게 나누어 주기를 용납하지 않는 일이 순진하다고 할 수 있습니까?"(1권 7장) 그의 유년기의 회상은 "이 몸은 죄 중에서 잉태되었고, 모태에 있을 때부터 이미 죄인이었습니다"(시편 51, 5)라는 말에 이어서 "나 당신의 종이 어디서 그리고 언제 죄 없었던 때 있었습니까?"로 끝난다.

　그는 명예와 부귀를 누리기 위해 공부를 해야 한다고 강조하는 스승에게 복종하라는 사회의 규칙에 따라 학교에 들어간다. 그러나 그는 호기심 많고 놀기를 좋아해 읽기, 쓰기 등에 있어서 항상 태만하여 죄를 짓곤 했다고 생각한다. 그는 공부하기를 싫어했지만 강제로 하는 것을 더욱 싫어했다. 그는 그 당시 어린 소년들이 흔히 그렇게 공부를 싫어하고 노는 것을 좋아하는 것조차도 죄라고 생각한 것이다. 동시에 체벌을 통해 강제로 공부를 시키는 선생들도 죄를 짓고 있기는 마찬가지였다. 그가 느낀 것은 학생들에게 강제로 공부를 시키는 선생들의 처신이 학생들이 쓰고 읽기를 게을리 하는 죄보다도 더 큰 것 같았다. "어른들이 놀이를 하면 일이라 하고, 아이들이 그와 같은 놀이를 하면 같은 놀이를 하는 어른들에게 벌을 받게 됩니다. 그러나 아무도 그 어린아이를 동정하는 사람도 없고 또한 그 어른들을 딱하게 생각하는 사람도 없습니다."(1권 9장).

　어린 시절 그는 세례받기를 열렬히 원했으나 복통으로 무산되었다. 훗날 그는 이를 크게 다행스럽게 생각했다. 그 당시 그는 그리스어 공부를 싫어했다. 그에 못지않게 읽기, 쓰기, 셈하기도 짐스럽게 생각했다. 하지만 라틴어는 대단히 좋아했는데, 교사들이 가르치는 것 말고 이름 있는 문법학자들이 가르치는 것을 좋아했다. 이 모두도 죄와 허영으로부터 비롯된 것이라고 생각한다. 그는 문학작품을 탐독하여 아에네아스와 디도 이야기를 읽고 눈물을 흘리기도 했다. 그러면서도 그는 신을 떠나 죽어가고 있는 자신에게는 한 방울의 눈물도 흘리지 않았다. 그는 문장과 발음의 정확성 때문에 갈채 받는 것을 좋아했고, 놀고 싶었고, 연극을 보고 싶어 가정교사, 선생, 부모에게 거짓말을 하곤 했다. 집에서 좀도둑질도 했다. 그리고 또 다른 아이들의 거짓말에는 가혹하게 욕설을 퍼부으면서도 정작 자신의 거짓말에는 관대했다. "이를 보고 어찌 천진난만한 어린이라 할 수 있겠는가?"(1권 19장) 결코 그렇지 않다. 끝으로 그는 어린 시절 그에게 준 선물에ー좋은 기억력, 말재간, 부드러운 우정, 천한 행위와 무지의 회피―감사하면서 유년기의 추억을 접고 있다. 이로 미루어 보면 그에게는 보통 소년들보다 더 좋은 지적·도덕적 자질이 많이 있었던 것 같다. 결국 그가 말하는 죄란 신을 멀리하고 자기 속에서 진리와 즐거움을 찾는 것이다.

나. 2권 : 타가스테에서의 1년(16세)

마다우라에서 중등학교 과정(13세~15세)을 마친 아우구스티누스는 타가스테로 돌아왔지만, 가정 형편이 어려워 더 이상 교육을 받지 못하고 1년 동안 집에서 쉬게 된다. 그에게 출세에 대한 희망이 차단된 상태에서 열려진 유일한 통로는 순간적인 즐거움밖에 없었을 것이다. 그래서 그는 "나는 청년기로 접어들면서 세상적인 것에 만족하려는 욕망으로 불타 있었고 여러 가지 허망한 사랑을 추구하는 자가 되어 버렸습니다."(2권 1장)라고 증언하고 있다. 카르타고로의 유학길이 막힌 마당에 육체의 정욕(concupiscentia carnis)과 용솟음치는 사춘기가 그를 압도하는 시기가 온 것이다. 그런데 이때 그가 말하는 성적 타락이 구체적으로 무엇을 가리키는지는 서술되어 있지 않아 다양한 짐작만 가능하다. 하지만 이러한 사춘기의 증후는 남방 사람인 아우구스티누스에게는 오히려 늦은 편이었다. 성적인 타락에 대한 강조는 그가 회심 후 그렇게 해석한 것이지, 실제로 타락했던 것은 아닐 것이다. 그는 그 당시 젊은이들이 겪는 과정을 뒤따라갔을 뿐이다. 그는 순수한 사랑과 추잡한 정욕이 분간되지 않은 시절에 대해 다음과 같이 말하고 있다. "당신의 집의 기쁨을 떠나 내가 얼마나 멀리 가서 귀향살이를 했었습니까? 그때 맹렬한 정욕이 나를 가장 강하게 지배하고 있어 나는 당신의 법을 떠나 부끄러운 줄도 모르고 나 자신을 그 지배에 맡겼던 것입니다."(2권 2장). 이러한 위기에 봉착한 그를 부모는 구해주려고 생각하지 않았다. 아버지는 목욕탕에서 그의 몸을 보고 손자라도 기다리는 듯이 기뻐하며 아내에게 그 사실을 알렸다. 어머니는 걱정이 되어 "다른 사람의 아내를 더럽히지 마라"(2권 3장)고 당부했다. 이때 부모들이 관심을 가졌던 것은 이런 문제를 해결하기 위해 그의 결혼을 염두에 두기보다는, 이런 문제로 출세에 대한 공부에 지장을 받지 않을까 하는 것이었다. 그런데 재미있는 점은 그가 자신의 추행을 자랑하고 다녔다는 것이다. 나쁜 짓을 하면 할수록 친구들 사이에서 더욱더 존경을 받았기 때문에, 무시 받지 않기 위해 더욱더 못된 짓을 하고 다녔을 뿐만 아니라, 하지 않은 일까지도 했다고 거짓말을 했다는 것이다. 아마 그는 그 나이 또래의 젊은 이들보다 공명심이 더 많았던 것 같다.

이 시기에 그가 참으로 관심을 보인 죄악의 영역은 배 도둑질이었다. 그는 배 몇 알을 도둑질 한 일을 갖고 왜 2권 절반(4장~9장)을 차지할 정도로 길게 말하고 있을까? 그것은 죄의 근원적 동기에 대한 분석 때문이다. 집 포도밭 근처에 배나무가 한 그루 있었다. 배가 주렁주렁 열리기는 했지만 맛이나 색깔로 미루어 먹고 싶을 정도는 아니었다. 어느 늦은 밤, 그는 친구들과 함께 나무를 흔들어 배를 한 아름씩 따서 몇 개만 맛보고 나머지는 돼지 떼에게 던졌다. 그는 무엇 때문에가 아니라, 금지된 장난인 도둑질 자체가 즐거웠다. 그런데 왜 도둑질 자체가 그렇게 즐거웠을까? 공모했던 친구들과의 우정을 사랑했기 때문이 아닌가? 그가 "느낀 쾌감은 배에 있었던 것이 아니라, 바로 그 죄악을 범하는 데 있었고 그 죄악은 나의 나쁜 친구들과 함께 저지르는 것이었습니다."(2권 8장) 웃는 것도 혼자 웃지 않는다. 혼자였다면 절대로 그런 일을 하지 않았을 것이다. 이는 에덴동산에서의 아담과 에와의 타락과 유사점이 있다. 아담이 에와와 동지로서의 유대를 유지하기 위해 죄를 범했다. "에와가 금지된 나무 열매를 먹고 그에게도 함께 먹자고 그 열매를 내밀었을 때, 아담은 그녀를 실망시키고 싶지 않았다. 그는 … 그녀가 기가 꺾이고 … 버림받아 고립된 채 죽어버릴지도 모른다고 생각했다."(『신국론』) 그래서 아담은 에와를 향한 더 낮은 사랑

때문에, 사랑의 원천인 신에서 멀어짐으로써 에와도 자신도 돕지 못했다는 것이다. 단적으로 사랑을 얻을 수 있는 원천에서 멀어지는 행동을 통해 사랑을 얻으려고 하는 것이 근본적 죄악이 아닌가? 여기서 그는 자신의 죄를 아담이 지은 원죄의 메아리로 본 것이다.

다. 3권 : 카르타고에서의 유학 생활(17세~19세)

카르타고에서 교육 기회를 얻기 전까지 고향에 머문 1년은 아우구스티누스에게 고통스러운 시기였다. 그러나 그에게 새로운 길이 열렸다. 아버지 빠뜨리치우스가 사망한 17세 때 타가스테의 부유한 시인 로마니아누스의 도움으로 카르타고에서 대학 과정에 해당하는 교육을 받을 수 있는 기회를 얻었기 때문이었다. 그가 카르타고에서 느낀 것은 "불법적인 사랑의 온갖 요리(sartago)[7]들이 사방에서 이글거리고 있다."(3권 1장)는 것이었다. 17세로 접어들던 때 또는 그 이전의 타가스테 시기(16세)에 아우구스티누스는 여인의 몸을 경험했을 것이다. 여자(동거하게 될 여자일 것으로 추정됨)를 찾아 예식이 거행되는 성당 안을 배회하기도 했다. 그가 "여인과 동거하고 있었다"는 이야기는 4권에 나오지만, 아들 아데오다투스를 17세에 낳았기 때문에, 이름을 알 수 없는 여인과의 동거 시기는 타가스테 시기가 아니면 카르타고 시기의 시작 무렵이었을 것이다. 그는 "나는 이 여자 하나만을 두고 있었고 그녀에게 신의를 지켰다"(4권 2장)고 증언하고 있다. 그는 사랑의 참다운 대상을 찾았지만, 찾지 못하고 감각적 쾌락으로 자신을 달랬다. "사랑을 주고받는 것은 내게 달콤했고, 사랑하는 이의 육체를 누릴 수 있을 때는 더욱더 그러했습니다. 그리하여 나는 우정의 맑은

---

7) 그는 Carthago를 프라이팬의 내용물을 가리키는 sartago라는 단어를 사용하여 수사학적 장난을 치고 있다

샘을 정욕의 탁류로 흐리게 했습니다."(3권 1장)라고 증언하고 있다. 물론 그는 쾌락의 극치까지 경험했지만, 그것은 "질투, 의혹, 공포, 분노, 분쟁 등"(3권 1장)이라는 고통을 가져왔다고 말하고 있다. 그가 원치 않는 아기, 아무런 보상 없는 동거 생활에 마지못해 순응하는 파트너, 참다운 사랑에 대한 자신의 갈구 등에서 혼란을 겪는 대학생의 모습이 떠오른다. 그는 이러한 모순을 해결하기 위해 연극에 심취해 들어갔다. 그는 너절하게 좋아하고 헤어지곤 하는 배우들의 연기에 공감했고 동정했다. 눈물도 많이 흘렸다. 그는 이런 것으로 자신을 위안하고 싶었던 것이다. 하지만 결과는 영혼에 "염증, 피고름"(3권 2장)만 생겨났을 뿐이다. 또한 그는 그 당시 아프리카 사람들이 흔히 그러하듯이, 요술과 점성술에 빠지기도 했다. 그럼에도 공부는 열심히 했다. 장차 법정 소송에서 두각을 나타내고 싶었던 것이다. 그 당시 그는 수사학 학교에서 수석을 차지하여 몹시 기뻐하고 우쭐해 했다. 하지만 그 당시 그는 차분하여 요즘 말로 속칭 이지메시키는 학생 폭력 집단과 어울리기는 했지만, 행동은 같이하지 않았다. 그러다가 그는 19세에 치체로(키케로)의 책과 접함으로써 첫 번째 회심이라고 불려지기도 하는 엄청난 지적 경험을 겪게 된다.

수사학의 교과 과정 안에는 치체로를 읽게 되어 있다. 그 중의 하나가 치체로의 『호르텐시우스』였다. 이 책은 그의 마음을 변화시켜 신에게 기도하게 했고, 새로운 희망과 욕망을 가져다주었다. 이제 어떻게 말할 것인가(수사학)는 하찮게 보이기 시작하였고, 불멸의 지혜(철학)를 추구하고자 하는 욕구로 가득 차 신에게로 돌아가고자 했다. 이제 그에게 웅변이 문제가 아니라, 내용이 문제였다. 지혜에 대한 사랑(Philosophia)이 그의 마음을 가득 채웠다. 하지만 그 책에는 그리스도의 이름이 없었다. 그래서 그는 성서(구약)를 읽어보기로 했다. 그러나 치체로에 비해 문체가 너무 소박하여 읽기를 그만 두었다. 하지만 이 시기 그는 세상의 명예와 육체적 쾌락보다는 지혜를 사랑하고 살아야 한다는 생각을 갖게 된 것은 틀림없다. 이런 그의 생각은 끊을 수 없는 정욕의 문제와 더욱더 예리하게 대치하게 된다. 생각과 행동의 괴리는 더욱더 첨예하게 되었을 것이다. 도대체 악은 어디서 발생하는 것일까? 그가 찾은 해답은 마니교였다.

아마도 카르타고 시기 초기부터 마니교도 단체와 알고 있었던 것 같다. 마니교도였던 그의 후원자 로마니아우스가 학비를 후원했을 뿐 아니라, 마니교 신자도 함께 섞여 있는 카르타고의 지인들에게 그를 추천했기 때문이었다. 현재 마니교 경전은 남아 있지 않다. 우선 아우구스티누스의 『고백록』에 따라 마니교의 정체를 추적해 보면 다음과 같다. ①마니교는 성부인 신과 예수 그리스도, 성령이라는 말을 사용한다(3권 6장 참조). 이는 그리스도교의 삼위일체를 가리키는 것 같지만, 내용은 다르다. 성부는 '빛의 나라'의 지배자로서 빛 가운데 있으며, 예수 그리스도의 능력은 태양 안에 있으며 그의 지혜는 달 가운데 있다. 또한 성령은 공기 가운데 머무는데 그 성령이 바로 마니이다. 현실세계에서 해방된 빛은 먼저 달에 모이고 또 달의 배에 의해 해로 운반되어 축적된다. 해와 달은 현실세계에서 빛의 나라로 빛을 운반하는 그릇이다. 그래서 마니교도들은 낮이면 해를 향해 빌고 밤이면 달을 향해 빈다. 성경에 나오는 이러한 용어들은 이미 어머니를 통해 익숙해져 있는 그리스도교의 용어와 유사하기 때문에 아우구스티누스는 친근감이 들었을 것이다. 또한 아직도 감각적 경험을 넘어서는 정신적이고 예지적 세계에 대한 이해가 없었던 그에게 자연물에 대한 논의는 잘 이해가 되었을 것이다. ②마니교는 "진리, 진리를 외쳐댄다."(3권 6장) 마니교는 권위를 중요시하는 그리스도교를 반대하고 이성을 중요시해야 한다고 주장한 것 같다. 이 점도 아우구스티누스를 사로잡았을 것이다. ③마니교는 "다섯 가지 (좋은) 원소"와 "다섯 가지 암흑의 동굴"에 대한 이야기를 한다(3권 6장). 마니교는 세계를 '빛의 나라'와 '어두움의 나라'로 양분하고, 또 다시 '어두움의 나라'를 동굴 모양으로 된 다섯 개의 영역으로 나눈다. 암흑, 연기, 폭풍, 나쁜 불, 더러운 물의 영역이다. 이들이 '어두움의 나라' 의 힘들이다. 이들 힘과 투쟁하는 '빛의 나라' 의 전사는 '어두움의 나라' 의 원소에 대응하는 다섯 가지 원소, 곧 빛, 공기, 좋은 바람, 좋은 불, 좋은 물이다. 마니교에 의하면 세계는 '빛의 나라' 와 '어두움의 나라' 의 투쟁 장소이다. 악이 실제로 존재한다는 마니교의 주장은 악의 문제로 고민하던 아우구스티누스에게 큰 위안이 되었다. 악으로 기울어지는 것이 자신의 탓이기도 하지만, 근본적으로 자신 안팎에 존재하는 악의 세력(id) 때문이기도 했던 것이다. ④마니교도들은 "악이 어디서 오느냐? 또는 "신은 형체를 갖고 있는가? 따라서 머리털이나 발톱도 있느냐? 그리고 아내를 여럿 두고 사람을 죽이고 짐승을 잡아 제사 드리는 자들도 의롭다고 할 수 있느냐?"(3권 7장)고 반문하고 다녔다. 신이 선이라면 왜 악을 만들었는가라는 문제, 구약 성서의 신에 대한 의인적 표현 또한 구약 성서에 나타나는 일부다처제 습관 등이 마니교도들의 비판의 대상이 되었고, 그 당시의 아우구스티누스에게는 마니교의 그러한 비판이 진리라고 여겨졌다. ⑤마니교에 따르면 식물도 감각이 있어 무화과를 딸 때, 무화과가 눈물을 흘린다. 농업도 식물을 살생하는 일이므로 죄로 보았다. 마니교에는 '뽑힌 자' 와 '듣는 자' 두 계급이 있다. '뽑힌 자' 는 육식, 결혼, 사업 등을 철저히 끊고 수도에만 전념한다. 이들이 식물을 먹으면 그것이 정화된다. 반면에 '듣는 자' 는 결혼도 하고 농사도 짓고 비교적 자유롭게 산다. 아우구스티누스는 '뽑힌 자' (성자)들의 투철한 금욕생활과 영적인 생활에 대단히 감동받은 것 같다.

이런 저런 이유로 그는 마니교에 기울어졌던 자신에 대해 다음과 같이 변론하고 있다. ①"저는 악이란 것이 선의 결여(privatio boni)라는 사실을 모르고 있었습니다."(3권 7장) 마니교에 따르면 선과 악은 대결 구도 속에서 공존하고 있다. 그러나 아우구스티누스에 따르면 악은 전적으로 존재하지 않는다. 존재하는 것은 선밖에 없다. 악은 단지 선이 결핍되어 있는 것이다. 최고선인 신으로부터는 선만 나올 뿐이다. ②"그때만 하더라도 눈으로 물체를 보고, 정신(animus)으로는 환상(phantasma)을 보는 것이 고작이었습니다.”(3권 7장) 감각적으로 경험한 물체의 모양을 기억을 통해 마음에 재현한 것이 영상(phantasia)이라면, 감각적 인상을 결합시켜 직접 경험하지 않은 것을 자의적으로 만들어낸 것이 환상(phantasma)이다. 그 당시 아우구스티누스는 여전히 신이 정신적 존재라는 것(Deum esse spiritum)을 깨닫지 못하고 있었다. 그래서 빛 가운데 성부가 존재하고, 해와 달 가운데 성자가 존재하고, 공기 가운데 성령인 마니가 존재한다는 교리를 어정쩡하게 받아들인 것이다. 그는 여전히 감각적 경험주의자였다. 그는 신이 길이와 넓이와 부피를 가지고 있지 않은 존재라는 것을 여전히 몰랐다고 고백하고 있다(3권 7장 참조). ③진정한 정의는 관습에 따라 판단되는 것이 아니라, 전능한 신의 법에 따라 판단된다는 것도 몰랐다(3권 7장 참조). 그래서 그는 마니교의 구성 성서 비판을 당연한 것으로 받아들인다. 그런데 신법은 변하지 않는다. 다만 시대와 장소에 따라 다양한 방식으로 적용될 따름이다. 따라서 특정한 시대의 관습을 절대시하여 다른 시대의 관습을 무조건 비판해서는 안 된다.

그의 마니교도로서의 생활과 마니교도들과의 교우 관계는 이때부터 28세까지 지속된다. 마니교에 따르면 인간들은 자신 속에 신의 입자들을 갖고 있다. 그 입자들의 주변에 몽롱한 악의 힘이 둘러싸고 있다. 그래서 인간은 그 악의 세력과 싸워서 그로부터 벗어나 자유로워져야 한다. 이러한 심리적 요소는 아우구스티누스의 내적 갈등 상태를 잘 설명해주고 있다. 마니교는 초자아(super-ego 빛의 나라), 자아(ego), 이드(id 암흑의 나라)라는 심리적 탐색을 위한 최초의 실험 도구를 아우구스티누스에게 준 것이다. 그가 마니교에서 얻은 경험은 전 생애를 걸쳐 주요한 역할을 한 것 같다. ④무엇보다도 어찌할 수 없는 욕정(concupiscentia) 같은 것이 우리 가운데 있다는 생각은 자신의 신학적 원죄론을 정착시키는 데 큰 역할을 한 것 같다. 물론 원래 선만 있고 악은 없는 것이긴 하지만, 최초의 인간 아담과 에와의 자유 의지의 남용(원죄)으로 죄가 이 세상에 들어온 것이다. 그리고 이 죄는 거의 유전적 성격을 띠고 있다고 말할 수 있을 정도로 인간들에게 답습되고 있다. 그래서 말도 못하는 어린아이들 가운데서 이미 짙게 스며 들어 있는 지배욕과 교만에 대한 논의로 『고백록』을 시작하고 있는 것이다. 그래서 인간의 의지는 약화되었고, 신의 은총 없이는 신을 향해 서기가 불가능해진 것이다.[8] ②치체로의 『호르텐시우스』에서 뿐 아니라, 마니교의 성자들의 금욕적 태도에 깊이 영향을 받았고, 이 영향은 지속적이었다. 그래서 그는 인간을 외적(外的) 인간과 내적(內的) 인간으로 나누고 있다. 외적 인간은 감각적 인간이고 내적 인간은 정신적 인간이다. 외적 인간을 벗어버리고 내적 인간을 입어야 한다고 한다. ③마니교들의 특징 가운데 하나는 대화와 웃음 그리고 상호 존경이었다. 그들은 함께 모여 서로 토론하고 번갈아 가면서 서로 배우고 가르치고, 누군가가 없어지면 슬퍼하고 돌아오면 기뻐했다. 그래서 그들은 하나의 영혼이 되었다(4권 8장 참조). 아우구스티누스는 항상 사람과 어울려 같이 대화하고 같이 공부하는 것을 좋아했다. 이러한 그의 경험은 후에 그가 세운 수도원의 이념으로 자리 잡는다. 아우구스티누스의 마니교에서부터 그리스도교로의 회심은 단절이 아니라, 마니교적 경험의 그리스도교적 틀 속에서의 변용과 통합일 것이다.

---

8) 아우구스티누스는 로마서를 많이 읽었다. 원죄와 은총 그리고 믿음에 대한 논의는 로마서에 잘 나타나 있다. "한 사람을 통하여 죄가 세상에 들어왔고 죄를 통하여 죽음이 들어왔듯이 모든 사람에게 죽음이 미치게 되었습니다. … 사실 그 한 사람의 범죄로 그 한 사람을 통하여 죽음이 지배하게 되었지만, 은총과 의로움의 선물을 충만히 받은 모든 사람들은 예수 그리스도 한 분을 통하여 생명을 누리며 지배할 것입니다."(5장 12-17절) "모든 이는 죄를 지어 하느님의 영광을 잃었습니다. 그러나 그리스도 예수님 안에서 이루어진 속량을 통하여 그분의 은총으로 그저 외롭게 됩니다. 하느님께서는 예수님의 속죄의 제물로 내세우셨습니다. 예수님의 피로 이루어진 속죄는 믿음으로 이루어집니다. … 그러니 자랑할 것이 어디 있습니까? 전혀 없습니다. 무슨 법으로 그리 되었습니까? 행위의 법입니까? 아닙니다. 믿음의 법입니다."(3장 23~27절)

그는 19세에서 28세까지 공개적으로 학예(doctrina)의 이름으로, 은밀하게는 마니교의 이름으로 남을 유혹하기도 하고 유혹당하기도 하고, 속이기도 하고 속기도 했다고 말한다. 전자에 있어서는 주로 헛된 대중의 인기를 추구하고, 후자에 있어서는 추잡스러움으로부터 벗어나 깨끗하게 되기 위해 마니교의 성자(뽑힌 자)들에게 음식을 갖다 바쳤다고 말한다. 하지만 그는 수사학 교수로서 학생들이 죄 없는 자를 해치지 않고, 죄 있는 자에게 도움을 주기 위해 변론(속임수)하도록 열심히 가르쳤다. 또한 여자관계도 단 한 여자만을 두고 살았다. 점(占)도 물리쳤다. 하지만 인간 행위의 원인이 필연적으로 별에 의해 결정된다는 점성술에는 많은 관심을 기울였다.

아우구스티누스는 21세에 고향 타가스테로 돌아가 1년 동안 수사학을 가르친 적이 있다. 그때 그가 경험한 것이 동무의 죽음이었다. 그 동무의 이름은 알 수 없으므로 우리는 편의상 라틴어로 동무를 뜻하는 아미쿠스(Amicus)로 부르자. 아미쿠스는 고향 동무였다. 아우구스티누스는 그와 함께 공부하면서 아주 친하게 지냈다. 아미쿠스는 "자기 영혼의 반쪽"이었다. 그는 아미쿠스를 그리스도교에서 마니교로 개종시켰다. 그런데 그 동무는 우정이 싹튼 지 1년도 안 되어 죽고 만다. 아미쿠스가 열병으로 의식을 잃고 있을 때, 그의 집안사람들이 그가 곧 죽게 될 것이라 생각하고 그에게 세례를 주었다. 아우구스티누스는 그가 무의식 중에 받은 세례에 대해 별로 주목하지 않았다. 잠시 아미쿠스가 의식이 회복되자, 아우구스티누스는 농담 삼아 그가 무의식 중에 받은 세례에 대해 이야기했다. 그러나 아미쿠스는 정색을 하면서 그와 같은 농담을 하지 말아 달라고 이야기했다. 그는 참으로 그리스도인이 된 것이었다. 그리고 며칠 후 세상을 뜨고 말았다. 아우구스티누스는 자신의 영혼의 반쪽이었던 친구가 죽자 슬픔의 히스테리에 빠진다. 마치 거대한 힘이 자신을 자신으로부터 분리시킨 것 같았다. 그래서 "나 자신이 나 자신에게 수수께끼가 되었다. 그리고 내 영혼에게 내 영혼이 어째서 그렇게 고통스러워하고 어째서 그렇게 어지러워하는가? 라고 줄기차게 물었다."(4권 4장) 이 구절은 아벨의 제물은 받아들이고 자신의 제물은 거절해 화가 난 카인에게 신이 나무라는 말을 인용한 것이다. 아우구스티누스가 『신국론』에서 신이 아벨을 인정한 사실에 대해 카인이 슬픔을 극복하지 못했던 부분을 자세히 분석하고 있다.[9] 아우구스티누스는 자신이 그를 억지로 신으로부터 분리시켰지만 아미쿠스는 다시 신에게로 돌아가고 말았다. 그리고 그는 죽었다. 그때 그는 카인과 똑같이 "제 정신이 나가서"(4권 7장) 당황하고 갈피를 잡지 못하면서 아미쿠스를 되찾아 오려고 애썼다. 하지만 그럴 수 없다는 사실을 알고서 신이 카인을 내쳤듯이 그 역시 자신의 비참함으로 내동댕이쳐진 것이다. 그래서 그는 고향 도시로 도망쳐 카인처럼 지상의 나라인 카르타고의 마니교 친구들에게로 되돌아간다. 여기서 아미쿠스는 아벨의 역할을, 그는 카인의 역할을 하고 있다. 그는 친구의 죽음과 개종에 의해 카인처럼 더욱더 신으로부터 떠나고 있다. 그는 더욱더 열렬한 마니교 신자가 되어 카르타고로 돌아간다.

그는 카르타고에서 아미쿠스 대신 마니교 친구들과 어울린다. 그곳에서 26세가 아니면 27세 때 『아름다움과 조화』(Pulchro et apto)라는 책을 최초로 쓰게 된다. 그는 물체의 아름다움은 그 자체가 아름다운 것도 있지만, 부분과 전체의 조화에 기인한다고 생각했다. 그는 이런 물체의 아름다움에 대한 생각에 따라, 평화를 가져다주는 덕은 통일성인 반면, 불화를 가져다주는 악은 분리에 기인한다고 생각했다. 통일성에는 이성적 정신,

---

9) "어째서 너는 고통스러워하는가? 그리고 어째서 너는 너의 얼굴을 떨구느냐?"(창세기 2장 6절): "어째서 너는 그렇게 고통스러워하고 어째서 나를 어지럽게 하느냐"(시편 41장 6절)

진리, 최고선이 자리하고 있는 반면, 분리 속에는 비이성적인 것, 최고악이 자리하고 있다고 보았다. 전자를 그는 하나(Monad), 곧 아무런 성차를 갖고 있지 않는 마음(sine ullo sexu mens)으로 그리고 후자를 둘(Dyad), 곧 남성을 대변하는 분노(ira)와 여성을 대변하는 정욕(libido)이라 불렀다. 이 책은 마니교의 이원론을 충실히 반영하고 있지만, 정작 그는 이 책을 마니교도에게 바친 것이 아니라, 로마에서 명성을 떨치던 히에리우스에게 바쳤다. 그는 그만큼 로마 지향적이었던 것이다.[10]

그는 20세쯤 남들이 다들 어려워하는 아리스토텔레스의 『범주론』을 읽고 이해했다. 그는 10개 범주로 세상을 다 설명할 수 있다고 생각했다. 그래서 신도 하나의 크고 아름다운 속성을 가진 실체로 생각했다. 그는 나중에야 비로소 신이 범주를 넘어서 있는 분이라는 것을 깨달았다. 그는 그 당시 자유 학과에 관계되는 수사학, 논리학, 기하학, 음악, 산수에 관한 책들을 구해서 모두 읽고 이해했다. 하지만 "참되고 확실한 것이 어디로부터 오는지 전혀 알지 못하고 있었다."(4권 16권) 그가 찾아 헤맨 것은 참과 확실성이었다. 후에 회심하고 나서야 비로소 참과 확실성이 무엇인지 깨닫는다. 우선 진리들은 있다. 수학적 명제들이 진리이고, 내가 잘못하고 있는 한, 나는 존재하기(fallor, sum) 때문에 '내가 존재한다' 는 것도 진리이고, 내가 존재하고 있는 것을 나는 인식하고 있기 때문에 '내가 인식한다' 는 것도 참이고, 인식하기 위해 내가 살고 있어야 하니까, '내가 살고 있다' 는 것도 참이다. 이런 과정을 통해 그는 회의주의를 극복한다(『회의주의자에 대한 반론』 참조). 그리고 그는 판단의 진위를 가리는 기준이 있다고 생각했다. 그것이 바로 플라톤의 이데아들이다. 우리는 이들 이데아들을 기준으로 하여 올바른 판단과 거짓된 판단을 구분한다. 그런데 이들 이데아들의 참을 도대체 누가 보증해 주는 것일까? 그것을 보증해 주는 절대

---

10) 카르타고의 관료나 지식인들은 제국의 수도이며 문화의 중심지였던 로마를 지향했던 것 같다

적 진리가 있어야 하지 않을까? 그렇지 않으면 우리가 어떻게 옳다, 그르다, 객관적이다, 상대적이다 라고 말할 수 있을까? 따라서 절대적 진리가 있어야 한다. 그것이 신이다. 이런 과정이 참과 확실성의 문제에 대한 답을 찾는 여정이었다. 아우구스티누스는 절대적 진리인 신이 진리들(이데아들)을 보증하는 것을 신이 빛을 비춘다고 말한다. 그것이 바로 그의 조명설이다. 이제 신이 빛을 비추어야 우리는 모든 것을 제대로 알 수 있다.(『교사론』 참조) 그의 젊은 시절의 방황은 선과 참을 찾아가는 여행길이었다.

4. 회심 과정에 대한 회상 : 5권~9권

가. 5권 : 카르타고, 로마, 밀라노에서 수사학 교수 시절 : 마니교와의 결별(28세~30세)

29세 때 그는 마니교의 주교 파우스투스를 만난다. 마니교의 교리에 대해 의심나는 부분이 많았는데, 사람들이 파우스투스를 만나면 답을 얻게 될 것이라고 말해 주었기 때문이었다.[11] 그는 잔뜩 기대를 하고 그를 만났지만, 얻은 것이 없었다. 파우스투스는 자신의 무지를 인정하고 품위 있게 처신할 줄 알고 웅변에도 뛰어났지만, 그 당시의 학예에는 그다지 밝지 않았다. 몇 권의 책과 마니교 교리에 대한 라틴어 서적 몇 권 정도 읽었을 뿐이었다. 오히려 파우스투스가 아우구스티누스에게 공부하러 오곤 했다. 그는 마니교보다 오히려 철학자들이 진리에 더 가깝다고 생각한다. 그는

---

11) 마니교는 이성으로 온 우주를 알 수 있다고 주장했지만, 아우구스티누스가 볼 때 그것은 의문투성이였다. 특히 세계의 창조 과정에서 신은 살해된 악마의 몸에서 8개의 지구를 만들고, 그들의 가죽에서 10개의 하늘을 만들었으며, 태양과 달도 전적으로 물질로부터 만들어진 물질이라는 등의 설명을 납득하기 힘들었다

진리를 가르쳐주리라 믿었던 마니교에 깊은 회의에 빠진다. 또한 카르타고 학생들의 수업 분위기에도 실망했다. 스승을 존경하지 않을 뿐 아니라, 수업 분위기도 산만했다. 등록도 제대로 하지 않고 수업을 듣기 일쑤였다. 그래서 그는 출세와 안정된 수입 때문이기도 했지만, 무엇보다도 좋은 학생들을 가르치고 싶어 로마로 향한다.

그러나 그렇게 원하던 로마였지만, 그가 얻은 것은 혹독한 열병이었다. 그는 그곳에서 마니교도들의 후원을 받아 생활한다. 그는 단순히 마니교의 '듣는 자' 들뿐만 아니라, 마니교의 뽑힌 자들과도 사귀었다. 그는 "죄를 짓는 것은 우리가 아니고, 우리 안에 있는 어떤 것"이라고 생각했다(5권 10장). 그는 마니교로부터 아무런 도움을 받을 수 없다고 생각했지만 별다른 대안이 없던 중, 플라톤 학파에 속하지만 회의주의 노선을 갖고 있는 신-아카데미학파의 철학적 노선이 더 낫다는 생각을 하게 된다. 이들 학파의 주요 쟁점은 『고백록』에 따르면 ①모든 것을 의심해야 한다. ②인간은 진리를 파악할 수 있는 능력을 갖고 있지 않다는 주장이다. 하지만 그는 아카데미 학파보다 마니교도들과 인간적으로는 더 친했다. 이런 친분 관계 때문에 마니교를 완전히 떠나는 것은 계속 지연되었다. 그 당시에 그가 갖고 있던 생각들은 다음과 같다. ①신이 인간의 육체를 가질 수 있다는 주장(Incarnation)은 터무니없다. 신적 실체가 어떻게 악에 물들지 않은 채, 육체와 결합할 수 있는가. 신은 외관상의 육체의 껍데기를 덮어 쓰고 있을 뿐이다. ②신은 큰 물체의 덩어리(moles corporum)일 뿐이다. 그 당시 그는 물체 아닌 것은 존재하지 않는다고 믿었다. 그는 여전히 감각적 경험 주의자였다. ③악도 하나의 실체로서 무시무시하고 반듯하지 못한 물체 덩어리이다. 그것이 응축되면 땅이 되고, 희박하게 되면 기체(나쁜 공기)가 된다. 이 기체들이 땅에 침투하는 악령이다. ⑤상반되는 두 개의 물체 덩어리는 둘 다 무한하되, 선은 더 크게 퍼져 있고 악은 더 좁게 그러하다. ⑥인간의 정신도 공간에 퍼져 있는 어떤 희박한 물질이다. ⑦예수 그리스도는 빛나는 실체 덩어리로부터 우리의 구원을 위하여 떨어져 나온 분이다. ⑧동정녀 마리아의 원죄 없으신 잉태는 있을 수 없다.

로마의 학생들은 세련되었지만 간사했다. 대부분의 학생들이 교수에게 돈을 주지 않기 위해 적당한 때에 집단적으로 다른 교수들에게 가기 일쑤였다. 그 당시 그의 최소한의 바람은 손해는 보고 싶지 않다는 것이었다. 그 후 수사학 교수를 보내달라는 밀라노 시장의 요청에 따라 로마 시장 심마쿠스는 시험에 합격한 아우구스티누스를 밀라노에 보낸다. 그리스도교에 반감을 가지고 마니교도들과 친하게 지냈던 심마쿠스에게 마니교도들이 줄기차게 청탁했을 것이다. 밀라노 시의 수사학 교수는 황제와 집정관에 대한 공식적 찬양 연설을 해야 했기 때문에 중책이었다. 직책을 성공적으로 수행하게 될 때, 홍보부 장관 자리에 버금가는 영향력을 행사할 수 있는 자리였다. 아우구스티누스는 처음으로 국비를 받는 교수가 되었다. 그는 2년 동안 밀라노에서 수사학 교수를 했다. 그는 고위직을 바랐을 것이다. 그러나 그는 그곳에서 밀라노의 주교 암브로시우스(Ambrosius)를 만난다. 암브로시우스(44세)는 자신을 찾아온 아우구스티누스(30세)를 친 자식을 대하듯 반갑게 대해 주었고, 수사학 교수로 오게 된 것을 환영해 주었다. 아우구스티누스는 그의 설교를 유심히 들었다. 그 이유는 말의 흐름(형식)이 유창한지 알아보기 위해서였다. 하지만 차츰 그 내용(진리)에 빠져들게 된다. 특히 그가 성서 구절을 글자에 따라서(ad litteram)가 아니라, 영적으로(spiritualiter)으로 설명해 줄 때 더욱 더 그러했다. 마침내 그는 "어떤 확실한 것이 나타나 내 갈 길을 인도하게 될 때까지, 내 부모가 그토록 부탁한 그리스도교의 예비 신자가 되기로 결심"하게 된다.

나. 6권 : 밀라노의 교수시절(30세~32세)

『고백록』 6권은 30세에서 32세까지의 이야기를 다루고 있다. 그리고 7

권에서 30세 때의 이야기를, 8권에서는 32세 때의 이야기를 자세하게 되풀이하고 있다. 밀라노 시절 아우구스티누스의 주변으로 그의 아프리카 동아리들이 모여들기 시작했다. 맨 먼저 어머니 모니카가 그의 동생 나비기우스와 함께 왔다. 그는 아직 그리스도교로 귀의하지 않았다. 그러나 그의 어머니는 그가 마니교를 떠났다는 말에 반가워하였다. 조카 루스티무스와 라스티디아누스도 왔다. 카르타고 유학의 후원자였던 로마니우스도 왔고, 아들 아데오다투스와 그의 어머니도 왔다. 또한 정부의 하급 관리인 에보디우스도 왔다.

그는 여전히 암브시우스의 설교를 듣고 성서에 대해 다시 생각하기 시작한다. 하지만 사람이 신의 형상대로 지음을 받았다는 성서 구절에서 신의 형상이 무엇인지 이해할 수 없었다. 그는 여전히 정신적 실체(spiritualis substantia)를 이해할 수 없었던 것이다. 그러나 그는 일단 성서의 권위(auctoritas)를 믿기로 했다. 그는 "여러 가지 사물을 보지 않고도 또한 여러 가지 사건이 일어날 때, 그 현장에 있지 않았어도 그것들을 믿고 있었다는 것을 생각해 보았다."(6권 5장) 더구나 이성만 가지고 진리(veritas)를 알기에는 너무 약하므로 성서의 말씀을 믿음으로서 진리를 찾을 수 있을 것이라는 입장을 취한다. 그렇게 해보니 "이때까지 불합리하다고 해서 마음에 거슬리게 보였던 성서 구절의 뜻이 깊은 영적 해석의 신비에서 풀리기 시작했다."(6권 5장) 이리하여 중세의 신학과 철학의 입장, 곧 권위와 이성에 대한 입장이 확립된다. 곧, 그것은 '알기 위해 믿는다.' (credo ut intelligam) 또는 '믿기 위해 안다' (intelligo ut credam)는 것이다. 이성만으로 진리를 알 수 없다. 신앙의 도움을 받아야 한다. 그래서 이성과 신앙은 서로 상호 보완적 관계를 유지해야 한다.

하지만 생활은 여전히 세속적인 일에 몰두해야 했다. 여전히 명예와 돈과 여자를 열망하였지만 불행하다는 느낌을 지울 수 없었다. 그는 거짓으로 황제를 찬양하는 연설을 하고, 그 대가로 박수갈채를 받고 살아야 하는 것이 못마땅하였다. 연설을 한 어느 날 그는 밀라노의 거리에서 술 취한 거지를 만난다. "그는 행복을 얻은 듯 명랑했고, 나는 불행했다." 그는 욕심의 박차를 가했지만, 불행의 짐은 더욱 무거워졌다. "결국 우리의 목표는 행복이 아닌가. 그런데 거지는 이미 행복에 도달한 것이 아닌가. 비록 거지의 행복이 참된 행복은 아니라 할지라도." 이런 회상은 그 당시 불행해 하던 그의 마음을 잘 노출시키고 있다. 그는 이런 심경들을 동무들하고 같이 나누었는데, 동향인 알리피우스와 네브리디우가 그들이었다. 알리피우스는 아우구스티누스의 제자로서 법률을 통해 출세하기 위해 먼저 로마로 와 있다가 그를 따라 밀라노에 왔다. 후에 아우구스티누스를 통해 회심하고, 타가스테 지역의 주교가 된다. 카르타고 출신인 네브리디우스는 아우구스티누스와 진리와 지혜를 탐구할 목적으로 밀라노에 왔다. 앞서 이야기한 친척들과 이들이 후에 카시치아쿰에서 공동생활을 통해 같이 연구하는 동아리를 형성하게 된다. 그리고 30세 때 그는 14년 동안 살았던 우나와 헤어지고, 어머니의 권유에 따라 10세 소녀와 약혼한다. 그 당시 로마법에 따르면 여성의 법적 결혼 나이는 12세였기 때문에, 아우구스티누스는 2년 동안 여자 없이 지내야 될 형편이었다. 그는 그 사이에 다른 여자를 만났다고 고백하고 있다.

다. 7권 : 밀라노의 교수, 신―플라톤 사상, 바오로(30세)

그는 장년기에 이르러서도 여전히 감각적으로 알 수 없는 정신적 실체에 대한 인식을 하지 못하고 있었다. 물론 신이 인간적 형체를 하고 있는 것은 아니지만, 무한한 공간에 두루 퍼져 있는 물체와 같은 존재로 생각했다. 이와 같은 신의 존재를 불멸, 불가침, 불변의 존재로 간주하였다. 그 이유는 공간에 없는 존재는 절대무(絶對無)라고 여겼기 때문이었다. 그러나 그는 이러한 자신의 생각이 그릇된 것이라 생각하게 된다. 왜냐하면 그렇게 생각할 때, 코끼리의 몸은 참새의 몸보다 부피가 더 크기 때문에 신이 코끼리의 몸에 더 많이 자리하고 있다는 결론에 도달하게 되기 때문이었다.

그리고 그는 여전히 자유 의지와 악의 문제에 대한 해답을 찾지 못하고 있었다. 우선 내가 살아 있다는 것이 확실한 것과 마찬가지로 내가 의지를 지니고 있다는 것도 확실하다. 나는 의지의 주체이다. 그런데 선을 원하지 않는 의지는 도대체 어디로부터 온 것인가. 선한 신이 나를 창조했다면, 도대체 누가 내 안에 이러한 의지를 심어 놓았는가. 그런데 신은 타락할 수 없는 존재이기 때문에, 신이 그렇게 한 것은 절대로 아니다. 그리고 그가 만든 피조물도 그로부터 나온 것이기 때문에 다 선한 것이 아닌가. 그는 이런 문제로 너무 고민을 하다보니 이러다 죽지 않을까 하는 느낌까지 갖게 된다. 그가 답을 찾은 것은 바오로에서였다. 그러나 아직은 답을 찾지 못하고 있다.

그러다가 그는 신—플라톤 사상을 만나게 된다. 그는 우선 플로티노스의 『에네아데』를 누군가가 요한복음서 1장의 내용과 비슷하게 각색해 놓은 것을 읽었던 것 같다(7권 9장 참조). 그러나 그는 그 책에서 "말씀이 몸이 되어 우리 가운데 머무셨다"(요한, 1장 14절)는 구절이나 "그리스도 예수(말씀)가 자기를 비워 종의 모습을 가져 사람들과 같이 되었고 사람의 모양으로 나타나시어, 자기를 낮추시고 죽기까지 복종하셨으니 곧 십자가에 죽기까지 하셨다"(필, 2장 6~8절)는 구절 또는 "당신께서 자기 아들을 아끼지 않으시고 우리 모든 사람을 위해 내어 주셨다"(로마, 5장 8절)는 구절은 읽지 못했다고 한다. 여기서 우리는 어떤 입장에서 신—플라톤 사상을 받아들이고 있는지를 알 수 있다. 아우구스티누스의 신은 위로부터 인간을 사랑하는 인격신이었던 것이다. 아무튼 그는 이 책을 통해 자신의 영혼 안으로 깊숙이 들어서게 된다. 그러자 불변적인 빛이 보였다. 그것은 신체 기관인 눈으로 보는 그런 빛이 아니었다. 그것은 진리였던 것이다. 그것은 사랑이었고, 영원이었다. 그는 이제 정신적인 것이 참으로 존재하는 것이라는 것을 깨닫게 되었다. 진리가 유한한 공간이나 무한한 공간에 펼쳐 있는 것이 아니라는 것을 깨닫게 된 것이다. 그에게는 "진리(신)가 존재하지 않는다고 의심하기보다는 내가 살고 있음을 의심하는 것이 더 쉽게" 된 것이다(7권 10장). 진리인 신은 참 존재이다. 피조물들도 참 존재인 신으로부터 있게 된 까닭에 존재하는 것이긴 하나, 신과 같은 존재는 아니기 때문에 비(非)−존재이기도 하다. 그리고 존재는 선이다.[12] 따라서 피조물은 참 존재인 신으로부터 나왔기에, 다 선하다. 피조물은 그것이 무엇이든지 간에 존재하는 만큼 선한 것이다. 존재 자체인 신의 존재를 많이 머금고 있는 것은 더 높은 존재이고 적게 머금고 있는 것은 더 낮은 곳에 위치하는 존재이다. 이들은 높은 것에서 낮은 것에 이르기까지 하나의 조화로운 위계질서를 유지하고 있다. 따라서 악은 존재하지 않는다. 좋은 것을 모조리 상실한 것은 이미 존재도 상실했기 때문이다. 사실 악이란 인간 의지의 왜곡이며, 의지의 왜곡이란 참 존재인 신으로부터 완전히 떠나 있는 것 이외 그 무엇도 아니다. 육체의 오랜 버릇으로 무거워진 영혼은 신으로부터 자꾸 멀어지는 하강 운동을 하는 반면, 신을 향해 상승 작용을 하는 영혼도 있다. 아우구스티누스는 이때 영혼의 상승 작용에 대한 경험을 한다. ①유형적인 물체들(corpora)에서 ②그것을 신체의 감각을 통해 지각하는 영혼(sentiens per corpus anima)으로 그리고 ③거기서 지각한 것을 파단하고 추론하고 종합하는 이성(rationcinans potentia)으로−이런 이성 능력도 변한다−더 나아가 ④변하는 이성 능력 가운데 이미 스며들어 있는 불변적인 정신(intelligentia)으로 ⑤"눈 깜박할 순간에 존재 자체(quod est)에 도달하게 되었다."(7권 17장) 그리고는 다시 일상으로 돌아왔다.[13] 그는 이런 과정을 통

---

12) 이 대목은 라이프니츠의 모나드 설을 연상시키고 있다
13) 이러한 상승 작용은 플로티노스가 말하는 영혼의 상승 작용과 똑같다

하여 아름다운 기억과 동경을 몸에 지니게 되었지만, 그것을 소유하지는 못했다. 그것을 소유하고 즐길 수 있는 능력을 얻는 길을 찾았지만, 찾지 못했다. 그러나 신과 인간을 매개하는 예수 그리스도를 통해 그 길을 찾게 된다. 그리스도는 사람이 되신 말씀이다. 곧, 신이 인간을 당신 쪽으로 끌어올리기 위해 인간에게 오신 것이다. 오, 복된 죄여(O, felix culpa)? 신이 인간의 죄를 대신 덮어 쓰시어 우리 죄를 없이 하셨기 때문에, 인간은 이제 그분의 도움을 통해 그분과 하나 될 수 있게 된 것이다. 이 때문에, 인간은 죄인이면서 동시에 의인(peccatus simul justus)이다.

그는 신—플라톤 사상에서 발견하지 못한 것을 성서에서 발견한다. 그것은 예수 그리스도를 통하여 보여주신 신의 사랑이다. 그는 사도 바오로의 서간들을 읽기로 했다. 거기서 그는 신의 은총과 그에 대한 찬양을 읽을 수가 있었다. 특히 그는 바오로의 다음 구절을 인용하고 있다. "내 마음 속으로는 하느님의 율법을 반기지만, 내 몸 속에는 내 이성의 법과 대결하여 싸우고 있는 다른 법이 있다는 것을 알고 있습니다. 그 법은 나를 사로잡아 내 몸 속에 있는 죄의 법의 종이 되게 합니다. 나는 비참한 인간입니다. 누가 이 죽음의 육체에서 구해줄 것입니까? 고맙게도 하느님께서 우리 주 예수 그리스도를 통하여 우리를 구해주십니다."(로마 7장 22~25절)

라. 8권 : 회심(32세)

이제 과거에 그를 사로잡았던 명예와 재물에 대한 욕심의 불이 꺼졌다. 하지만 여성에 대한 사랑의 불은 꺼지지 않았다. 그래서 그는 망설이고 있었다. 그는 암브로시우스 주교가 아버지처럼 여기는 원로 사제 심플리치아누스를 찾아간다. 그리고 빅토리아누스가 라틴어로 번역한 신—플라톤주의 책을 몇 권 읽었다고 이야기하자, 심플리치아누스는 빅토리아누스가 오랫동안 로마의 개 귀신 아누비스를 섬겼으나, 말년에 회심한 이야기를 한다. 빅토리아누스는 성서와 그리스도교 문헌들을 철저히 연구한 후, 심플리치아누스에게 은밀하게 그리스도교로 회심했다고 밝힌다. 그 후 독서와 명상을 통해 용기를 얻게 되어 공개적으로 세례를 받게 된다. 세례식 중에 사도신경을 외우는 절차가 있는데, 단상에서 공개적으로 하거나 사석에서 할 수 있었다. 그는 단상에서 공개적으로 했다. 이런 이야기를 듣고, 아우구스티누스는 자신도 그와 같이 되고자 하는 심정이 불같이 일어났다. 그러나 옛 의지(voluntas vetus)가 새로운 의지(voluntas nova)를 강하게 사로잡고 있었다. 그래서 육적(肉的) 의지(voluntas carnalis)와 영적(靈的) 의지(voluntas spiritualis)는 그 안에서 서로 싸워 그의 영혼을 찢어 놓았다. 진리를 확실히 알고 있었지만, 의지가 말을 듣지 않았던 것이다.

또 어느 날, 아우구스티누스는 알리피우스와 함께 있었는데, 폰티치아누스가 찾아 왔다. 그는 아프리카 사람으로서 황실에서 높은 벼슬을 하고 있었다. 그는 그 방의 책상에 있는 책이 수사학 책인 줄 알고 집어 들었으나, 의외로 바오로의 서간이었다. 그래서 신자였던 폰티치아누스는 안토니우스(Antonius) 이야기를 시작한다. 폰티치아누스와 동료 세 사람은 황제를 수행하여 트레베로스에 간 적이 있었다. 황제가 원형 극장에서 경기를 구경하고 있는 동안, 그들 넷은 둘씩 짝을 지어 다른 방향으로 산보한다. 그와 다른 조가 된 두 사람은 걸어다니다가, 어느 조그마한 집으로 들어간다. 그곳에는 몇 사람이 수도생활을 하고 있었다. 두 사람은 그 집에서 안토니우스의 생애를 기록한 책을 읽고 감격하기 시작한다. 그래서 두 사람은 이때까지의 세속 일을 버리고, 수도생활을 선택한다. 이때, 반대쪽에서 산책하고 있던 폰티치아누스와 한 친구는 그들을 찾아 헤매다, 이 집에 오게 된다. 그리고 돌아가자고 권고했지만, 그들의 결심은 이미 굳어 있었다. 하는 수 없이 폰티치아누스는 한 친구와 함께 궁전으로 돌아오게 된다. 수도생활을 결심한 두 친구에게는 약혼녀가 있었다. 그녀들은 이 소식을 듣고 자신들도 정결을 신께 바친다. 이 이야기를 듣는 동안 아우구스티누스는 그들을 사랑하는 마음이 불타오르게 되는 동시에 자기 자신이 미워졌다. 그는 속이 썩어 들어가는 듯 괴로웠고 부끄러움에 압도되어 몸 둘 바를 몰라했다.

폰티치아누스는 이야기를 끝내고 남은 볼일을 보고 돌아갔다. 그러나 그는 갈등이 고조되어 마음과 얼굴이 흥분된 상태에서 알리피우스를 붙들고 소리쳤다. "우리에게 무엇이 잘못되었지? … 우리는 여전히 살과 피의 진흙탕 속에서 뒹굴고 있지 않는가?"(8권 8장) 이와 같이 말한 다음 그는 정원으로 뛰쳐나갔다. 그는 자신이 원하는 것과 그가 할 수 있는 능력 사이에 모순을 느끼면서 결단을 내리지 못해 번뇌하고 있었다. 몸은 내가 뜻하는 대로 움직여주지만, 마음은 그렇지 못하다. 이것은 인간의 지은 죄에 대한 벌 때문인가? 아니면 아담의 후손들이 다같이 겪는 고뇌인가? 마음의 일부는 그렇게 하고 싶다. 또 일부는 하고 싶지 않다고 하니까, 이런 일이 일어난다. 이런 것이 영혼의 병이다. 영혼의 병은 습관의 무게에 짓눌리어 치유되지 못하고 있다. 내가 완전히 원한다면, 그때 원한 것은 이미 행한 것일 것이다. 그런데 마음속에서는 옛날 여자친구들이 "당신이 우리를 정말 버리고 떠나가렵니까? 이제부터 우리는 당신과 영원히 함께 있을 수 없단 말입니까? 이제부터는 당신이 이런 저런 일을 영원히 할 수 없다는 말입니까?"라고 속삭인다. 또한 습관의 폭력은 "네 생각에는 그것들이 없어도 네가 살 수 있을 것 같으냐?"라고 부드럽게 말한다(8권 11장). 다른 한편, 그녀(절제)는 평온한 기쁨에 차서 자신에게로 건너오라고 손짓한다. 그리고 주님께 너 자신을 맡기라고 말을 건넨다. 그는 무화과나무 밑으로 자리를 옮겨 "언제까지입니까? 언제까지입니까? 내일입니까? 내일입니까? 왜 지금은 아닙니까? 왜 이 순간에 나의 불결함은 끝나지 않습니까?"라고 부르짖으면서 세차게 울기 시작했다(8권 12장). 그때였다. 갑자기 이웃집에서 소년의 목소리인지, 소녀의 목소리인지 확실히 알 수 없었지만, 노래 소리가 들려왔다. 그때 반복되었던 노래 소리는 "들고 읽으라, 들고 읽어라"(Tolle, lege; Tolle, lege)라는 말이었다(8권 12장). 그는 아무리 곰곰이 생각해 봐도, 그 노래를 들어 본 적이 없었다. 그래서 그는 그 노래 소리를, 성서를 펴서 첫눈에 들어온 곳을 읽으라는 신의 명령으로 생각하고, 급하게 알리피우스가 있는 곳으로 돌아간다. 그곳에 바오로의 서간문이 있었기 때문이었다. 그가 책을 폈을 때 첫눈에 들어온 구절은 다음과 같은 것이었다. "진탕 먹고 마시고 취하거나 음행과 방종에 빠지거나 분쟁과 시기를 일삼거나 하지 말고, 언제나 대낮으로 생각하고 단정하게 살아갑시다."(로마 13~14절) 그는 더 이상 읽고 싶지도, 읽을 필요도 없었다. 확실성의 빛이 마음에 들어와 의심의 모든 어두운 그림자를 몰아내었다. 그리고 바로 집으로 돌아가 어머니에게 이 사실을 말했다. 어머니는 춤을 출 듯이 기뻐하며 신을 찬양했다.

마. 9권 : 세례와 어머니 모니카의 죽음(33세)

그는 이제 명예와 이득(돈), 정욕에서 비롯되는 불안에서 해방되었다. 교수직의 포기를 결심한다. 다시는 언변을 파는 시장에서 장사하고 싶지 않았기 때문이기도 하지만 폐가 약해져 깊은 호흡을 하기 힘들었기 때문이었다. 베레쿤두스가 카씨치아쿰에 있는 자신의 별장을 제공해 주어 그곳에서 같이 지내던 사람들과 함께 세상과 떨어져 지내게 된다. 이때 그는 주로 친구들과 대화나 자신의 독백을 내용으로 하는 책들을 쓰게 된다.[14] 그는 세례를 준비하기 위해 암브로시우스에게 어떤 성서를 읽으면 좋으냐고 물어 이사야서를 추천받았지만, 책의 첫 부분을 이해하기 어려워 읽기를 보류한다. 세례받기 위해 예비 신자 명부에 이름을 등록해야 할 때가

---

14) 이때 쓴 책들은 『회의주의에 대한 반론(Contra Academicos)』, 『복된 삶에 대하여(De beata vita)』, 『질서에 대하여(De ordine)』, 『독백록(Soliquia)』 등이다

오자, 카시치아쿰을 떠나 밀라노로 돌아간다. 그 해 부활절에 알리피우스, 그리고 자신의 아들 아데오타투스도 같이 세례를 받는다.[15] 세례를 받으면서 그는 행복의 눈물을 흘렸다.

그는 에보디우스와 함께 신만을 섬기기로 약속하고 아프리카로 돌아갈 것을 결심한다. 오스티아에 도착하였을 때, 어머니가 세상을 떠난다. 그는 오스티아에서 어머니와 단 둘이 성인들의 영원한 생명이 무엇일까에 대해 즐겁게 이야기를 나누었다. 그때 어머니와 같이 행한 경험은 다음과 같다. ①여러 계층의 사물들을 통과하여 해와 달과 별들이 지상으로 빛을 보내는 하늘로 상승 ②하늘에서 아래 있는 모든 것을 명상하고 말하고 감탄하면서, 정신으로 상승하고 ③마지막으로 생명 자체, 곧 지혜 자체를 순간적으로 경험한다. 그러다 일상으로 돌아온다. 이런 경험을 하고 난 다음에 어머니는 아들이 신의 품으로 돌아온 이상, 더 살 이유가 없다고 말한다. 그리고 거의 닷새가 지났을 무렵, 열병으로 의식을 잃는다. 그러다가 다시 의식을 차리고선 오스티아에 묻어달라는 유언을 남긴다. 이는 시신을 갖고 아프리카로 돌아가는 어려움을 자식들에게 주지 않기 위해서였을 것이다. 그리고 주님의 제단에서 자신을 기억해달라고 했다. 모니카는 앓아누운 지 아흐레째 되던 날 세상을 떠난다. 그녀의 나이 56세였다.

5. 왜 아우구스티누스의 『고백록』인가?

아우구스티누스는 자신의 젊은 시절을 회상하면서 모든 일들을 죄악의 연속으로 파악하였다. 따라서 몇몇 불미스러운 일, 예를 들면 책임감 없이

---

15) 아데오다투스는 그 당시 15세였다. 그가 16세 때 아우구스티누스는 그와의 대화를 통해 『교사론(De magistro)』을 집필한다. 그는 대단히 총명했으나, 17세의 나이로 사망하고 만다

동거생활을 했던 일, 다른 사람 앞에서 웅변으로 거드름을 피운 일 등만을
죄로 여기지 않았다. 그는 오히려 겉보기에 전혀 문제가 없는 것까지도 죄
라고 여겼다. 예컨대 학생 시절 공부보다는 놀기를 더 좋아했다는 것, 구
구단 외우기에 열중하기보다는 토로이의 화재 이야기를 더 좋아했던 것,
또는 극장에 자주 가곤 한 것까지도 모조리 다 죄라 생각했다. 어디 그뿐
인가. 그는 젖먹이 때 젖을 달라고 보채며, 큰 소리로 울었던 일조차 죄를
지은 것이 아닌가 하고 반문할 정도였다. 아우구스티누스가 방황하지 않
고 처음부터 나중에 회심을 하고 난 다음에 살았던 삶을 살았다면, 과연
그렇게 존경받는 사람이 되었을까? 한 가지 분명한 것은 만약 그랬다면 그
는 더 인간적이지 않았을 것이다. 한 인간의 인간성은 그가 얼마나 참과
선을 찾아 방황하고 고민했느냐 그리고 그러한 상황을 얼마나 힘들게 넘
어섰는가로 평가한다면, 분명 아우구스티누스의 인간성은 그의 젊은 시
절의 방황 때문에 더욱 풍요롭게 되었을 것이다. 또한 이러한 사실은 사상
가 아우구스티누스의 위대함에도 영향을 미쳤다. 그는 그 이전의 어느 누
구도 못한 일을 했다. 그것은 바로 자기 자신을 사유 대상으로 삼았다는
것이다. "나에게 나는 수수께끼가 되었다"는 것이다. 이런 까닭에 그는 자
신의 생에 대해 아무런 변명 없이 솔직하게 털어 놓아 진정한 의미의 자서
전을 쓸 수 있었던 최초의 인물이 되게 된다. 그는 『고백록』에서 신과의
대화를 통해 자신이 서술하고 있는 모든 사건들 속에서 만나는 것이 바로
자기 자신임을 기록하고 있다. 그는 자신을 바라보는 가운데 인간의 본질
을 파악하기도 한다. 자신에 대한 물음은 곧 인간에 대한 물음이 되기 때
문이다. 그의 근본 신념은 오직 자기 자신을 향하는 시각 가운데서만 진리
에 도달할 수 있으며, 인간을 알 수 있다는 것이다.[16] 인간의 본질적 특성

---

16) "그대는 바깥으로 나가려 하지 말고, 그대 자신의 내면으로 되돌아가라. 진리는 인간의 내면에 깃들어
   있는 것이다."(10권 8장)

가운데 하나는 불안이다. 우리 마음은 늘 불안하다. 그는 선과 참을 소유할 때, 인간은 그러한 상태에서 벗어날 수 있다고 생각했다. 그래서 그의 『고백론』은 선과 참을 찾아 회의하고 절망하는 영혼의 좁고 가파른 오솔길이 된다. 우리는 자신과 신을 찾는 이 길 가운데서 그의 인간론을 특징짓는 자유 의지, 원죄, 은총, 믿음, 구원, 기억, 시간 등에 대한 논의가 그리고 창조주인 신의 위대하심과 전능하심에 대한 신론적(神論的) 논의가 문학적 필치로 때로는 논리적 필치로 그려지고 있음을 알 수 있다. 아마도 이런 참과 선을 찾아나서는 그의 정신적 여정이 시리아 문화, 그리스·로마 문화, 그리스도교 문화 전체를 그리스도교를 중심으로 융합함으로써, 서양의 학문적 노선을 정초하게 했을 것이다. 그리하여 그는 진정한 '서양의 스승'이 된 것이다.[17]

1, 2차 세계대전 이후 사람들은 절망과 불안이라는 어두운 그림자를 체험하면서 다시 아우구스티누스에 귀 기울이기 시작했다. 이는 그가 살았던 시대와 우리 시대의 유사성 때문이기도 하지만, 인간의 유한성에 대한 현대인의 경험 때문일 것이다. 그래서 그는 키에르케고르로부터 비롯되는 실존 철학의 선구자가 되기도 한다. 그는 보나벤투라, 안셀무스, 토마스, 에크하르트에게 직접 영향을 주었을 뿐만 아니라, 데카르트, 파스칼, 뉴만, 마리탱, 니버, 틸리히, 바르트에게서도 그의 사상은 살아 있다.

[더 생 각 해 볼 문 제]

1. 우리가 알고 있는 지식이 어떻게 확실한 지식일 수 있는지 고심해 본 적이 있는가? 만약 그런 경험이 있다면 같이 이야기해 보자.

---

17) 아우구스티누스, 플라톤, 아리스토텔레스는 서양 3대 사상가로 손꼽히고 있다

2. 우리가 알고 있는 지식들이 객관적이라고 주장할 수 있는가? 모두 다 인간 주관의 산물에 지나지 않는 것은 아닌가? 만약 우리가 알고 있는 지식들이 객관적일 수 있다고 주장한다면, 그 까닭은 무엇인가? 또 만약 우리가 알고 있는 지식들이 기껏해야 인간 주관의 산물에 지나지 않는다고 주장한다면, 그 이유가 무엇인지 같이 토론해 보자.

3. 우리는 착하게 살고 싶다. 그런데 명예심, 돈, 성적 욕망 등이 마치 피부가 우리를 둘러싸고 있는 것처럼 우리를 둘러싸고 있다. 이들로부터 자유로워지기 위해 노력한 적이 있는가? 만약 노력한 적이 있었다면, 그 노력이 성공적이었는가 아니면 수포로 돌아가고 말았는가?

[주 제 어]

자서전

자서전이 개인사(個人史)의 과정 중 인생을 통째로 바꾸는 특정 시점의 결정적 체험을 기점으로 자신의 인생을 돌이켜 해석하는 문학 장르라고 정의한다면, 아우구스티누스의 『고백록』은 자서전의 전형이다.

고백록

라틴어 Confessiones는 죄의 고백, 신의 찬양, 신앙의 선언 등의 의미뿐만 아니라 '확실한 진술' '확실한 증언' 등의 뜻도 지니고 있다. 아우구스티누스가 성적으로 방종했다고 하지만 그것은 그 자신의 해석으로 보아야 한다. 그에게 고백이란 신을 증언하기 위한 하나의 장치였다. 곧, 인간의 불완전성과 신의 무한한 은총을 부각시키기 위한 증언이었다.

은총

신은 인간의 의지가 불완전함에도 아무런 대가를 바라지 않고 인간을 사랑하신다. 그래서 신을 굳게 믿고 감사하면서 신을 향해 열심히 살 수밖에 없는 것이 인간의 삶이다. 아우구스

티누스에게 있어서 구원은 불완전한 인간이 신의 은총을 통해 완전한 인간으로 전환하는 것

이다.

한마음 깨치면 부처니,
마음 밖에 부처가 따로 없다

: 원효『금강삼매경론』

윤종갑 | 부산대학교

 **1. 이 땅의 진정한 자유인, 원효의 삶과 사랑**

원효(元曉, 617~686)는 한국이 배출한 가장 위대한 승려요 사상가이며 실천가라고 할 수 있다. 100여 부 240권(그의 현존 저술은 20부 22권)의 저서를 집필하여 불교 사상을 집대성하고 평생 민중과 함께 희로애락을 같이한 그의 일생이 이를 잘 대변해 준다. 근래에 〈한국의 위대한 사상가〉 시리즈의 발간을 위해 조사된 모 출판사의 집계를 보더라도 그를 필적할 만한 인물은 아직까지도 한국 지성사에서 존재하지 않는다. 그러나 진작 원효의 사상이 무엇인가에 대해서는 일반인은 물론 인문학자들마저도 쉽게 이야기하지 못하고 있음을 알 수 있다. 이는 단지 일반인(또는 인문학자)들이 원효의 사상에 대해 무관심했기 때문이라기보다는 그만큼 원효의 사상이 방대하고 이해하기 어렵다는 사실에서 그 이유를 찾아야 할 것 같다.

사실 원효는 일반인들에게 사상적인 측면보다는 그의 파격적인 기행과 일화 등의 측면에서 더 잘 알려져 있다. 예를 들어, 의상과의 당나라 유학 길에 무덤 속에서 해골바가지 물을 먹고 깨달음을 얻었다는 일화나 또 요석 공주와의 사랑으로 인해 설총을 낳았다는 사실, 그리고 거지들과 어울려 무애가(無碍歌)를 부르며 길거리를 떠돌았다는 얘기들이 그것이다. 말하자면 원효의 사상적 진수는 그의 화려한 개인사적인 담론에 가려져 제대로 드러나지 못했던 것이다.

원효는 신라 진평왕 39년(617)에 압량군(押梁郡) 불지촌(佛地村 : 현 경북 경산시 자인면)의 북쪽 밤골 사라수(娑羅樹) 아래에서 태어났다. 할아버지는 설(薛)씨 잉피공(仍皮公), 아버지는 담날(談捺)로 중하위 관직에 해당하는 나마(奈麻 : 17官位 중 제11位)의 지위에 있었다. 어릴 때 이름은 서당(誓幢) 또는 신당(新幢)이라 하였는데, 이 당(幢)이란 속언으로는 '털'[毛]을 의미한다. 따라서 원효의 어릴 때 이름은 '새털[誓幢, 新幢]' 이었음을 알 수 있다. 원효(으뜸 元, 새벽 曉)란 법명은 '첫새벽' 을 의미하는 것으로, 그의 삶 자체가 '파격적이면서도 신선한 충격' 으로 가득 차 있음과 일치한다. 원효의 유소년기를 비롯한 젊은 날의 행적에 대해서는 남아 있는 자료가 거의 없어 자세히는 알 수 없지만 다음과 같은 몇 가지를 추정할 수 있다.

1) 태어난 지 얼마 지나지 않아 어머니를 여위었다.

2) 어릴 적부터 사색적이었으며 특정한 교육은 받지 않았다. 대신 화랑도 출신으로서 무예 등에 뛰어났다.

3) 출가 시기는 그의 나이 16세쯤이다.

4) 출가의 계기는 어머니의 죽음과 화랑도로서 전투에 참가하여 죽음을 목격함으로써 생에 대한 무상감에서 비롯되었다고 한다.

5) 출가 후 특정한 스승 밑에서 공부하지 않고 주로 독학하였다.

6) 교학뿐 아니라 수행 역시 철저하였다.(『발심수행장』 『大乘六情懺悔』)

7) 두 번에 걸쳐(34세, 45세) 당나라 유학을 시도하였지만, 첫 번째는 요동 땅에서 고구려

수비군에게 붙잡혀 좌절되고, 두 번째는 깨달음을 얻어 스스로 포기한다. 즉, 의상과 함께 2차 유학을 시도하였지만, 원효는 무덤에서 일체가 일심(一心)의 차별상에서 비롯된 것임을 깨닫고 곧바로 신라로 되돌아와 포항 오어사(吾魚寺)에 머무르며 주로 혜공(惠空)과 교우하면서 지냈다.

8) 태종무열왕(김춘추)과 세 번째 부인인 보희(寶姬)와의 사이에 태어난 것으로 추정되는 요석(瑤石) 공주와의 사랑으로 우리나라의 18현(海東十八賢) 중의 첫 번째로 숭상되는 설총(薛聰)을 낳다. 이후 속복으로 갈아입고 스스로를 소성거사(小性居士)라 칭하며 무애의 보살행을 하다.

9) 682년 신문왕 2년(66세), 이 무렵 대안(大安)법사와 교분을 맺으면서 『금강삼매경론』을 짓고 백고좌법회에 초청되어 사자후를 토하다. 이로 인해 당시 불교계를 평정하였다.

10) 말년에 절필을 선언하였다. 『화엄경소』를 집필하다 제4 「회향품」을 끝으로 절필하다.

11) 686년(신문왕 6)에 70세로 혈사(穴寺)에서 홀로 입적하였다. 설총이 아버지의 유해(遺骸)로 소상(塑像)을 조성하여 분황사에 봉인하다.

이러한 사실들을 감안할 때 어릴 때부터 인간과 세계의 근원에 대한 사색적이고도 철학적인 경향이 강하였으며 또한 특정한 집단에 매이지 않는 자유로운 기질의 소유자였음을 알 수 있다. 그 결과 주로 홀로 독학하며 수행함으로써 특정한 당파(黨派)나 학파, 그리고 종파에 얽매이지 않고 독창적인 그의 사상을 자유롭게 표출할 수 있었다.

2. 원효사상의 시대적 · 사상적 배경

원효사상의 핵심은 일심(一心)사상과 화쟁(和諍)사상, 그리고 무애(無碍)사상이라 할 수 있는데, 이는 당시의 정치적 상황과 사상적 풍토 속에서 자연스럽게 형성된 것이라고 할 수 있다. 먼저 정치적으로 볼 때, 원효가

활약한 7세기 중반의 신라는 삼국 가운데 제일 약소했던 국가였고, 6가
야 인민들과의 알력으로 내부의 문제 또한 복잡하였다. 즉, 당시 가장 정
치적으로 강한 흐름은 진골 출신(성골이라고도 함)의 김춘추와 대가야
출신인 김유신의 연합세력에 의해서 주도되었다. 다시 말해 성골 출신이
와해됨으로써 새로운 권력 형성이 요동치는 시대였던 것이다. 따라서 외
부(삼국)의 통일뿐만 아니라 내부의 통일이 절실한 시대였다. 김춘추는
내부의 통일을 외부의 통일과 연관시켜 정치적 권력을 김유신을 통해 성
공적으로 성취한 인물이다. 원효는 삼국의 전쟁과 통일을 겪으면서 정복
자(신라)와 피정복자(가야, 백제, 고구려), 지배자(왕족·귀족)와 피지배
자(서민·노비), 성(聖:출가승)과 속(俗:재가자), 피안(彼岸:사후의 정토)과 차
안(此岸:현재의 세속) 등의 대립과 차별을 철폐하고 통일과 화합을 지향하
고자 하였다.

　사상적으로 볼 때, 불교가 신라에 전입된 지 거의 100년이 되었던 시기
로 불교가 토착화되어 한국적 불교로 정립되어 가던 시대이다. 그런 만큼
이론 논쟁이 치열하였고 새로운 사조에 대한 열망도 대단하여 당시 중국
에 속속 유입되던 인도의 최신 학풍을 접할 수 있는 중국 유학을 거치는
것이 당시 최고의 엘리트 코스였다. 특히 구마라집(鳩摩羅什:344~413 또는
350~409)과 진제(眞諦:499~569)의 구역(舊譯)이 당시 당나라의 현장(玄
奘:602?~664)에 의해 신역(新譯)으로 대체되는 과정에 있었기 때문에 기존의
학설을 유지하고자 하는 학파와 새로운 학설을 유입하고자 하는 학파 간
에 논쟁이 치열하게 벌어지던 시기였다. 예컨대 당시 가장 유행하였던 학
문은 유식(唯識)이었고, 유식 중에서도 구역[진제 역의 『섭대승론(攝大乘
論)』에 바탕한 섭론종(攝論宗)]의 9식(識)에 대항한 8식[현장 역의 『成唯識
論』에 바탕한 법상종(法相宗)]의 도입이 강력히 제기되었다. 유식은 중관사
상에 대한 대항 세력으로 나타난 것으로 실제 그 본바탕은 공(空)과 연기
(緣起)를 중심으로 하는 심식설(心識說)이다. 따라서 원효는 크게는 중관과

유식의 통일을 지향했고 유식 가운데서도 구역과 신역의 조화를 지향했다. 이처럼 그의 사상은 화쟁으로 나아갈 수밖에 없었던 시대 상황의 소산으로써,『금강삼매경론』의 주제 역시 이에 바탕하고 있다.

당시 신라 승들은 왕권파(해외유학파)와 민중파(국내파)로 이분할 수 있었는데, 왕권파는 주로 왕족 출신으로서 원측(圓測:613~696), 원광(圓光:?~630), 자장(慈藏:610~654), 의상(義湘:625~702) 등이 속하며 민중파는 낭지(朗智:661~681), 혜공(惠空:780~785), 대안(大安:571~644) 등 주로 말단 관직 내지 서민 출신들이다. 원효는 민중파의 대표 주자로서『금강삼매경론』를 강설함으로써 왕권파와 동등한 지위에 올라서게 되었다.

3. 원효사상의 철학적 체계

원효의 중심사상이 무엇인가에 대해서는 많은 논의가 되어 왔지만 아직까지도 일치된 결론에 이르지 못하고 있다. 그는 중관(中觀)·유식(唯識)·화엄(華嚴)·여래장(如來藏)을 비롯한 불교의 여러 사상들을 폭넓게 섭렵하였을 뿐만 아니라 심지어 노장사상과 유학에도 깊은 이해를 갖고 있었다. 100여 부에 이르는 그의 방대한 저술과 저술에 인용된 수많은 경전을 참작해 볼 때, 원효사상은 말 그대로 불교의 백과전서 내지 8만 대장경 그 자체라고 할 수도 있다. 이러한 그의 사상의 방대함과 다양성으로 인해 그 사상적 특징과 핵심을 파악하기란 쉽지 않다. 그 중 대표적인 평가만을 살펴보더라도 학자의 관점과 이해도에 따라 화쟁사상, 일심사상, 여래장사상, 화엄사상 등으로 의견이 다르다. 그러나 이러한 각각의 평가는 원효사상의 중요한 면을 지적하고 있지만 원효사상의 전체를 아우르는 데에는 한계가 있는 것으로 생각된다. 왜냐하면 화쟁사상과 일심사상은 그 포괄성으로 인하여 다른 불교 사상과의 경계가 애매하며, 일심과 여래장은 불성(佛性)을 그 본바탕으로 한다는 점에서 구분이 쉽지 않다. 또한 화엄 사상이라고 할 경우에도 중국 화엄종의 연장선상에서 이해될 소지가 있기 때문에 원효사상의 독자성을 보여주는 것으로 간주하기는 힘들다.

교리적인 측면에서 뿐만 아니라 실천적인 면에 있어서도 원효에 대한 평가는 단선적이지 않다. 원효는 엄격한 수행자로서의 선사적인 면모와 계율을 파괴한 파계승이라는 이중성을 갖고 있기 때문에 그의 삶을 단면적으로 평가할 수가 없다. 교화의 대상과 방법에 있어서도 왕실과 서민을 오가며 자유롭게 설법하고 함께 어울려 동고동락하는 그의 무애행(無碍行)은 일반적인 관점으로는 쉽게 이해할 수 없다. 심지어 이율배반적인 행위로 까지 여겨지는 그의 삶을 통일적이고 연속적으로 파악하여 묶어낼 수 있는 논리적 준거는 무엇일까?

원효의 사상과 삶은 그 각각으로 보아도 이해하기가 곤란하지만, 더구나 사상과 삶을 연결시켜 총체적으로 파악하기란 더욱 힘들다. 그렇지만 원효라는 한 인격체 안에서 형성되고 드러난 사유방식과 실천이라면 분명 그 전체를 엮어낼 수 있는 철학적인 체계를 갖고 있을 것이다. 필자는 그것이 다름 아닌 일심과 화쟁, 그리고 무애라고 생각한다. 왜냐하면 원효의 사상 전체는 이 3가지에 의해 체계적으로 묶어낼 수 있으며, 모순 없이 설명되기 때문이다.

원효사상의 출발점은 일심(一心)이다. 생사와 열반, 윤회와 해탈이 일심에서 비롯되는 것으로 한마음 깨치면 생사와 열반이라는 이분화된 경계와 분별을 지워버리게 된다. 그리고 이러한 일심에 근거하여 모든 차별상과 분별심을 논리적으로 하나로 귀일(歸一)시키는 원리가 화쟁사상이다. 따라서 화쟁의 근거는 일심이며, 일심이기 때문에 시비와 논쟁을 벌일 필요가 없다. 그러한 의미에서 일심사상이 원효사상의 존재론적 토대라면 화쟁사상은 인식론적 토대라고 할 수 있다.

여기서 일심사상이 원효사상의 존재론적 토대가 된다는 것은 세계의 본

체를 마음에 두고서 일체가 마음 작용에 지나지 않는다는 것을 의미하는
것으로, 유식사상을 지반으로 하는 것이다. 그리고 화쟁사상이 인식론적
토대가 된다는 것은 모든 차별과 분별은 실제 언어와 논리에 기대어 발생
하는 것으로 원효의 관점에서 보자면 그러한 시비 여부는 결국 언어와 논
리를 벗어날 때 조화와 평등이 가능하다는 것이다. 이는 중관사상의 논리
에 바탕한 것이다. 이 세계가 일심에서 비롯된 하나의 본체로서 차별적인
것이 아니라면 선과 악, 옳음과 그름, 윤회와 열반 역시 단순한 명칭(개념)
에 지나지 않는 것으로 인간의 행위 기준이 될 수 없다. 원효는 이분론적
대립과 분열을 넘어서서 걸림 없는 자유의 몸짓을 보여주었는데 이러한
무애행의 실천, 즉 가치론적 체계는 여래장사상에 바탕한 것으로 보인다.
성과 속에 매이지 않으면서도 이 둘을 포섭해나가는 원효의 무애행은 인
간이 갖고 있는 중생심이 곧 불성이라는 여래장사상에 토대하고 있기 때
문이다. 따라서 원효사상의 철학적 체계는 존재론적으로는 일심의 유식
사상, 인식론적으로는 화쟁의 중관사상, 그리고 가치론적으로는 무애의
여래장사상으로 이루어져 있다고 할 수 있다.

　이 3가지 사상은 원효의 모든 저술에 공통적으로 나타나는 것이다. 그
러나 저술에 따라 특정 사상이 강조되거나 약화되기도 한다. 예컨대 원효
의 많은 저서 중에서 가장 대표적인 것은 『대승기신론소』와 『십문화쟁
론』, 그리고 『금강삼매경론』이라 할 수 있는데, 『대승기신론소』에는 '일
심사상'이, 『십문화쟁론』에는 '화쟁사상'이, 그리고 이 글에서 살펴보고
자 하는 『금강삼매경론』은 '무애사상'이 도드라진다. 다시 말해 초기 저
작인 『대승기신론소』에서 원효는 깨달음의 원천(일심)에 대해 이론적으
로 밝혀내는 데 주안점을 두고 있으며, 중기 저작이라 할 수 있는 『십문화
쟁론』에서는 여러 이론을 하나로 화해(화쟁)시키고자 하였다. 그리고 말
기 저작이라 할 수 있는 『금강삼매경론』에서는 깨달음의 원천인 일심을
어떻게 꽃피울 것인가 하는 실천행에 역점을 두고 있다. 즉 『금강삼매경

론』은 일심과 화쟁에 토대하여 깨달음의 실천행으로서 무애사상이 강조되고 있는 원효사상의 결정판인 것이다.

4. 『금강삼매경』과 『금강삼매경론』

원효의 『금강삼매경론』은 『금강삼매경』을 주석한 것이다. 그런데 『금강삼매경』에 대한 최초의 기록은 양(梁)나라 승우(僧祐:445~518)의 『출삼장기집(出三藏記集)』에 나온다. 이 기록에 따르면, 도안(道安:314~385)의 『양토이경록(凉土異經錄)』(현존하지 않음)에는 『금강삼매경』 1권(역자 불명)이 있다고 되어 있지만 현재 전해지지 않는다고 되어 있다. 그 이후 계속 현존하지 않는 것으로 여겨지다가 730년의 경전 목록에는 『금강삼매경』이 현존하는 것으로 되어 있다. 몇 백 년 동안이나 없어졌던 경전이 새로 나타난 것이다. 그런데 실제 『금강삼매경』을 발견했다고 하기보다는 신라의 원효가 지은 『금강삼매경론』이란 3권짜리 주석서가 중국으로 수입되어 그것을 전거(典據)로 『금강삼매경』의 현존을 주장한 것이라고 볼 수 있다.

『금강삼매경』에는 이입설(二入說)이 나타나는데, 보리달마의 이입사행설(二入四行說)이 바로 『금강삼매경』에 근거한 것으로 간주되어 선서(禪書)의 종맥(宗脈)으로서 숭상되었다. 그러나 1955년에 이 경전은 번역 경전이 아닌 한문으로 찬술된 경전이라는 주장이 제기되었다. 즉 이 경전에 현장의 신역 용어가 나타난다는 것 등을 지적하면서 오히려 보리달마의 이입사행설에 경전적 근거를 확실히 제공하기 위해서 650~665년 무렵에 중국에서 만들어진 위경이라는 주장이 나온 것이다. 이러한 주장 이후에 경전의 제작자와 제작지에 대해 많은 논쟁이 이루어졌지만 아직까지도 결론을 내지 못하고 있다. 예컨대 당나라 초기 중국에서 종래의 불교학설에 통한 자가 불교의 여러 학설을 망라하여 지었다는 설, 우리나라 최초의 선승인 법랑이 지었다는 설, 대안이라는 설, 대안 내지 혜공이라는 설, 원효가 먼저 『금강삼매경론』을 쓰고 대안이 『금감삼매경』으로 정리했다는 설, 거사를 이상으로 하는 인물이 제작했다는 설, 한국에서 거사 비슷한 신분을 가진 사람 그룹에서 만들었다는 설 등 여러 학설이 분분하다. 현재의 연구 동향을 보면 중국보다는 한국에서 찬술되었다는 설이 좀 더 설득력을 얻어가고 있다. 경전이 나오게 되는 과정을 설명한 『송고승전』의 기록을 보아도 그러하고, 원효의 주석과 함께 이 경전의 존재가 널리 알려졌다는 사실에서 그러한 이유를 찾을 수 있는 것이다.

5. 『금강삼매경론』의 전체적 짜임과 특징

『금강삼매경론』에는 총 30여 종의 문헌이 88회에 걸쳐서 인용·언급되고 있다. 또한 『금강삼매경론』에 원효 자신의 저술인 『기신론별기』 『이장장』 『대승기신론소』 등이 인용된 것으로 보아 『금강삼매경론』은 그의 말년에 저술된 것임을 알 수 있다. 그리고 근래에 『금강삼매경』이 중국에서 만들어진 위경(僞經)이 아닐까 하는 의문을 제기하는 학자가 있지만, 진작 원효 자신은 전혀 그런 내색을 보이고 있지 않다. 오히려 『대승기신론』이나 진제(眞諦) 삼장(三藏)의 구식설(九識說)이 『금강삼매경』에 근거한다고 말하는 것으로 보아 『대승기신론』이나 진제 구식설의 소의경으로 간주하고 있다. 또한 인용 회수로 볼 때, 기신론 계통의 경전이 월등하며 『본업경(本業經)』(10회)과 『능가경』(8회)이 많이 인용되고 있는데, 이는 『금강삼매경론』의 보살계위설(菩薩階位說)을 『본업경』의 52위설을 바탕한다는 점과 일심의 실천행의 근거를 『능가경』에서 찾고 있기 때문이다. 이러한 사실들을 종합해 볼 때, 『금강삼매경론』은 일심에 근거하여 깨달음에 이르는 보살의 실천 수행에 관해 설명한 경전이라 할 수 있다.

원효의 주제 가운데 하나인 『대승기신론』의 주제는 일심이문(一心二門)의 체계 속에 진여와 속됨이 서로 걸림 없이 융합하여 대승의 본체(體)가 됨을 밝히는 것이다. 그런데 『금강삼매경론』의 핵심은 그러한 대승의 본체를 성립시키는 일심의 실천수행을 제시하는 데 있다. 따라서 『금강삼매경론』의 전체 체계는 어떻게 깨달음에 이를 것인가 하는 실천적인 수행의 입장에서 일심을 분석하고 있다. 이에 따라 『금강삼매경론』은 무엇보다 일심에 근거하여 모든 분별적 상(相)을 깨뜨려 일심의 법을 세우고자 한다. 상에 매이지 않고 마음을 내는 것, 그것이 완전한 자유인 것이다. 무애, 무심의 마음이 이에 해당한다. 매이지 않고 마음을 내는 그것이 바로 마음의 본래 모습인 것을 확인함으로써 이미 자신이 일여(一如:여래)의 본각을 갖고 있음을 깨달아 중생을 이익 되게 하는 것이다.

『금강삼매경론』에서는 그러한 보살행을 이입(二入)과 행입(行入)의 실천 체계를 통해 수행하게 하며, 그 결과 모든 공덕과 수행의 덕을 갖춘 진여의 법[진성(眞性:불성)]을 획득한다. 진여의 법은 개념과 자성을 모두 벗어난 것인데, 개념을 벗어났다는 것은 망상을 벗어난 것이며, 자성을 벗어났다는 것은 진여의 법 자체에도 매이지 않는다는 것이다. 이처럼 망상을 벗어났기 때문에 망상이 공(空)이며 진여의 법에도 매이지 않기 때문에 진여의 법 또한 공하다. 『금강삼매경론』은 망상은 물론이거니와 진여의 법조차도 벗어나는 원융무애한 일심의 세계를 보여주고 있다.

6. 『금강삼매경론』의 중심사상은 무엇인가

1) 하나를 관통하면 전체를 꿰뚫는다(一味觀行)

　원효는 『금강삼매경론』에서 『금강삼매경』의 주제가 일미관행임을 밝히고 있는데, 일미란 개념은 일심과 더불어 원효사상의 핵심 개념 중의 하나이다. 일미(一昧, eka-rasa)란 모든 현상[事]과 본체[理]가 두루 평등하여 차별이 없음을 뜻한다. 즉, 8만 4천 법문이 사실은 ‘일심’ 하나에 귀착된다는 것이 바로 일미이다. 예컨대, 여러 골짜기에 흐르는 물이 결국은 큰 바다에 이르듯 여러 경전의 수천의 가르침 역시 전부 부처의 큰 가르침으로 귀착되는 것을 비유하여 ‘일미’라 한다. 일미란 이해하기 어려운 일심의 개념을 물과 바다에 비유하여 알기 쉽게 풀이한 용어 중의 하나인 것이다. 따라서 일심을 제대로 이해하면 일미란 개념은 자연스럽게 이해된다.

　원효에 의하면 일심은 이 세계의 근원인데, 일심을 잘못 사용함으로써 모든 현상과 차별이 나타난다. 일심은 크게 두 가지 모습으로 드러나는데, 하나는 마음의 본래의 모습[心眞如門]이고, 또 하나는 마음의 움직이고 변화하는 측면[心生滅門]이다. 따라서 심진여문과 심생멸문은 한 마음(일심)의 두 가지 측면(작용)으로서 결코 서로 분리시킬 수 없는 일심이문(一心二門)의 체계이다. 우리의 마음은 하나인데, 외물에 얽매이지 않고 있는 그대로 보는 마음과 외물에 얽매여 갖가지 차별적인 모습과 느낌으로 보는 마음으로 나누어지는 것이다. 예컨대 바닷물은 하나(一心)인데 그러한 바다를 있는 그대로 보는 마음(심진여문)과 일렁이는 파도에 사로잡혀 파도의 물결을 바다로 생각하는 마음(심생멸문)이 그것이다. 우리는 저 바다는 종일토록 물결치면서도 끝내 ‘바다’ 그 자체에는 전혀 아무 변화도 없다는 것을 일상의 경험을 통해서 쉽게 알 수 있다. 즉, 그 겉모습의 물결은 끊임없이 움직이고 변화하는 듯이 보이지만, 그 본체인 ‘바다’는 늘 그대로인 채로, 늘고 주는 일도 없고(不生不滅), 가고오고 하는 일도 없는(不來不去) 것이다. 이것이 곧 세계의 본 모습(實相)으로서 『금강삼매경론』의 「무상법품(無相法品)」과 「무생행품(無生行品)」의 주제이기도 하다. 즉, ‘일체만유가 생겨나는 일도 없고 사라지는 일도 없는 진리’(無生法忍)인 것이다.

일심의 본래 모습이 그러한 것으로서 일심의 본 모습은 우리가 태어나기 이전에도 그러하였으며 우리가 죽은 후에도 그러한 것으로 우리의 생사의 영향을 받지 않는다. 그래서 원효는 『금강삼매경론』「무생행품」의 주제를 '일체만유가 일어남이 있다는 것에 대해서도 마음을 일으키지 말고, 일어남이 없다는 것에 대해서도 마음을 일으키지 말라'로 삼았다. 그러한 의미에서 일심은 무심(無心)이다.

　우리는 흔히 마음을 생물학적인 입장에서 파악한다. 살아 있는 신체의 감각적·정신적 작용으로서 마음을 규명하고자 하는 것이다. 이때 가장 논쟁이 되는 점은 인식과 본성의 문제이다. 즉, 우리는 세계를 어떻게 인식할 수 있으며 또 우리가 인식한 것이 얼마나 객관적이고 타당한가 하는 문제이다. 다음으로 인간의 본성에 관한 것인데, 인간의 본성은 선한 것인가 아니면 악한 것인가 하는 문제이다. 그런데 인식의 문제는 불교에서 아주 중요한 문제로 다루어진 데 비해 본성의 문제는 깨달음을 추구하는 불교의 관점에서는 그다지 중요하게 다루어지지 않았다. 외부의 대상을 어떻게 파악할 것인가 하는 문제는 깨달음과 직결되는 문제로서 불교의 핵심이 되는 것인데 반해 불성을 전제로 하여 깨달음을 추구하는 불교의 입장에서는 선악의 문제는 본질적인 것이 아닌 2차적인 문제로 간주되었기 때문이다.

　원효는 마음의 본성의 문제를 선악의 문제가 아닌 인식의 문제로서 접근하고 있다. 이른바 있는 그대로 인식하는 측면[本覺]과 왜곡하여 인식하는 측면[始覺]으로 나누고 있다. 원효에 따르면, 있는 그대로 인식하는 인간 본래의 청정한 마음은 깨달음 그 자체[本覺, 맑고 청정한 마음]이다. 그러나 대부분의 인간은 아집과 편견, 이기심 때문에 그 본래의 청정한 마음이 오염되어[始覺, 무명의 훈습으로 인해 미혹에 물든 마음] 있는 그대로 인식하지 못하고 온갖 번뇌 망상에 얽매여 인식하며 괴로워하는 중생(衆生)의 삶을 살고 있다. 고통이 발생하는 것은 청정한 본각(本覺)이 오염되어 시각(始覺)으로 바뀌었기 때문이다. 따라서 원효에 있어 수행이란 오염된 시각을 청정한 본각으로 정화하는 것이다. 그러기 위해선 원효는 일심 사상을 통하여 인간의 마음[心識]을 깊이 통찰하여 본래의 마음[本覺]으로 돌아가는 것, 즉 귀일심원(歸一心源)을 궁극의 목표로 설정하고 육바라밀(六波羅蜜)의 실천을 강조한다. 이때 일심의 실현으로서 드러난 것이 일미이다.

원효는 일미의 개념을 『금강삼매경론』에서 집중적으로 다루고 있는데, 일미를 일심의 본래성을 회복하기 위한 실천적 원천으로 삼고 있다. 원효는 일심을 실천으로 연결하기 위한 관법과 행법으로서 일미를 내세우고 있는 것이다. 다시 말해 일심과 일미는 본질적으로 같은 개념이지만, 일심이 내재적 · 본체적인 성격이 강한 데 비해 일미는 일심이 외재적 · 현상적으로 실현되어 드러난 것이다. 그러한 의미에서 도가사상의 도와 덕에 해당한다고 볼 수 있다.

일미는 일심에 바탕하기 때문에 진과 속에 매이지 않으면서도 유와 공을 버리지 않는다. 그러한 일미의 실천적 행위가 일미관행인 것이다. 다시 말해 일미는 경(대상)에 대해 얽매이지 않는 마음과 행에 있어서 사상(四相)에 얽매이지 않는 상태가 '합일된 마음의 경지' 인 것이다. 따라서 일미란 본체로서의 일심이 대상과 관계할 때의 다른 표현이라 할 수 있다. 심층적 원천으로서 일심이라 표현하지만, 변화 · 작용하는 현상적 실상이 일미인 것이다.

모든 것이 여래의 일미의 설에 따라 끝내 일심지원(一心之源)으로 돌아갈 수밖에 없다. 심원(心源)으로 돌아가면 모든 것이 전부 무소득(無所得)인 까닭에 일미라고 하니, 곧 이것이 일승이다.

결국 일미의 능동적 표현은 일심의 원천(체)으로 돌아가는 것이고, 돌아갔을 때 곧 일심=일미=일승이 되는 것이다.

2) 마음으로서 마음을 보라(唯識思想)

원효의 『금강삼매경론』은 유식사상에 토대하여 중관사상을 화쟁시키기 위해 저술된 책이라고 할 수 있다. 따라서 『금강삼매경론』의 전체적 바탕은 유식과 중관이 되며, 특히 마음으로서 마음을 파악하는 유식사상이 그 핵심을 이루고 있다. 이 세계는 인간의 마음이 만들어낸 것이며, 또한 그러한 세계를 마음으로 파악할 수 있다는 것이 유식사상이다.

유식사상은 존재의 근원을 대상 세계에 두지 않고 인간의 의식에서 찾는다. 즉, 유식사상은 인간 존재의 유한성과 인간 인식의 한계성, 심층 심리와 거기에 잠겨 있는 이기성의 실태를 속이거나 타협하지 않고 정면에서 진지하게 추구하며 진실한 자기의 모습을 마음의 눈으로 탐색하는 것이다. 즉 일체의 존재가 마음(識)의 작용에 의해 만들어진 것으로 간주한다[一切唯心造].

유식사상은 크게 무상유식과 유상유식으로 나눌 수 있는데, 대혜(安慧:510~570)로 대표되는 무상유식(無相唯識)은 인식 대상과 인식 주관 모두가 허망한 것으로 보는 데 반해 호법(護法:530~561)으로 대표되는 유상유식(有相唯識)에서는 인식 주관의 허망성을 인정하면서도 그 허망성의 현실상을 있는 그대로 인식하고자 한다. 그러한 의미에서 외부의 대상을 일체 부정하는 무상유식과는 달리 유상유식은 외부의 대상을 어느 정도 인정하는 셈이다. 원효는 『금강삼매경론』에서 무상유식과 유상유식의 문제를 마음의 순수성과 연관하여 진지하게 검토하고 있다.

유식사상은 흔히 팔식(八識)에 의해 설명한다. 팔식이란 인간의 마음이 표층에서 심층을 향하여 8가지의 중첩된 구조를 가지고 있다는 것이다. 즉, 제1식(眼識), 제2식(耳識), 제3식(鼻識), 제4식(舌識), 제5식(身識), 제6식(意識), 제7식(末那識, mono-vijñāna), 제8식(阿賴耶識, laya-vijñāna)의 구조이다. 그런데 원효는 여기에다 제9식(阿摩羅識, amala-vijñāna)을 더하여 마음의 구조를 9가지로 나누어 분석한다. 제9식은 무구식(無垢識), 청정식(淸淨識), 여래식(如來識)으로 일컬어지는 것으로 진제(眞諦:499~569) 계통의 섭론종(攝論宗)에서 세운 것이다. 이에 반해 팔식은 현장(玄奘:600~664) 계통의 법상종(法相宗)에서 고수한 이론이다. 그런데 섭론종이 무상유식을 주창한 데 반해 법상종은 유상유식을 지향하여 당시 불교계의 가장 큰 논쟁거리가 되었다. 원효는 진제 계통의 입장을 받아들여 『금강삼매경론』에서 9식으로 인간의 마음 구조를 분석하고 있는데, 이것은 일심의 순수성을 강조함으로써 제8식 마저도 미혹한 것으로 파악하여 제9식의 청정한 식으로 전변시키려는 의도에서였다. 즉 8식까지의 8가지 마음의 구조로는 마음의 청정성과 오염성의 관계를 완전하게 해명할 수 없다고 생각하였다. 일반적으로 제8식 자체는 선도 악도 아닌 행위의 과보가 저장된 창고에 비유되고 있다.

8식이 마음의 구조를 보여주는 법(진리)의 세계라면, 그 법에 따라 법성(진리의 성품)의 세계도 설해진다. 법과 법성은 같은 것도 아니지만 다른 것도 아니라는 게 불교적 관점이다. 이 점을 유식은 3성설로써 체계화하였다. 3성설의 첫째는 변계소집성(遍計所執性)으로서 인식작용이 잘못된 분별에 의해 붙잡히는 것을 말한다. 여기서 생기는 것은 실재하지 않는 거짓 존재로서, 상상으로만 존재하고 실제로는 없는 뿔 달린 토끼 같은 것들이다. 둘째는 의타기성(依他起性)으로서 다른 것에 의존하여 생겨난 것이다. 여기서 생기는 것은 지속적인 성질을 갖지 않는 일시적이고 무상한 존재로서, 인연에 의해 생겼다가 사라지는 수레와 같은 것이다. 스스로 존재하는 것이 아니라 여러 요인들의 결합에 의해서만 존재하므로 영속적인 실재성이 없다. 셋째는 원성실성(圓成實性)으로서 모든 것이 원만히 성취되는 있는 그대로의 참된 성질이다. 거짓되거나 일시적인 성질이 전혀 없는 진실한 존재로서 진여(眞如)이다.

원효는 『금강삼매경론』에서 9식이 의타기성(依他起性)이고, 그 의타기성에 의해 임시로 존재하는 세계에서 우리들은 스스로와 법(여러 존재)이 실제로 존재한다고 착각하는 변계소집성(遍計所執性)에 빠져 있다고 한다. 그러나 의타기성은 실체적 존재가 아니라 연기적인 관계 속에 있으며, 따라서 공의 세계이므로 그 공을 성립시키고 있는 공성의 세계가 그 의타기성에 즉응해 있다고 본다. 바로 여기서 '공성=법성=원성실성=일심'의 관계가 성립한다. 즉 의타기성(識)이 원성실성(圓成實性)으로 바뀌는 것이 아니라, 서로 의존적으로 관계하고 있는 존재 그 자체가 곧 사물의 본 모습으로서 원성실성인 것이다. 그러므로 원성실성은 사물의 본래 모습 그대로이기 때문에 일심의 모습이기도 하다. 즉 원효에게 있어 법성과 원성실성은 일심으로 통한다. 원효는 이러한 관점에서 유식을 파악했기 때문에 청정한 마음이 구족되어 있는 제9식과 식의 원천이라고 할 수 있는 일심을 상정할 수밖에 없었으며, 9식에 의거할 때 세계를 온전히 파악할 수 있다고 생각했다. 이처럼 원효의 일심은 진여(眞如 : bhūta-tathatā 혹은 tathatā), 즉 우주에 두루 퍼져 있는 진실한 본체로서의 원성실성이 되는 것이다.

　원효는 일심을 절대불변의 심진여문(心眞如門)과 무명에 의하여 생명을 일으켜 더러움과 깨끗함의 차별현상을 형성하는 심생멸문(心生滅門)을 두어, 불변의 진여를 불변진여(不變眞如), 인연에 따라 생멸하는 더러움과 깨끗함 등의 현상을 수연진여(隨緣眞如)로서 설명한다. 그런데 원효는 『금강삼매경론』에서 심생멸문이 완전히 그쳤을 때, 모든 식이 고요하게 가라앉아 오염된 마음이 일어나지 않는다고 하였다. 식이 고요하게 안정되면 차별적 현상과 흐름이 사라지고 대신 원만한 법계와 지혜가 발생하여 원성실성으로서 일심이 드러난다. 원효는 이처럼 『금강삼매경론』에서 유식사상에 토대하여 일심을 해석하였던 것이다.

3) 온 우주는 한 가족이요 한 몸이다(中觀思想)

원효는 『금강삼매경론』에서 일심의 의미를 불교의 핵심 사상인 공사상
과 연관하여 설명하고 있다. 공사상은 연기설에 토대하여 이 세계 전체가
서로 의존적으로 연결되어 있는 하나의 몸체라는 것이다. 그러한 의미에
서 공은 원효에게 있어 일심에 해당하는 것이다. 불교사상사에서 공사상
을 체계적으로 확립한 학파는 중관학파인데, 원효의 『금강삼매경론』에는
중관학파의 공사상이 잘 드러나 있다.

원효는 공사상을 다양한 경전에 의거하여 이해한다. 즉 그의 공 이해는
초기불교와 대승불교 전체에 걸쳐 있으며, 특히 대승불교의 중관사상에
집중되고 있다. 공에 대한 원효의 이해에 있어 특징은 공의 차원[높낮이]
을 기준으로 한 것이 아니라, 인식의 대상과 인식의 주체에 근거하여 공을
분류하고 있다는 점이다. 즉, 인식의 주체를 구성하고 있는 감각기관과 의
식, 인식의 대상이 되는 현상적 세계, 현상적 존재의 최종 근거인 아리야
식, 그리고 현상적 존재에 대한 그릇된 인식을 떠나 실상을 여실하게 파악
하는 반야 등 불교의 인식론과 존재론에 근거해서 공을 분류한 것이다. 따
라서 원효에게 있어 공은 세계의 실상을 있는 그대로 파악하는 진리의 도
구[인식론적 틀]일 뿐만 아니라 진리 그 자체[존재론적 실상]이기도 한 이
중적 의미를 갖는다. 원효는 공을 진리[진여]와 연관시켜 다음과 같이 설
명한다.

오공[三有·六道·法相·名相·心識의 공함]은 곧 세 가지 진여(眞如)를 나타낸
것이니, 무엇이 세 가지인가? 첫째는 유전진여(流轉眞如)이고, 둘째는 실상진여
(實相眞如)이며, 셋째는 유식진여(唯識眞如)이니, 이 뜻은 『현양론(顯揚論)』에서
자세하게 설한 것과 같다. 이 가운데 앞의 두 가지 공은 곧 앞의 두 가지 진여
이고, 뒤의 세 가지 공은 세 번째 진여이니, 이 뜻이 무엇인가? 처음에 '삼유(三

有)가 공'이라고 한 것은, 삼유에 대한 애착으로 말미암아 삼계(三界)에 유전하지만, 삼계에 유전하는 것은 전후의 자성(自性)이 없어서 찰나도 머무름이 없어서 공하여 얻을 것이 없으니, 바로 이것이 유전진여문이다. 두 번째 '육도(六道)의 그림자가 공'이라고 한 것은, 선악 업의 각각 두 가지 품(品)으로 말미암아 육도의 과보(果報)가 본체와 비슷하게 그림자를 나타내지만, 그림자는 본체를 떠나지 아니하여 공하여 얻을 것이 없으니, 바로 이것이 실상진여문이다. 뒤의 세 가지는 유식진여문이다. 앞의 두 가지는 취하려는 대상인 개념[義]과 언어[名]를 버리는 것이니, 개념과 언어는 서로 객체가 되어 실체를 이루지 못하기 때문이고, 뒤의 한 가지는 취하는 주체인 심식(心識)을 버리는 것이니, 인시주체[能]와 인식대상[所]이 서로 의지하여 홀로 성립하지 못하기 때문이다.

— 『금강삼매경론』, 「입실제품(入實際品)」

인용문에 나타나듯이 원효는 공을 다섯 가지[三有空 · 六道空 · 法相空 · 名相空 · 心識空]로 나누어 이것을 세 가지 진리[유전진여 · 실상진여 · 유식진여]에 배치시켜 설명하고 있다. 이것을 정리하면 다음과 같다.

① '삼유(三有)의 공'이란 중생이 "삼유[欲界 · 色界 · 無色界]에 대한 애착으로 말미암아 삼계에 유전(流轉)"하는데, 실은 '삼계[의 유전]는 자성이 결여된 공한 것'이기 때문에 취할 것이 없다. 이것이 유전진여문이다. ② '육도(六道)의 공'이란 선악의 업으로 인하여 육도의 과보가 실재[본체]인 것처럼 나타나지만 그것은 '그림자에 불과한 것으로, 실재하는 것이 아니기 때문에 공한 것'으로 취할 것이 없다. 이것이 실상진여문이다. ③ '법상(法相)의 공'과 '명상(名相)의 공'이란 각각 취하려는 개념[義]과 언어[名]의 대상이 실체로서 존재하지 않기 때문에 공한 것을 의미하며, '심식(心識)의 공'이란 인식의 주체인 심식이 대상[所]에 의지하지 않고 홀로 인식을 성립시킬 수 없으므로 실체로서 존재하는 것이 아니다. 이것이 유식진여문

이다.

①, ②, ③에서 알 수 있듯이 다섯 가지 공이 모두 진여가 될 수 있는 것은 자성(自性)을 갖고 있지 않기 때문이다. 즉, ①현상계[삼계]는 끊임없이 유전·생멸하므로 항상적인 자성을 갖지 못한다는 것이며, ②현상계의 원인이 되는 본체계 역시 존재하지 않는다는 것이다. 그리고 ③개념[義]과 언어[名], 사유의 주체[心識] 역시 서로 의존하여 성립하기 때문에 자성을 갖지 못한다.

결국 원효가 공을 통해 보여주고자 하는 것은 일체의 현상계와 본체계, 그리고 그것을 언어와 개념으로 나타낸 모든 것이 자성을 갖지 않는 그림자에 불과한 것으로 공한 것이라는 점이다. 즉 원효에게 있어 공이란 현상과 본체, 그리고 개념[언어]에 대한 부정의 의미로서 사용되고 있다. 그러면서도 공 역시 유와 마찬가지로 하나의 사견(邪見)에 지나지 않은 것으로 지양되어야 할 허상(虛相)이다. 그가 이러한 판단을 내리는 것은 공에 의해 유가 부정되지만, 그 결과 유가 무라는 또 다른 극단에 빠져들기 때문이다. 무자성으로서의 공이 아닌 자성으로서의 공, 즉 유와 대립되는 무로 전환된 것이다. 그러므로 유에 대한 부정으로서의 공 역시 부정되어야만 하는 것이다.

'환화의 상(相)에 대하여 마음을 내지 않는다' 는 것은 처음 관(觀)을 닦을 때에 모든 유의 상을 깨뜨려서 환화의 상에 대하여 그 마음을 내는 것을 없앴기 때문이다. '환화의 상이 없다는 것에 대해서도 마음을 내지 않는다' 는 것은 이미 환화의 상을 깨뜨리고 나서는 다음에 그 공의 상마저 버려서 환화의 상이 없는 공에 대해서도 마음을 내지 않기 때문이다. 그 까닭은 중생이 본래 마음은 상을 떠난 것임을 모르고 온갖 상을 취하여 생각을 움직이고 마음을 내기 때문에 먼저 모든 상을 깨뜨려 상을 취하는 마음을 없애며, 비록 다시 환화의 유의 상을 깨뜨렸더라도 오히려 환화가 없는 공성을 취하니, 공성을 취하

기 때문에 공에 대해서 마음을 내므로 또한 환화가 없는 공성마저 버리는 것
이다. 이때에 공을 취하는 마음이 생기지 아니하여 둘이 없는 중도를 깨닫게
되어 부처님께서 들어가신 제법의 실상과 똑같아지니, 이와 같이 교화하기 때
문에 그 교화가 큰 것이다.

— 『금강삼매경론』, 「무상법품(無相法品)」

위의 인용문의 요지는 유에 대한 부정으로서의 공 역시 부정되어야만
하는 하나의 상(相)에 지나지 않는다는 것이다. 즉, ① '유의 상' 이란 아지
랑이, 꿈, 신기루와 마찬가지로 환화에 지나지 않기 때문에 유의 상을 깨
트려 환상의 상에 대해 마음을 내지 말아야 한다. ②유[환화의 상]를 깨트
려 환화의 상이 없다는 '공의 상' 을 얻었을지라도, 그 '공의 상' 역시 또
다른 하나의 상[공]에 지나지 않은 것으로 마음을 내지 말아야 한다. ③유
[환화의 상]와 무[공의 상]를 동시에 버릴 때 중도를 깨닫게 되어 부처가 될
수 있다. 다시 말해, 원효는 제법의 실상을 깨닫기 위해서는 유[환화의 상]
와 공[공성의 상] 모두를 버려야 함을 강조하고 있는 것이다.

원효는 공의 부정성을 두 가지 진리[二諦]와 연결시켜 궁극적 깨달음으
로 나아가는 발판으로 삼는다. 마치 헤겔의 변증법적 구조를 연상시키는
원효의 '공의 부정성의 논리' 는 철저한 부정과 지양, 그리고 통일(융합)을
근간으로 하고 있다. 원효는 두 가지 진리설[이제설]에 토대하여 다음과
같은 3단계의 과정을 통해 공의 부정성을 지양시켜 나간다. ① '유의 상'
[속제]을 깨트린 '공상(空相)' 은 곧 세속의 진리[속제]를 버려 궁극적인 진
리[진제]를 나타낸 것으로서 평등한 상이고, ② '공상 또한 공하다' 는 '공
공(空空)' 은 곧 진제[공하다]를 융합하여 속제를 삼은 것이다. 그리고 ③소
공(所空)은 '공공도 공하다' 고 하는 것으로, 이때 '공공' 은 속제의 차별이
고, '공공 또한 공하다' 고 한 것은 다시 속제[공공]를 융합하여 진제를 삼
은 것이다.

위의 3단계의 과정은 부정의 논리에 의해 이루어지고 있지만 허무 내지 파괴로 나아가는 것이 아니라 보다 높은 차원의 긍정적 비약으로 나아간다는 데 특색이 있다. 또한 변증법적 구조에 의해 부정이 이루어지지만 악순환으로 빠지는 것이 아니라 3단계에서 그 부정이 완전한 긍정으로 새롭게 정립된다는 것이다. 그것이 바로 '일법계'로서의 '일심'이다. 이때의 일심은 3단계에 걸친 진제와 속제의 융합을 통해 이원성이 극복된 최고의 진리로서의 일심이다.

그런데 원효는 속제를 두 가지로 나누어 설명하고 있다. 분별망상에 의해 유를 주장하는 '소집상[변계소집상]에 근거한 속제'와 서로 의존하여 존재한다는 '의타상[의타기상]에 근거한 속제'이다. 소집상에 근거한 속제는 '공상'에 나타난 속제로서, 흔히 우리가 실재한다고 믿고 있는 일체의 존재가 사실은 분별망상에 지나지 않는 허상이라는 점을 일깨워 주는 것이다. 그리고 의타상에 근거한 속제는 '공공'에 나타난 속제로서, 이때 의타상의 속제는 소집상의 속제와는 달리 진제와 서로 의존하고 있는 속제이다. 즉 속제[유]와 진제[공]를 함께 구유하고 있는 속제로서 '공상'의 속제와는 엄연히 다르다. 따라서 원효는 "속제에 두 가지 상이 있기 때문에 버리는 것과 융합하는 것이 하나가 아니다"라고 주장하는 것이다. 즉, 원효는 소집상과 의타상 둘 모두를 세속제에 배속시켜 정화되어야 할 상(相)으로 파악하고 있다.

원효는 진제 역시 속제와 마찬가지로 두 가지로 나누어 '속제를 버려서 나타낸 진제'와 '속제를 융합하여 나타낸 진제'로 나누어 설명한다. '속제를 버려서 나타낸 진제'는 변계소집상을 부정하여 획득된 진제이다. 그리고 '속제를 융합하여 나타낸 진제'는 의타기상의 속제를 융합한 진제이다. 그러므로 진제는 변계소집성과 의타기성에 전적으로 의존해서 성립하는 것도 아니고 이와 별도로 성립하는 것도 아니다. 그러므로 원효는 "이 두 문의 진제는 오직 하나이고 둘이 없으니, 진제는 오직 한 가지로서 원성실성이다"라고 하는 것이다. 그리하여 '공공도 공하다'고 하는 "세 번째 공은 진제도 아니고 속제도 아니며, 다르지도 않고 같지도 않은" 비진비속, 불이불일의 중도가 되는 것이다. 원효는 이러한 상태를 유식의 관점에서 다음과 같이 기술하고 있다.

'유(有)도 공하여 있지 않다'고 한 것은 거듭 상을 벗어난 것이니, 팔식의 유상(有相)의 법이 공적하여 존재하지 않기 때문이다. '무(無)도 공하여 있지 않다'고 한 것은 거듭 성(性)을 벗어난 것이니, 구식의 무상(無相)의 성(性)이 공적하여 존재하지 않기 때문이다. 일심은 이와 같이 상을 벗어나고 성을 벗어나서 곧 무량한 공덕의 더미이니, 이와 같은 것을 '불가사의한 더미'라고 하였다.

— 『금강삼매경론』, 「총지품」

유와 무의 존재성을 공으로 깨트림으로써 '팔식(八識)의 유상(有相)의 법'과 '구식(九識)의 무상(無相)의 성(性)'을 완전히 적멸시켜 불가사의한 '무량한 공덕의 더미'인 일심을 획득하는 것이다. 결국 원효가 공을 통해 도달하고자 한 궁극적인 경지는 일심이다. 그는 공과 이제에 토대하여 궁극적인 깨달음의 경지인 일심으로까지 연결시킴으로써 그의 사상의 독자성을 확보할 수 있었던 것이다.

4) 깨달으려면 교리 공부도 열심히 하고 수행도 열심히 하라(禪思想)

『금강삼매경론』의 가장 두드러진 특징은 일심사상과 화쟁사상에 토대하여 깨달음에 이르는 실천을 강조한 데 있다. 원효 스스로가 일심과 화쟁에 바탕하여 무애의 깨달음을 성취한 그 결과가 고스란히 『금강삼매경론』에 담겨 있는 것이다. 원효는 일심이 만법(萬法)의 근원임을 깨닫고, 이를 토대로 걸림 없는 자유로운 삶을 추구하였다. 일체의 말과 행동을 일심으로 화쟁시켜 일심이 바로 불심(佛心)이고 중생심(衆生心)임을 몸소 실천하였던 것이다. 그 실천의 구체적 방법이 바로 무애행이었다. 더러움과 깨끗함이 없고 진여[眞]와 속됨[俗]이 둘이 아닌 경지의 삶, 그것이 곧 일심의 근원으로 돌아간 자의 무애한 삶의 모습이다. 어떤 사상이나 관습에 대해서도 자유롭게 사고하고, 비판하고, 행동했던 원효의 걸림 없는 삶은 바로 이와 같은 그의 일심사상의 실천적 표출이었다. 일연의 『삼국유사』에는 원효의 걸림 없는 삶의 모습을 다음과 같이 전하고 있다.

원효가 이미 계율을 저버리고 설총을 낳은 뒤에는 속복으로 갈아입고 자기 스스로 일컫기를 '지극히 하찮은 근기를 지닌 사내'[小性居士]라 하였다. 원효는 어느 날 우연히 어떤 광대가 큰 탈바가지를 가지고 춤추고 희롱하는 것을 보았는데, 그 형상이 너무도 빼어나고 기발하였다. 원효는 그 탈바가지의 모습을 본떠 불구(佛具)를 만들었다. 『화엄경』에 나오는 "일체의 걸림 없는 사람이 한 길로 삶과 죽음을 벗어났느니"라는 구절을 따서 이름하기를 '거리낌이 없는'[無碍] 도구라 하였다. 그리고 이 도구의 분위기에 어울리는 노래를 지어 세상에 유포시켰다. 일찍이 불구를 가지고 많은 촌락에서 노래하고 춤추며 교화하고 읊고 돌아왔으므로 가난뱅이나 코흘리개 아이들까지도 모두 부처의 이름을 알게 되었고, 일제히 삼보(三寶: 佛·法·僧)의 이름을 부르게 되었으니 원효의 법화(法華)가 컸던 것이다.

원효는 깨침을 얻고 나서 일체의 가식적인 규범을 벗어 버렸다. 사실 인간은 이성과 도덕이라는 굴레 속에서 한평생 자신을 옭아매면서 감방살이하는 존재이다. 남의 눈치와 세상의 평판이라는 새장 속에 갇혀 한 번도 자유롭게 날개를 펼쳐 보지 못하고 생을 마감하는 게 중생들의 삶이다. 원효는 일심을 발견함으로써 중생과 부처가 다른 게 아니고, 나와 세계가 결코 분리되어 있는 것이 아님을 깨달았다. 이 세계 전체가 부처의 몸이며, 부처의 음성이며, 부처의 마음임을 알았다. 이 세계가 곧 원효 자신임을 깨달았다. 나와 남이 분리되지 않는 세계, 그러므로 원효는 꺼릴 게 없었다. 과부였던 요석 공주와의 사랑이든 미천한 거지 여자와의 하룻밤 사랑이든, 왕족이나 귀족과 천민을 구분하지 않고 자비(慈悲)를 나누었던 것이다.[1] '자(慈)' 란 타인의 행복을 함께 기뻐해 주는 것이며, '비(悲)' 란 타인의 슬픔을 함께 나누어 짊어지는 것이다. 원효는 무애의 자비행을 통하여 이 세상 모든 사람이 자와 비의 희로애락을 넘어선 진정한 자유인이 되길, 즉 해탈하기를 바랐다. 그 자신이 중생이 되어 중생 속으로 들어가 중생과 똑같은 생활을 하며, 모든 중생이 부처[깨달은 자]가 될 수 있도록 깨달음의 종자를 뿌리고 열반의 불씨를 지핀 진정한 부처였다. 그러나 중생의 눈으로 볼 때, 그는 영락없이 미친 자였을 것이다.

"(원효의) 발언은 미친 듯 사나웠고 예의에 얽매이지 않았으며, 보여주는 모습은 상식의 선에 어긋났다. 그는 거사와 함께 주막이나 기생집에도 들어가고 지공(誌公)처럼 금빛 칼과 쇠 지팡이를 지니기도 했으며, 주석서를 써서 『화엄경』을 강의하기도 하고, 사당에서 거문고를 타면서 즐기거나 여염집에서 유숙을 하고, 산수에서 좌선을 하기도 하는 등 계기를 따라 마음대로 하는 데 일정한 규범이 없었다.

― 찬녕, 『송고승전』

원효는 그 무엇에도 얽매이지 않는 철저한 자유인이었다. 그의 무애 정

---

1) 원효의 삶과 사상은 시대적 상황을 고려하지 않을 수 없다. 즉 "원효의 사상은 사회체제의 급격한 전환기에 수반되는 갈등과 혼란을 수습해야 하는 시대적 과제와 무관하지 않다. 다양한 갈래의 불교사상의 통일 문제, 불교라는 종교와 현실정치의 관계설정 문제, 개인의 각성과 사회적 실천의 조화의 문제, 개인이나 집단 간의 견해차 혹은 가치 충돌의 해소 문제, 한 개인의 정신적 심리적 좌절의 극복과 구원 문제 등이 원효사상 속에 잠재되어 있는 계기가 되었다"고 볼 수 있다. 이효걸, 「원효의 화쟁사상에 대한 재검토」, 『불교학연구』 제4호(불교학연구회, 2002), 5쪽

신은 물이 흐르듯 자유롭게 펼쳐지는 문장의 스타일에서뿐만 아니라 길거리에서 춤을 추며 사랑가를 부를 때, 시냇가에 걸터앉아 빨래하는 여인네에게 말을 붙일 때, 강가에서 혜공과 함께 고기를 잡아먹을 때나, 사복(蛇福)[2]의 죽은 어미를 장사 지낼 때, 황룡사에서 『금강삼매경』을 강의할 때, 적막한 산사에서 좌선을 틀고 깊은 선정(禪定)에 빠져 있을 때에도 일체의 분별과 경계를 초월한, 말 그대로 걸림 없는 무애의 도, 걸림 없는 무애의 자유[열반]를 보여주었던 것이다. 실로 "일체에 걸림이 없는 사람은 단번에 생사를 벗어난다"라고 한 그의 말을 몸소 실천한 것이다.

원효의 이와 같은 실천관은 피나는 수행의 결과였다. 그의 발심수행장을 보면 젊은 날 그가 얼마나 철저하게 수행했는지를 알 수 있다. 원효는 사람들에게 고요하나 언제나 움직이는 모습[靜而恒動威], 행동하되 늘 고요한 덕을 잃지 않기[動而常寂德]를 당부하였으며 자신이 그 모범이 되었다. 즉 원효의 무애행은 그저 생긴 것이 아니라 일심과 화쟁에 기초하여 철저히 수행한 결과인 것이다.

> 일심이 움직여 육도(六道, 윤회)를 만들어 놓는다. 그러므로 널리 중생을 구하겠다는 소원을 낼 수가 있는 것이다. 육도는 일심 밖에 있는 것이 아니기 때문에 동체대비(同體大悲)를 일으킬 수 있는 것이다. [⋯] 교설의 문은 비록 다양하지만 처음 들어가는 수행은 두 개의 문에서 벗어나지 않는다. 진여문(眞如門)에 의하여 지행(止行)을 닦고 생멸문(生滅門)에 의하여 관행(觀行)을 일으켜 지(止)와 관(觀)을 동시에 닦아 나가면, 모든 행위가 이 두 수행 체계에 의하여 다 갖추어진다.

---

2) 일반적으로 사복이 원효의 제자라고 나온 기록은 없으나 여러 정황을 종합해 판단해 볼 때 제자일 가능성이 크다. 원효는 아홉 제자를 두었다고 하는데, 그 아홉 명이 누구인지 분명하지 않다. 아마도 사복과 錚觀法으로 닦아 서방으로 올라간 엄장, 분황사의 현륭, 고선사의 만선화상 정도가 원효의 제자일 것이다. 고영섭, 『원효』(서울: 한길사, 1997), 137쪽

원효는 그의 독자적인 사상체계인 이문일심을 기반으로 수행의 체계를 정립하였다. 즉 불교의 근본적 수행이라고 할 수 있는 지(止:마음을 가라앉히고 정신을 집중하는 것)와 관(觀:세계의 참모습을 명료하게 관조하는 것)을 이문(二門)에 배치시킴으로써 지와 관이 서로 분리되어 있는 것이 아니라 함께 갖추어져 있다 하고, 이 둘이 상호 융합될 때 비로소 깨달음을 얻을 수 있다고 하였다.

원효의 수행은 화두가 아닌 일심과 화쟁의 교리에 바탕한 지관에 의해서였다. 따라서 원효의 선은 선종(禪宗)이라기보다는 선학(禪學)에 가깝다. 즉 '선종'이란 혜능 이후에 성립한 남종선을 가리키고, 혜능 이전의 달마에서 홍인에 이르기까지의 북종선을 '선학'이라 정의할 때, 원효는 북종선에 가깝기 때문이다. 이러한 구분은 선종의 전통 내에서 혜능 이전 선의 전통을 '여래선(如來禪)'이라 부르고 혜능 이후의 선을 조사선(祖師禪)이라 칭하는 것과 맥락을 같이한다. 그러한 의미에서 원효의 선은 선학 또는 여래선이라고 할 수 있을 것이다.

선종과 선학의 차이는 '교(敎)' 곧 부처의 말씀[佛語/佛說]을 대하는 태도에서 극명하게 드러난다. 선학은 깨달음에 이르는 방편으로서 교를 긍정적으로 받아들이는 것인데 반해 선종은 '교외별전(敎外別傳)'과 '이심전심(以心傳心)'을 중시한 결과 교를 부정적으로 취급한다. 『금강삼매경』「진성공품」에서 부처의 말씀을 '의어(義語)'로, 중생의 말은 '문어(文語)'로 표현한다. 이때 '의언'은 '진여실상에 부합하는 참말'로, '문어'를 '진여실상에 부합하지 않는 빈말'로 풀이한다.

　(금강삼매경에서) '(부처님의 말씀은) 의어(義語)이고 문어(文語)가 아니다'
라고 한 것은, 부처님의 말씀이 여실한 대상[實義]에 합당하고 공허한 문자에만 미치는 것이 아니기 때문이다. '(중생의 말은) 문어이고 의어가 아니다' 라고 한 것은 중생의 말이 공허한 문자에만 그쳐서 여실한 대상과는 관계없기 때문이다.

교(敎)에 의지하여 이입(理入)하고 리(理)를 닦아 행입(行入)하기 때문에 입(入)이라 한다.

위의 두 인용문에서 눈에 띄는 구절은 '중생의 말은 공허한 문자에만 그쳐서 여실한 대상과 관계 없다' 는 점과 선종의 달마가 창안한 용어라고 할 수 있는 '이입(理入)' 과 '행입(行入)' 의 이입(二入)이 나타난다는 점이다. 즉, 도선이 지은 『속고승전』 「보리달마전」에는 달마가 전한 선법에 대해 다음과 같이 기술하고 있다.

도에 들어가는 데는 길이 있으나 가장 근본적인 것으로 두 가지가 있는데, 하나는 이입(理入)이고 또 하나는 행입(行入)이다. 교에 의지하여 종지(宗旨)를 깨달아[籍敎悟宗] 일체중생에게 모두 같은 진성(眞性:불성)이 있음을 믿으나, 객진번뇌에 가리어져 [불성이 드러나지] 않는다. [그런데] 삿된 마음을 버리고 참마음에 돌아가게 하여 벽관에 골똘히 머무르면[凝住壁觀] 자타(自他)가 없어지고 범인과 성인이 같아지니, 굳게 머물러 움직이지 아니하여 다른 사람의 언교(言敎)에 휘둘리지 아니하면 이로서 도와 부합하여 적연무위(寂然無爲)하게 된다. 이를 '이입' 이라 한다. '행입' 은 네 가지 행(보원행, 수연행, 무소구행, 칭법행)을 말하는데, 만행이 모두 이 가운데 포섭된다.

위의 달마선은 먼저 교에 의지하여 종지를 깨닫는 것[理入]에서부터 수행을 시작하여 행입한다는 점에서 '교외별전' 을 주장하는 혜능의 선종과는 다르다. 다시 말해 달마선의 특징은 교를 중시한다는 점과 수행에 있어서 돈오(頓悟)보다는 점수(漸修)를 기운다는 점이다. 따라서 원효의 선은 달마선, 즉 여래선을 계보로 하고 있다고 할 것이다. 그렇지만 원효는 세간선(世間禪)에 대해 철저히 비판하고 있다.

원효가 말하는 세간선이란 '사선(四禪)' 또는 '팔선(八禪)'을 의미하는 것으로, 당시 중국 북방에서 유행했던 소승의 선법을 가리킨다. 원효는 세간선이 첫째, 명수(名數)를 벗어나지 못하여 무시이래의 망상으로 인해 모든 상을 취하고, 둘째 상을 취함으로 마음이 일어남으로 곧 동념(動念)이요, 동념은 정(靜)이 아니기 때문에 이를 '고상정(故想定 : 낡은 망상의 선)'이라 비판한다. 반대로 원효는 『금강삼매경론』에서 '참된 선', 또는 '출세간 선'은 명수(名數)를 초월하여 모든 분별을 떠난, 무상무동(無相無動)의 선이라고 한다.

> 상을 떠나고 움직임[動]을 떠나야 '선'이라 이름할 수 있으니, 선은 정려(靜慮)를 일컫기 때문이다. 저 세간의 정(定)을 선이라 하는 것은 가짜 선이지 참된 선은 아니다.

따라서 원효가 주장하는 참된 선이란 무상(無相)과 무동념(無動念)을 징표로 삼고 있으며, 이는 표면적으로는 선종의 '무심' 사상과 다를 바가 없다. 그렇지만 원효가 세간선을 부정하고 참된 선을 추구하는 데에는 실은 대승 공사상이 그 배경에 자라잡고 있다. 즉 원효는 『금강삼매경론』「무상법품」에서 선(禪)바라밀에 관한 경문을 해석하면서 무상(無相)과 무동념(無動念)을 징표로 삼는 선을 '불법(佛法)을 성취하는 선'[成就佛法禪]으로 묘사하거나 또 한편으로 '중생을 교화하는 선'[教化衆生禪]으로 묘사하고 있다. 전자가 자리(自利)의 측면에서 본 선이라면 후자는 이타(利他)의 측면에서 본 선으로, 전자가 '공사상의 체(體)'라면 후자는 '공사상의 용(用)'에 해당한다고 할 수 있다. 이렇게 볼 때 원효의 선사상의 특징은 부처님의 말씀[교]과 철저한 자비심에 바탕한 보살도로서의 선이다. 또한 공사상에 바탕한 실천행을 강조함으로 '지관쌍운(止觀雙運)'과 '지관불리(止觀不離)'를 내세우고 있는데, 이는 지와 관을 함께 닦을 때 진정한 수행이 이루어진다는 것이다.

5. 분열과 상극의 시대를 넘어 통합과 상생의 시대로

"자루 없는 도끼를 내게 준다면, 하늘 떠받친 기둥을 끊으리."(일연, 『삼국유사』)라고 외쳤던 원효! 이 말은 일반적으로 해석되듯이 과부인 요석 공주를 내게 준다면 나라의 큰일을 이룰 인재를 낳고 싶다는 뜻이 아니라 타성과 분열에 빠져 버린 당시 신라의 사상계를 받치고 있는 중심 세력을 교체함으로써 새로운 세계를 창출하고 싶다는 원효의 심원한 발원이 담겨 있다는 풀이가 더 타당하다. 왜냐하면 원효의 사상 곳곳에는 새로운 시대의 창출에 대한 소망이 담겨 있기 때문이다.

원효는 삼국통일(676)이라는 전환기에 살았다. 그가 첫 깨달음을 얻었을 때는 삼국이 분열되어 피비린내 나는 투쟁과 갈등을 벌이던 시대였다. 따라서 그는 자신이 깨친 일심, 화쟁, 무애의 논리에 입각하여 분열과 상극의 시대를 통합과 상생의 시대로 전환시키기 위해 삼국통일을 여는 대화합의 이론적·실천적 토대를 구축하였다. 즉 그는 차별 없는 세계로서 일심, 차별을 화해시키는 방법으로서 화쟁, 차별을 초월한 자유인의 몸짓으로서 무애, 이 세 가지를 통해 시대와 민족, 사상과 종교를 뛰어넘는 보편적 진리를 제시하였던 것이다. 원효의 모든 사상은 한 가지로 요약될 수 있다. 그것은 다름 아닌, 이 세계 전체를 따스하게 감싸 안는 자비의 마음, 바로 일심이다. 원효는 일심을 통해 분열과 상극을 통합과 상생으로 회통시킬 수 있었다. 이러한 그의 사상은 현세에만 적용되는 것이 아니라 내세에까지 확대될 수 있다. 원효는 아미타불의 극락세계가 단지 우리가 죽어서 가는 내세에만 존재하는 것이 아니라 바로 지금, 현재의 삶에서도 구현될 수 있는 것으로 보았다. "차안(此岸)도 없고 피안(彼岸)도 없다. 예토(穢土)와 정토(淨土)가 본래 일심이요, 생사와 열반이 둘이 아니다."(원효, 『무량수경종요』)라고 하는 그의 말은 극락과 지옥이 따로 존재하는 것이 아닌데 우리의 삿된 마음으로 인한 구분임을 말하는 것이다. 따라서 원효는 우리가 살아가는 이 세계를 극락으로 일구기 위해 아미타 신앙을 비롯한 정토 신앙을 통한 서민 대중의 교화에 심혈을 기울였다.

일심의 시각에서 바라본 이 세계는 신분과 재산, 국가와 민족, 학력과 외모, 인간과 자연, 시대와 지역 등을 뛰어넘어 서로 공생적으로 의존하고 있는 연기론적 세계이다. 따라서 이 세계의 모든 존재는 상호 평등한 존귀한 존재인 동시에 자유스런 존재이다. 존재에 대한 일심의 발현은 곧 보살의 대비심(大悲心)이며, 다름 아닌 부처의 마음이기도 하다. 존재하는 모든 것에 대해 나름대로 의미를 부여하며 그것을 자비의 눈으로 바라보는 게 원효의 일심이다. 그러한 의미에서 일심은 인류애와 연결된다. 갈라진 국토와 찢어진 민심, 분열된 정서를 따스하게 감싸 안아 화해시킴으로써 정토의 세계를 창출해 낸다. 신라의 문화와 예술, 사상과 정치는 이러한 원효의 일심에 기반을 둔 화쟁사상에서 비롯되며, 그것이 곧 삼국을 통일할 수 있었던 힘이다. 그러한 힘은 세계의 문화유산인 석굴암을 창출하는 원동력이 되었으며, 신라가 천년을 유지할 수 있는 혼이 되기도 하였다. 그러한 의미에서 원효사상은 남북이 분열된 한국의 통일학으로 새롭게 정초되어야 할 것이다. 특히 근래 전개되는 서구의 현대 서양사상가(들뢰즈, 가타리 등)들과의 비교론적인 연구는 그의 사상을 국제적으로 알릴 수 있는 좋은 계기가 될 것이다. 살아 있어도 죽은 사람이 있는 반면 죽어서도 살아 있는 사람이 있다. 원효는 죽어서도 우리 곁에 살아 있는 스승인 것이다.

삶은 어디에서 오는 것인가.

죽음이란 어디로 간단 말인고.

삶이란 한 조각 뜬구름이 이는 것이요

죽음이란 뜬구름의 꺼짐이로세.

뜬구름 그 자체가 실없는 것인데

살고 죽고 오고 감이 이와 같구나.

— 원효, 「무상」

[더 생각해 볼 문제]

1. 불교에서 얘기하는 깨달음이란 무엇일까? 정말 깨달음이라는 게 있는 것일까? 그리고
   원효의 말처럼 깨달음을 얻고 나면 생사를 초월할 수 있을까?

2. 나이가 들수록 우리는 더 많은 것을 배우고 생각도 깊어지는데, 왜 보다 많은 괴로움이
   생겨나는 것일까? 원효가 말한 깨달음 그 자체라고 하는 인간 본래의 마음, 즉 일심이란
   어떤 것이며, 우리는 어떻게 그것을 찾을 수 있을까? 본래 마음은 생사를 벗어나 있다고
   하는데, 그렇다면 우리가 태어나기 전에도 죽음 이후에도 그 본래의 마음이 존재한다는
   것일까? 마음(일심)이란 도대체 무엇인가?

3. 사상은 시대적 소산이다. 원효의 화쟁사상이 발생하게 된 당시의 시대적 배경에 대해 살
   펴보고, 오늘날에도 화쟁사상이 필요한지 생각해 보자.

4. 원효사상의 체계는 일심사상, 화쟁사상, 무애사상이라는 세 축에 의해 짜여져 있다고 한
   다. 세 체계의 특징에 대해 설명하고, 이들 서로 간에 관계가 어떻게 이루어져 있는지 알
   아보자.

일심(一心, eka-citta)

세계의 본래 모습으로 참마음을 뜻한다. 일심은 우주 만법의 수용처로서 크다거나 작다고 할 성질의 것이 아니며, 빠르다거나 늦다고 할 성질의 것도 아니다. 그리고 일방적으로 동적 (動的)인 것이라거나 정적(靜的)인 것이라고 할 수 있는 것도 아니며, 수적 또는 양적인 개념으로 헤아릴 수 있는 것도 아니다. 그것은 개체가 그 안에서 진실로 사는 전체이다. 진실로 살아 있는 조화로운 전체가 일심이다. 어느 하나 속에 전체가 살아 있고 그 전체 속에 하나가 살아 있다. 일심은 본래 맑고 청정한 것이지만 무명(無明)의 바람에 의해 물결을 일으키기 시작하여 스스로 일심을 가리게 되고, 차츰 주객의 분별과 이기적인 생각들을 일으켜서 마침내는 지옥, 아귀, 축생 등의 육도(六道)를 윤회하게 되는 것이다. 원효는 일심의 덕성을 삼독(탐욕, 분노, 어리석음)을 녹이는 큰 지혜요 광명이며, 세상의 모든 대상계를 두루 남김없이 환하게 비추어 알게 하는 것이며, 있는 그대로 참되게 아는 힘을 간직하고 있으며, 영원하고 자유자재하고 번뇌가 없으며, 어떤 인과의 법칙에 따라 변동하는 것이 아니라 그 스스로 존재하는 것으로 보았다.

일미(一味, eka-rasa)

일체의 현상과 본질이 차별이 없는 평등한 것으로 외면적으로 보면 다양 · 다종한 듯하지만, 실제 그 본성은 하나라는 의미이다. 붓다의 교법이 8만 4천 법문으로 되어 있지만 실제 그 근본은 하나를 가리키는 일미이다.

금강삼매(金剛三昧)

보살이 이 삼매에 머물면 지혜가 견고하여 모든 삼매를 깨뜨릴 수 있음이 마치 금강석이 견고하여 모든 만물을 깨뜨리는 것과 같으니, 일체 제법에 통달한 삼매를 말한다. 그 견고함 때문에 일체 번뇌를 끊어 부숴 버림이 금강이 견고하여 일체를 깨뜨려 버림과 같으므로 금강삼매라 한다.

본각(本覺)과 시각(始覺)

본각은 본래 가지고 있는 깨달음의 본성으로서 후천적인 수행에 의해 깨달음을 획득하는 시각에 대칭되는 말이다. 본각은 본래 깨끗한 성품으로 번뇌와 더러움 등의 미혹한 것으로부터 영향을 받지 않는 청정한 깨달음의 본체이다. 이에 반해 시각은 후천적인 노력[修習]에 의해 서서히 나쁜 습기를 제거함으로서 드러나게 되는 깨달음을 의미한다.

천지와 감응하는 정신의 모험

: 장자『장자』

이성희 | 동의대학교

1. 장자의 생애

장자는 중국 전국시대 도가를 대표하는 사상가이다. 그는 동아시아 고대의 시공을 화려하게 수놓았던 수많은 사상의 천재들 가운데서도 가장 심오하고 개성적인 사유를 전개하였다. 그의 사유가 기록된『장자』는 탁월한 사상의 세계이면서 또한 황홀하고도 기이한 상상력의 세계이기도 하다. 그것은 철학이면서 문학이고, 질서이면서 혼돈이고, 체계이면서 해체이다. 그리하여 장자는 오늘날에도 여전히 그 생동하는 힘을 잃지 않고 우리 시대 속으로 걸어들어 온다. 그는 여전히 우리 시대에도 치열한 질문이며, 문제다. 아니, 총체적 위기 속에 있는 우리 시대야말로 진정 장자를 다시 만나야 할 때이다. 이 숨가쁜 속도 시대의 틈 사이로 그가 감춘, 광대무변한 소요의 들녘을 우리는 열어보아야 한다.

장자의 삶에 대해 가장 오래되고 신뢰성 있는 기록은 사마천의『사기』

「노장신한열전」 정도이다. 사마천은 다음과 같이 장자의 삶과 학문을 단편적으로 말하고 있다.

> 장자는 몽(蒙)의 사람이니 이름은 주(周)이다. 일찍이 몽현 칠원(漆園)에서 관리인을 지냈다. 양나라의 혜왕(기원전 370~319년 재위), 제나라의 선왕(기원전 319~301년 재위)과 같은 시대의 사람이다. 그의 학문은 넓어서 들여다보지 않는 것이 없었다. 그러나 그 요지는 본래 노자의 요지로 돌아갔다. 그러므로 그의 저서 십만여 자는 대체로 거의가 우언이다. (중략) 그러나 문장을 교묘하게 잘 지어 세상의 일을 잘 지시하고 인정을 유추하여 유가와 묵가를 공격하였다. 당시의 석학들도 그의 예봉을 꺾지 못하였다. 그의 말은 광대무변하면서 자유분방했기 때문에 왕공, 대인들이 그 인물됨의 크기를 헤아리기 어려웠다.

몽이란 곳은 당시로 보면 송나라의 강역에 가까우며, 오늘날 중국 하남성 상구시 동북지역에 있다. 『사기』에는 생몰연대가 나와 있지 않지만 양혜왕, 제선왕과 같은 시대라면 서양에서는 아리스토텔레스와 동시대이며, 중국에서는 맹자와 같은 시대이다. 탁월한 지적 논변가이자 이상주의자인 맹자와 파천황적 상상력의 자유분방한 낭만주의자인 장자가 만났다면 실로 위대하고도 흥미로운 대화를 인류에게 남겼을 것이다. 그러나 유감스럽게도 동시대를 살았던 두 철인이 서로 만났다는 기록은 없다. 마서륜(馬叙倫)이 만든 장자연표에 따르면 장자의 생몰연대는 대개 기원전 369~286년 사이이다.

일본 학자 후쿠나가(福永光司)는 『장자─난세의 철학』(민족사, 1993)에서 장자의 먼 선조가 송나라의 왕족이라고 추정하기도 한다. 그러나 확실한 근거는 없다. 칠원(漆園)은 당시 송나라 귀족들이 경영하던 정원이거나 옻나무 농장이라는 설이 있다. 장자는 그곳에 잠시 관리인으로 근무하긴 했지만 오래 직장을 유지한 것 같지는 않다. 그는 평생 떨어진 신발과 누더기 옷을 입고 빈곤하게 살았던 백수다. 그러나 그는 비록 가난하지만 그 무엇에도 구속되지 않는 자유로운 삶의 소요를 즐겼다.

『장자』 가운데 장자의 삶을 추정해 볼 수 있는 몇 가지 일화들이 있다. 「추수(秋水)」 편에 보면 평생의 라이벌이면서 친구였던 혜자가 양나라에서 재상을 지내고 있을 때 장자가 그를 찾아 간 적이 있다. 혜자는 장자가 자기 자리를 빼앗기 위해 온 것으로 생각하여 아래 사람들에게 긴급수배령을 내려 장자를 체포하려고 했다. 수배를 피해 혜자를 직접 찾아온 장자는 이렇게 말했다. "남쪽에 새가 있는데 그 이름을 원추라고 하오. 당신은 그 새를 아시오? 그 원추는 남쪽 바다에서 출발하여 북쪽 바다로 날아가는데, 오동나무가 아니면 쉬지 않고 대나무의 열매가 아니면 먹지 않으며 예천의 물이 아니면 마시지를 않소. 때마침 소리개가 썩은 쥐를 얻어 가지고 있는데 원추가 그 위를 날아갔소. 그랬더니 소리개는 썩은 쥐를 빼앗길까봐 '짹' 하고 소리를 질렀소. 그와 마찬가지로 지금 당신은 당신의 양나라 재상 자리 때문에 나를 위협하는 것이지요." 여기서 장자는 자신을 원추에 비유하고 재상의 자리를 썩은 쥐와 같이 보고 있다. 같은 「추수」 편에는 또 재상을 맡아달라는 초나라 왕의 제의를 장자는 통쾌하게 거부하고 있다. 그는 진실로 배포 좋고 유쾌한 백수다. 그가 추구하는 정신의 경계는 세속적인 부귀를 훨씬 넘어선 곳에서 자유롭게 비상하는 것이었다.

그의 자유로운 정신은 죽음조차도 초극하고 있다. 「열어구」 편에는 그의 죽음에 대한 일화가 나온다.

장자가 장차 죽게 되었을 때 제자들이 그를 후하게 장사지내려 했다. 그러나 장자는 말하였다. "나는 하늘과 땅을 관곽으로 삼고, 해와 달로써 한 쌍의 구슬로 삼으며, 별들로써 장식의 옥을 삼고, 만물로써 재물로 삼고 있으니 나의 장례 도구 중에 무엇이 부족하냐? 무엇을 더 보태려고 하느냐" 이에 제자들이 "저희들은 까마귀나 솔개 등이 선생님을 쪼아 먹을까봐 두렵습니다"라고 하자 장자는 이렇게 말했다. "땅 위에 있으면 까마귀나 솔개의 밥이 되고, 땅 속에 있으면 땅벌레나 개미의 밥이 되는 것이다. 그것을 저들에서 빼앗아다가 이들에게 준다면 어찌 편벽한 마음이 아니겠는가?"

삶과 죽음이 일기(一氣)의 생성 변화 과정임을 깨달은 장자에게 있어서 죽음이란 오히려 천지자연과 합일을 이루는 하나의 생성 과정인 것이다. 그리하여 그의 죽음은 하늘과 땅과 해와 달과 별들 그리고 만물이 함께 합일하는, 세상에서 가장 멋지고 아름다운 행위예술인 것이다.

2. 시대적 배경

춘추전국시대는 철제 농기구의 사용과 우경, 그리고 수리 시설의 발달을 통해 농업 생산력이 비약적으로 발전하던 시대다. 생산력의 팽창은 그것을 담고 있던 그릇인 주의 봉건 체제를 붕괴시켜 버렸다. 그리하여 열린 불확실성의 시공, 그것이 춘추전국 시대이다. 생산력이 증가함으로써 발생한 잉여 생산물과 막대한 사유 재산의 출현에 따른 빈부의 격차는 인간관계를 분열과 갈등, 경쟁으로 이끌었다. 이 모든 것은 인간 욕망의 폭발적 확대로 이어졌다. 욕망의 확대는 인간관계, 그리고 인간과 자연과의 관계를 철저히 이해(利害) 관계로 변화시켰다. 그리고 그 극단적 모습이 천하를 휩쓸아쳤던 처절한 전쟁이었다.

장자의 철학적 고뇌는 이러한 현실적 삶의 우환과 고통에서 나온 것이며 그 고통으로부터 해방되고자 하는 매우 현실적인 문제이다. 일반적으로 장자의 사유가 지나치게 몽상적이고 초월적인 것이라고 예단하기 쉽다. 「소요유」의 서두에 구만 리 장천으로 날아오르는 붕새는 압도적인 초월 이미지를 만들어낸다. 그러나 그 새가 끊임없이 지상을 내려다보고 있음도 잊지 말아야 한다. 장자의 철학이 현실을 망각한 초월처럼 보이는 것은 장자가 혼란과 고통의 원인을 현실적 삶의 거래 과정에서 찾은 것이 아니라 삶의 바탕에 숨어 있는 근원에서 찾았기 때문이다. 그리하여 그가 제시한 해결책은 일견 현실과 동떨어진 것처럼 보이지만 실상 그것은 고통에 대한 궁극적인 해결책을 제시하는 것이다. 장자는 현실의 고통을 근원에서 극복한 대자유[逍遙遊]와 '지극한 행복'[至樂]으로 우리를 이끌고자 하였다.

춘추시대를 지나 전국시대로 들어오면서 현실적 모순은 더욱 극화되고, 반면에 인간의 인지 능력과 반성적 능력은 더욱 향상됨에 따라 사유는 내면으로 더욱 심화되는 일반적 경향을 갖는다. 맹자가 공자의 인(仁)과 예(禮)를 인성의 내면으로 더욱 심화시켜 사단설(四端說)과 성선설로 발전시켰다면, 장자 역시 노자와 선배 도가 사상가들이 관찰한 객관 존재 세계의 모습을 내재화하여 자유로운 심령활동의 정신 영역을 열었다. 그리하여 이후 동아시아인들의 사유와 예술에서 무궁한 정신 경계를 펼칠 수 있는 바탕이 장자에 의해 비로소 마련되었다고 하여도 과언은 아니다.

3. 장자의 철학

현란한 어휘와 기발한 착상, 심오한 몽상들로 천변만화하는 장자의 사상은, 그러나 다음 호수의 일화 속에 통째로 압축되어 있다. 그 압축은 무척 경이롭다.

> 장자와 혜시가 함께 호수의 다리 위에서 노닐고 있었다.
> 장자 : "피라미가 한가롭게 헤엄치고 있소. 이것이 물고기의 즐거움이란 거요."

혜시 : "당신이 물고기가 아닌데 어찌 물고기의 즐거움을 안단 말이오."

장자 : "당신은 내가 아닌데 어찌 내가 물고기의 즐거움을 알지 못한다는 걸
　　　 안단 말이오?"

혜시 : "나는 당신이 아니니까 물론 당신을 알지 못하오. (마찬가지로) 당신
　　　 이 물고기가 아니니까 당신이 물고기의 즐거움을 알지 못한다는 게
　　　 확실하지요."

장자 : "자 근본으로 돌아가 봅시다. 당신은 '어찌 당신이 물고기의 즐거움
　　　 을 안단 말이오' 라고 했지만 이미 그것은 내가 안다는 것을 알고서
　　　 내게 물은 거요. 나는 (바로) 호수 위에서 (물고기의 즐거움을) 알았
　　　 단 말이오.(「추수」)[1]

장자는 왜 물고기의 즐거움을 말하려고 하는 것일까? 도대체 물고기의
즐거움을 어떻게 알며, 물고기의 즐거움을 안다는 것이 무엇을 뜻하는 것
일까? 이 글의 전체는 사실 이 질문들에 대한 대답을 찾아가는 짧고도 긴
여행이다.

1) 기화론(氣化論)

장자는 세계의 궁극적인 통일성을 기(氣)를 통해 획득한다. 장자 이전에
도 기에 대한 논의들이 단편적으로 있어왔지만 세계의 원인과 모든 변화
생성의 근거를 기에 토대를 두고 총체적으로 이해하고자 한 것은 장자에
와서 비로소 가능했다. 이러한 장자 철학을 기화론이라고 이름할 수 있다.
그러나 장자에게 있어서 '기' 는 단순한 개념이 아니다. 그것은 매우 다의

---

[1] "莊子與惠子遊於濠梁之上. 莊子曰:「儵魚出遊從容, 是魚之樂也.」惠子曰:「子非魚, 安知魚之樂也.」莊子
曰:「子非我, 安知我不知魚之樂也.」惠子曰:「我非子, 固不知子矣., 子固非魚也, 子之不知魚之樂, 全矣.」
莊子曰:「請循其本. 子曰『汝安知魚樂』云者, 旣已知吾知之而問我, 我知之濠上也.」"「秋水」

적인 것이다.

(1) 인간의 생이란 기(氣)가 모인 것이다. (기가) 모이면 삶이 되고 흩어지면 죽는다. [⋯] 천하를 통하여 하나의 기가 있을 따름이다.[2]

(2) 종자[種]에는 기미[幾]가 있다. 물이 있으면 곧 물때가 생기고, 물과 흙이 맞닿는 곳에서는 곧 갈파래가 되며, 언덕에 생기면 곧 질경이풀이 되고 질경이풀이 거름더미에 있으면 부자(附子)가 된다네. 이 부자의 뿌리는 나무굼벵이가 되고 그 잎은 나비가 되지. 나비는 서(胥)라고도 해. (이것이) 변화해서 벌레가 되어 부뚜막 밑에서 생겨나는데 그 모양이 탈피하는 모습과 같지. 그 이름을 귀뚜라미라 하네. 귀뚜라미가 천 날이 지나면 새가 되는데 그 이름을 비둘기라 해. 이 비둘기의 침이 쌀벌레가 되고 쌀벌레는 눈에놀이 벌레가 돼. 이라는 벌레는 눈에놀이 벌레에서 생기고, 황황이라는 벌레는 구유에서 생기며 무예라는 벌레는 부관에서 생기지. 양해라는 풀은 변해서 죽순이 되고, 해묵은 대는 청녕을 낳고, 청녕은 정을 낳으며, 정은 말을 낳고, 말은 사람을 낳는다네. 사람은 다시 기(機)로 돌아가지. 만물은 모두 기에서 생겨났다가 다시 그 기로 회귀한다네.[3]

(1)에 따르면 인간의 생명과 나아가서 천하의 모든 존재가 기의 모임과 흩어짐에 의해서 생성되고 사라진다. 그리하여 장자는 우주가 하나의 기로 이루어져 있음을 통찰한다. 우주를 이루고 있는 장자의 기는 일종의 미

---

2) "人之生, 氣之聚也. 聚則爲生, 散則爲死. [⋯] 通天下一氣耳." 「知北遊」

3) "種有幾, 得水則爲繼, 得水土之際則爲鼃蠙之衣, 生於陵屯則爲陵舃, 陵舃得鬱棲則爲烏足. 烏足之根爲蠐螬, 其葉爲胡蝶. 胡蝶胥也化而爲蟲, 生於竈下, 其狀若脫, 其名爲鴝掇. 鴝掇千日爲鳥, 其名爲乾餘骨. 乾餘骨之沫爲斯彌, 斯彌爲食醯. 頤輅生乎食醯., 黃軦生乎九猷, 瞀芮生乎腐蠸. 羊奚比乎不筍, 久竹生靑寧, 靑寧生程, 程生馬, 馬生人, 人又反入於機. 萬物皆出於機, 皆入於機." 「至樂」

세한 원시 물질이다. 그러나 그 물질은 단순히 물리학적인 물질이 아니라 생명을 담고 있는 물질임을 (2)에서 알 수 있다. ‘기’(幾)와 ‘기’(機)는 ‘기’(氣)의 다른 양상이거나 다른 이름이다. 우리의 상상력을 마비시킬 정도로 황당하면서도 기발하게 이어지는 생명의 연쇄적 변화 과정을 서양 생물학의 분류 체계로 읽으려 해서는 안 된다. 식물과 동물, 무기물의 경계를 넘나드는 연쇄는 세계가 실상 한 기(氣)의 생성 변천 과정임을 보여주는 것이다. 기의 이러한 생성 기능을 장자는 ‘어머니 기[氣母]’라고 명명하였다. 그것은 생명의 어머니이다.

또한 기는 비존재인 ‘무’(無)와 분리되지 않고 서로 이어져 있다. 물체와 허공은 기를 통해 서로 연결된다. 로마의 철학자 루크레티우스의 철학시 「사물의 본성에 관하여」에서는 서양 자연학의 기본 발상을 보여주는 다음과 같은 중요한 구절이 있다. “독립적으로 존재하는 모든 자연은 두 가지에서 온다. 물체와 허공에서. 물체는 허공 속에서, 그 속에서 운동하고 있다.” 여기에서 물체와 허공은 자연을 구성하는 궁극적인 두 실체이다. 이 둘은 결코 섞일 수 없다. 그러나 장자에게 있어서 기가 흩어진 것이 허공[無]이며 기가 모인 것이 물체[有]이다. 따라서 장자의 무는 무형이지만 물체가 될 수 있는 무한한 생성적 힘을 가지고 있다. 무란 오히려 다함이 없고 멈춤이 없는 기화 생성의 가능성인 것이다. 노자의 말을 빌면 그것은 “모습 없는 모습, 존재 없는 형상(無狀之狀, 無物之象)”(14장)이 된다. 그리하여 장자의 기는 ‘생성하는 무’, ‘활동하는 무’이다. 이 ‘생성하는 무’를 이해하지 못할 때 우리는 장자 이후 전개되는 동아시아의 수승한 정신 경계들과 예술 미학을 이해할 수 없게 될 것이다. 동아시아 음악에서 여음이 만들어내는 그윽한 정취, 산수화의 여백이 가지는 무궁한 형상의 환기력이야말로 ‘생성하는 무’의 예술적 실현이기 때문이다.

장자에게 있어서 기는 또한 정신(精神)이라는 작용성을 가진다. 정신이 기의 작용이라면 그것은 인간에게만 국한된 것이 아니다. 그래서 장자는

"정신은 사방으로 트이고 흘러서 이르지 않는 곳이 없다."[4] "홀로 천지의 정신과 왕래한다."[5]고 하였다. 천지 만물이 기로 이루어져 있는 이상, 그 영활함에 차이는 있겠지만 결국 모두가 정신의 활동이다. 따라서 장자에게 있어서 정신이란 주관과 객관을 넘나드는 경계이다. 장자의 기화 우주는 정신과 물질이 상호 관통하고 융합되어 함께 생성의 율동을 이루는 우주이다. 심리학자 카를 융(G. K. Jung)은 집단무의식의 가장 깊은 레벨에서는 의식은 자연의 외적 세계의 기초가 되는 패턴에 참여하고 있으며, 그리하여 이 레벨에서 의식은 곧 세계라고 말한다. 즉 정신이 곧 물질이다. 그리하여 융은 우주의 참 모습을 '정신물리적 우주' 라고 표현하였는데 이는 장자의 '정신', 그리고 기화론과 상통하는 현대의 통찰이라고 할 수 있다.

기는 또한 수양을 통해 얻을 수 있는 정신의 최고 경지를 의미하기도 한다. 심재(心齋)라는 수양의 정점에서 만나게 되는 기가 그러하다. 마음에서 모든 집착과 편견을 씻어내고 텅 비게 하여 마음의 기와 천지자연의 기가 합일하는 심재의 기는 도에 이르는 정신의 최고 상태를 말한다.

이상에서 살펴본 것처럼 장자의 기는 다양한 의미를 가지고 있다. 기는 물질이면서 동시에 정신이다. 그것은 모든 만물을 관통한다. 이러한 기론이 장자에게 있어서 만물간의 상호 감응을 가능하게 하는 근거이다. 감응은 물질적이면서 동시에 정신적이다. 그리하여 우리는 이제 물고기의 즐거움을 만나러 갈 수 있게 되는 것이다.

2) 물(物)-아(我)의 화해

장자에게 있어서 물(物)이란 세계를 형성하는 존재자들이며 그 존재자

---

4) "精神四達並流"「刻意」
5) "獨與天地精神往來"「天下」

들의 자연적·사회적 관계 그리고 그 관계 속에서 나타나는 현상 모두를 포함한다. 물은 세계를 구성하며 자아에 대하여 마주 서 있는 타자이다. 마주 서 있을 뿐만 아니라 자아 속으로 끊임없이 미끄러지며 왜곡된 자아의 이미지를 구성하기도 한다.

　자아란 오늘날 정신분석학 등을 통해서 밝혀지고 있듯이, 욕망에 의해 자아화 된 타자들로 층층이 둘러싸인 양파 구조를 이루고 있다.[6] 장자에 있어서 자아의 층상은 제일 바깥 층을 이루고 있는 것이 형(形)이며, 그 안의 층이 성(性), 그리고 제일 안쪽의 중심이 덕(德)이다. 잘못된 자아의 층이 형성되는 곳은 형의 층이다. 우리는 곧잘 이것을 자아[我, 리라고 착각하게 되는데 실상 그것은 타자와 내 욕망이 만나서 구성되고 있는 허상의 매트릭스이다. 성과 덕은 본성을 말하는데, 성이 개체성의 근거를 이루는 본성의 자리라면 덕은 개체성을 넘어서 만물과 하나가 되는, 그리하여 도(道)와 직접적으로 이어져 있는 근원적인 본성의 자리다. 형의 허상은 끊임없이 성을 가짜의 나로 물들여 덕으로부터 분리시키려 한다. 그래서 장자는 "성을 잘 수련하여서 덕으로 돌아가라(性修反德)"고 말하는 것이다.

　물의 속성은 시공간 내에서의 끊임없는 변화이다. 끊임없이 변하는 물의 한 측면에 집착하여 마음이 물과 얽혀 매듭이 지게 되면(物有結之) 그것은 우리의 정신을 제약하고 나아가서 우리의 생명을 해치게 된다(以物害리). 물에 지배받고 물에 부림을 당하는 것이다. 그리하여 "잠들면 꿈을 꾸어 마음이 쉴 새가 없고, 깨어나면 형체가 열려서 외계와 접촉하여 얽히게 되어 날마다 마음으로 다툰다."[7] 이러한 마음을 장자는 '죽음에 가까운

---

6) 윌리엄 제임스의 '자아의 층상구조'에 따르면 자아는 중심에서부터 본질아, 정신아, 사회아, 물질아가 양파 껍질처럼 겹겹이 둘러싸고 있다(김기곤, 『욕망의 인간학』, 세종문화출판사, 1997. 98~99쪽). 라깡에 있어서도 자아는 자기 자신의 집 속에서 주인이 아니며, '나'는 하나의 타자이다(김형효, 『구조주의의 사유체계와 사상』, 인간사랑, 1994, 21쪽) 자아, 즉 나는 타자들의 담론이다

7) "其寐也魂交, 其覺也形開, 與接爲搆, 日以心鬪." 「齊物論」

마음'[近死之心]이라고 하였다. 물에 얽매이는 삶은 죽음의 양식이다. 장자의 그 광대무변한 사유 과정을 단적으로 말하면 삶을 죽음의 양식에서 살림의 양식으로 변화시키고자 하는 모험이다. 장자의 기본적인 문제틀은 세계[物]와 자아[我]의 잘못된 관계 혹은 그 관계에 대한 잘못된 인식 속에서 삶의 모든 고통이 나온다는 것이다. 이 잘못된 관계를 올바른 관계로 전화시켜 가는 곳에 장자의 사유와 실천의 노정이 자리하고 있다. 도라는 것이 뭐 별 것이겠는가. 물아의 올바른 관계, 그것이 장자의 도이다.

물아(物我)의 올바른 관계를 위해서 우선적으로 선입견, 편견, 이데올로기로 왜곡된 자아의 허상을 제거해 나가야 한다. 그 과정을 장자는 외물(外物:물을 버림)이라고 하였다. 「대종사(大宗師)」편에서 장자는 도를 터득해 가는 외물의 공부 과정을 다음과 같이 제시하고 있다.

> 사흘이 지나자 (그는) 천하를 잊게 되었소. 천하를 잊게 되었으므로 나는 계속 수련하게 하였는데, 7일이 지나니까 (그는) 물을 잊게 되었소. 물을 잊게 되었으므로 나는 계속 수련하게 하였는데, 9일이 지나니까 생을 잊게 되었소. 생을 잊게 되자 비로소 환히 눈부신 깨달음을 얻게 되었소.[8]

깨달음을 얻는 과정이 외천하(外天下)→외물(外物)→외생(外生)…으로 제시되고 있다. 여기서 버려 가는 과정으로써 '외'는 『노자』 48장에서 말하고 있는 "학문을 하는 사람은 날로 더하고 도를 닦는 사람은 날로 덜어낸다. 덜어내고 덜어내어 무위에 이른다.(爲學日益, 爲道日損, 損之又損, 以至於無爲)"의 '손(損)'에 상응하는 것이다. '천하'는 주로 정치적 의미, 즉 지배 통치의 대상이 되는 공간 개념이다. 따라서 천하를 버린다는 것은 지배욕,

---

8) "三日而後能外天下. 已外天下矣, 吾又守之, 七日而後能外物. 已外物矣, 吾又守之, 九日而後能外生. 已外生矣, 而後能朝徹."「大宗師」

혹은 지배를 통해 얻고자 하는 인정과 명예의 욕구을 버린다는 것이다. '물'은 일반적인 욕망의 대상인 재화와 물질로 보는 것이 좋다. 따라서 물을 버린다는 것은 소유욕을 버리는 것이다. '외천하' '외물'은 욕망의 대상이 되는 타자를 버려 가는 것이지만 동시에 그 대상과 얽혀 있는 가짜인 욕망의 자아(형)를 버리는 것이다. 마지막으로 생을 버린다는 것은 죽음을 의미하는 것이 아니다. 대상과 얽혀 있는 욕망의 근원인, 왜곡된 자아를 유지하려는 집착을 버린다는 것이다. 왜곡된 자아가 가진 가장 심층의 집착이 이기적인 생의 욕망이다.

이러한 외물의 과정을 장자는 또한 심재와 좌망(坐忘)이라는 구체적 수양 방법으로 제시한다.

> (1) (위나라 군주와 같은 사람은) 자기 입장에 집착하여 남의 감화(化)를 받지 않는다. 겉으로는 타협하지만 마음속으로는 이와 같지 않다. […]
>
> (2) 너는 마음을 전일하게 하라. 귀로 듣지 말고 마음으로 듣고, 마음으로 듣지 말고 기로 듣도록 하라. 귀는 소리를 들을 뿐이고, 마음은 밖에서 들어온 것에 맞출[符] 뿐이지만, 기란 공허하여 무엇이나 다 받아들인다. 참된 도는 오직 빔 속에 모인다. 이 빔이 곧 심재이다. […]
>
> (3) 저 텅 빈 곳을 보아라. 아무것도 없는 텅 빈 방에 눈부신 빛이 비쳐 환히 밝지 않느냐[9]

(1)에서 보는 것과 같이 위의 인용 구절들은 위나라에 가서 포악한 군주를 감화 설득시키려는 안회와 이에 대해 전략을 충고하는 공자가 나누는 일련의 연결되는 대화이다. 이때 '화(化)'는 '감화'의 의미와 '기화(氣化)'

---

9) "將執而不化, 外合而內不訾. …… 若一志, 无聽之以耳而聽之以心, 无聽之以心而聽之以氣! 耳止於聽, 心止於符. 氣也者, 虛而待物者也. 唯道集虛. 虛者, 心齋也. …… 瞻彼闋者, 虛室生白." 「人間世」

의 의미를 다 가지고 있다. 감화가 인간관계의 문제라면 기화는 생성하는 자연 만물의 양상이라 할 수 있다.

(2)에서는 인식의 층차를 보여주고 있다. '귀' 는 감각기관을 통한 단순한 지각의 층이다. 이는 가장 저급한 인식의 수준을 말한다. '마음' 은 그 다음 층을 형성한다. 마음은 단순한 지각을 통해 들어온 감각 데이터를 분별하고 결합[符]하여 이미지를 만든다. 이러한 과정을 통한 인식이 분별지이다. 그러나 이것을 통해서도 남을 감화시키는 것은 불가능하다. 그런데 마지막인 '기' 로 듣는다는 것은 도대체 무엇인가? 기는 감각도 지각도 오성의 분별도 아니다. 그것은 텅 빔이다. 기는 가짜 자아를 버려 감으로써 자기를 텅 비우고 근원적인 생명력인 기의 우주적 리듬과 융합하는 것이다. 비어 있기 때문에 모든 것을 있는 그대로 다 받아들인다. 그리하여 나와 우주만물이 하나의 기운으로 통하게 한다. 여기에서 객관(자연)과 주관(자아)의 분별이 사라지게 된다.

(3)은 이러한 심재를 통해 얻을 수 있는 것이 무엇인가를 매우 시적으로 암시하고 있다. 여기서 빛[白]은 주객을 관통하는 일종의 '우주적 직관' 이다. 이것에 의해 비로소 만물의 감화가 가능하게 된다. 이것은 주객(물아) 대립을 전제로 하는 인식의 차원을 넘어서는 것이며, 결국 주객 대립을 넘어선 화해이다. 이 주객의 화해를 통해 참다운 감화가 가능하다. 이러한 물아의 경계가 사라진 화해란 사실 매우 심미적 경계이다. 시인이 사물과 교감하여 시심을 일으키는 심미적 과정과 유사하다.

좌망 역시 외물, 심재와 유사한 과정이다. 장자의 수양 과정은 '버림' 혹은 '잊음' 을 통해 절대 자유의 경지인 '소요' 의 노닒에 이르는 과정이다. 즉, 이 '버림' 의 과정이란 마음을 허정하게 하는 과정이며 '소요' 를 전개하는 조건이 된다. 다만 좌망에서는 심재에서 나타나는 '공허(빔)' 가 더 적극적 개념인 '대통' (大通:개방, 열림, 감응)으로 바뀐다.

안회가 말했다. "저는 얻은 바가 있습니다."

공자 : "무엇을 말이냐?"

안회 : "저는 인의(仁義)를 잊었습니다."

공자 : "됐다. 그러나 아직 미흡해."

(얼마 후) 다른 날, 다시 만나서 안회가 말했다.

"저는 얻는 바가 있었습니다."

공자 : "무엇을 말이냐?"

안회 : "저는 예악(禮樂)을 잊었습니다."

공자 : "가하다. 하지만 아직 미흡해."

(다시 며칠이 지난 후) 다른 날, 또 안회가 만나서 말했다.

"저는 얻는 바가 있었습니다."

공자 : "무엇을 말이냐?"

안회 : "저는 좌망하게 되었습니다."

공자가 놀라서 물었다. "무엇을 좌망이라고 하느냐?"

안회 : "손발이나 지체를 잊고, 귀와 눈의 작용을 물리쳐서, 형체를 떠나고 지식을 버리고 크게 통함과 하나가 되는 것, 이것을 좌망이라고 합니다."

공자 : 하나가 되면 (편벽된 차별의) 좋아함이 없어지고 (만물과 함께) 변화하면 집착하지 않게 된다. 너는 정말 훌륭하구나. 나도 네 뒤를 따라야겠다." [10]

여기서 인의예악이라는 이데올로기적 이념과 손발이나 지체 등의 형체

---

10) "顏回曰,「回益矣.」仲尼曰,「何謂也?」曰,「回忘禮樂矣.」曰,「可矣,猶未也.」他日,復見, 曰,「回益矣.」曰,「何謂也?」曰,「回忘仁義矣.」曰,「可矣,猶未也.」他日,復見, 曰,「回益矣.」曰,「何謂也?」曰,「回坐忘矣.」仲尼蹴然曰,「何謂坐忘?」顏回曰,「墮肢體, 黜聰明, 離形去知, 同於大通, 此謂坐忘.」仲尼曰,「同則無好也, 化則無常也. 而果其賢乎! 丘也請從而後也.」「大宗師」

는 왜곡된 자아를 의미한다. 그것은 세계와의 관계에서 인위적 욕망으로 구성된 것이다. 그리고 귀와 눈에 의한 지식은 왜곡된 자아를 통해 일어나는 인식의 분별 작용이다. 장자에게서 수양 공부란 이러한 것들을 버리는 것이다. 외물, 그리고 심재와 좌망을 통하여 비움에 이르게 될 때 우리는 세계와 자아 사이의 새로운 관계의 경계에로 들어서게 되는데, 그것은 모든 분별과 차별이 사라진, 세계와의 대통이다.

중국학자 관봉(關鋒)은 장자 철학의 기본 구조를 유대(有待)→무기(無己)→무대(無待)의 삼단식으로 명쾌하게 제시하였다. ‘유대’ 는 자(自)와 타(他)의 구별이 있어 서로 대립 관계에 있는 상대적 차원을 말하고 있는데 이는 왜곡된 자아와 세계의 관계이다. 이 관계 속에서 우리는 세계에 대해 시/비, 귀/천, 선/악, 미/추의 대립하는 상대적인 가치 판단을 내리게 되고, 보다 가치 있다고 판단된 것에 대해 욕망을 가지고 집착하게 된다. 여기에서 모든 다툼이 일어나고 모든 고통이 발생한다. ‘무기’ 는 그 자아의 껍질을 돌파해 나가는 실천적 수양인 외물, 심재, 좌망에 해당된다.

무기라는 자아를 비우는 과정을 통해 최종적으로 도달하는 ‘무대’ 는 자타, 주객이 대통되어 대립이 사라져 버린 비상대적 차원인 물아일체(物我一體)의 경계이다. 이곳에서 모든 분별적이고 대립적인 가치판단이 사라진다. 특히 이것을 장자는 ‘제물(齊物)’ 이라고도 하였는데 이는 모든 만물의 가치를 평등하게 여긴다는 뜻이다. 이렇게 될 때 타자(物)도 나를 해치지 않고, 나도 타자를 해치지 않게 될 뿐 아니라, 일체의 선입견, 편견, 이데올로기의 ‘나’ 를 텅 비워버렸기 때문에 나와 타자는 진정 자유롭게 서로 걸림이 없이 온전히 교감하고 융합할 수 있게 된다. 여기에서 소유와 지배를 위한 모든 갈등과 다툼이 근원적으로 사라지게 된다. 이것을 장자는 “빔과 고요함으로 천지에 미루어 나아가서 만물에 두루 통하게 한다고 말한다.”[11] 술 취한 시성 이백이 읊조린 “술 석 잔에 대도와 통하고/한 말에 자연과 합한다.(三盃通大道/一斗合自然)”는 시구는 바로 장자의 정신 경계를 술을 빌어 표현한 것이다. 장자의 정신은 궁극적으로 시인의 정신이다.

3) 절대 자유의 심미적 경계―소요유(逍遙遊)

'무대'란 모든 상대성을 넘어서 절대 자유의 경계를 말하는데 그 경계에서의 삶을 장자는 '소요'라고 하고 또 '소요의 경계에서 노닒[逍遙遊]'이라고 하였다. 소요란 전적인 자유 속에서 세계와 교감하며 노니는 유희다. 이것은 미학적이고 심미적이다. 장자에게 있어서 미학적인 것과 철학적인 것은 분리할 수 없는 혼연일체를 이루고 있는데 그것은 주로 심미 체험으로 드러난다. 장자의 심미체험은 물아일체를 통한 모종의 예술정신의 경계이다. 그래서 서복관(徐復觀)은 『중국예술정신』에서 장자가 추구했던 도는 위대한 예술가가 표현해내는 최고의 예술 정신과 본질적으로 같다고 주장한다.

이러한 경계에 이르기 위해서는 어떤 특별한 목적이나 유용성으로부터 해방되어야 하는데, 이러한 것은 '무용(無用)의 용(用)'에 잘 나타나고 있다. 「소요유」편에 나오는 혜자와 장자의 일화는 삶의 양식이 '유용(有用)에 집착하는 양식'과 '무용(無用)에로 열린 양식' 두 가지가 있음을 선명하게 보여주고 있다.

(1) 혜자가 장자에게 말했다. "위왕이 나에게 큰 박의 씨를 주었오. 이것을 심어서 길렀더니 다섯 섬이나 넣을 수 있는 박이 열렸지요. 그런데 여기에 장을 넣어 보았더니 워낙 무른데다가 무거운 것을 넣었으므로 들어 올릴 수가 없었오. 그것을 쪼개어 표주박을 삼았는데 편편하고 얕아서 물도 길을 수가 없었오. 처치할 수 없을 정도로 크기는 크지만 아무 소용에도 닿지 않으므로

---

11) "言以虛靜推於天地, 通於萬物." 「天道」

나는 그것을 깨뜨려 버렸다오."

장자가 말했다. "당신은 정말 큰 것을 쓸 줄 모르는군요. […] 지금 그대에게 다섯 섬들이 박이 있다면 왜 큰 통의 배를 만들어서 강호(江湖)에 띄워 유유히 즐기려하지 않고, 펀펀해서 아무것도 담을 수 없다고 불평하는 것을 보면 그대의 마음이 꽉 막혀 있구려."[12]

(2) 혜자가 장자에게 말했다. "우리 집에는 큰 나무 한 그루가 있는데 사람들은 가죽나무라고 부르지요. 그런데 그 나무라는 것이 굵은 줄기는 혹 투성이라 먹줄을 댈 수 없으며 그 작은 가지는 비틀리고 굽어서 그림쇠와 곡척으로도 어쩔 수 없단 말예요. 길가에 서 있으나 대목도 거들떠보지도 않소. […] 그런데 당신의 말도 이 가죽나무 같아서 크기만 했지 쓸모가 없어 모두들 외면해 버립니다."

장자가 말했다. "[…] 지금 당신은 큰 나무를 가지고 있으면서도 그것이 쓸모 없다 하여 걱정인 듯 하오만 어째서 '무하유지향'의 드넓은 들판에 심고 그 곁에서 마음 내키는 대로 한가로이 쉬면서, 그 그늘에 유유히 누워 자 보지는 못하오. 도끼에 찍히는 일도, 누가 해를 끼칠 일도 없을 게요. 쓸모가 없다고 어째서 괴로워한단 말이오."[13]

유용성에 대한 집착은 인위적 욕망에서 나온다. 유용에 대한 집착은 나와 세계의 관계를 도구적 관계 속에 정립한다. 도구적 관계란 타자를 내 쓸모의 수단으로 여기는 것이다. 도구적 관계 속에서 세계는 쓸모 있는 부

---

12) "惠子謂莊子曰.「魏王貽我大瓠之種, 我樹之成而實五石, 以盛水漿, 其堅不能自擧也. 剖之以爲瓢, 則瓠落無所容. 非不呺然大也, 吾爲其無用而掊之.」莊子曰.「夫子固拙於用大矣. (중략) 今子有五石之瓠, 何不慮以爲大樽, 而浮乎江湖, 而憂其瓠落無所用? 則夫子猶蓬之心也夫!"「逍遙遊」

13) "惠子謂莊子曰.「吾有大樹, 人謂之樗. 其大本擁腫而不中繩墨, 其小枝卷曲而不中規矩, 立之塗, 匠者不顧. 今子之言, 大而無用, 衆所同去也.」莊子曰.「(중략) 今子有大樹, 患其无用, 何不樹之於无何有之鄕, 廣莫之野, 彷徨乎无爲其側, 逍遙乎寢臥其下. 不夭斤斧, 物无害者, 无所可用 ,安所困苦哉!"「逍遙遊」

분만이 나와 관계를 맺게 된다. 곰이 웅담으로 보이고, 친구가 돈으로 여겨지고, 아름다운 숲이 아파트 부지로 보이게 되는 것이다. 한쪽이 다른 한쪽의 도구가 되는 그 관계는 소유와 지배의 관계다. 그리고 쓸모 없는 나머지는 무시되거나 폐기된다. 나아가서 쓸모 없는 부분은 적대적인 것이 되고 그것은 파괴되어야 하는 것이다. 위왕이 준 박씨에서 열린 박이 너무 커서 쓸모가 없어 부셔버리는 혜자는 이러한 삶의 양식을 대변한다.

반면에 무용으로 열린 양식은 나와 세계의 관계를 심미적 관계 속에 들여다 놓는다. 여기서 유용성(쓸모)이라는 하나의 통로 외 폐쇄되어 있던 '나'와 '타자'가 모든 통로로 열린다[大通]. 심미적 관계 속에서 모든 타자[物]는 나와 심미적 감응 관계 속에서 서로 향유된다. 장자의 심미적 관계란 미/추의 상대적 분별 속에서 미를 느끼는 관계가 아니다. 있는 그대로의 자연과 전면적인 향유와 감응의 관계이다. 주객 상호 간 모든 통로의 열림이다. 그것은 전면적인 개방을 의미한다. 이것이 '대용(大用)'이요, 무용의 '용'이다.

(2)의 일화 역시 동일한 의미를 담고 있다. 혜자의 도구적 관계 속에 쓸모 없는 것으로 버려졌던 나무는 장자의 심미적 관계 속에 비로소 의미 있는 존재로서 자아와 관계를 갖는다. 도구적 이성을 통한 인식 속에서는 은폐되어졌던 것들이 심미적 관계 속에서 자신을 드러내고 상호 감응하는 것이다. 심미적 관계 속에서 우주는 무궁한 연결망으로 상호 감응하는 감응의 체계가 된다. 모든 존재들이 밖의 경계를 허물고 상호 안으로 융합되는 자리가 '아무것[有]도 없는 곳[無何有之鄕]'이다. '유'는 밖의 경계로 구획 지워진 '존재'이다. 반면 모든 존재들의 경계선이 사라진 곳이 '무하유지향'이다. 장자가 소요하고 유유자적해 하는 '무하유지향', '광막지야'는 '도구적 관계'[有]로부터 해방되어 모든 존재가 전면적으로 감응하는 곳을 말하는 것이다. 그리하여 도구적 관계 속에 상호 은폐되거나 폐기되고 왜곡되었던 모든 존재들[物]이 열리면서 있는 그대로의 실상을 회복하는[萬物

復情] 곳이다. 이곳에서 세계와 나의 새로운 관계, 즉 물아일체의 심미 체험이 열린다. 전면적인 개방과 감응 속에서 장자는 우주 만물 모든 것이 아름다운 것임을 느낀다. 그것이 바로 '천지대미(天地大美)' 이다.

> 동곽자가 장자에게 물었다. "소위 도란 어디에 있습니까?"
>
> 장자 : "없는 곳이 없소."
>
> 동곽자 : "구체적으로 가르쳐 주십시오."
>
> 장자 : "땅강아지나 개미에게 있소."
>
> 동곽자 : "어째서 그렇게 낮은 것에 있습니까?"
>
> 장자 : "돌피나 피에 있소."
>
> 동곽자 : "어째서 점점 더 낮아집니까?"
>
> 장자 : "기와나 벽돌에도 있소."
>
> 동곽자 : "어째서 차츰 더 심하게 내려갑니까?"
>
> 장자 : "똥이나 오줌에도 있소."
>
> 동곽자는 (말문이 막혀) 아무 대꾸도 하지 않았다.[14]

이 정도면 누가 말문이 막히지 않겠는가? 뭔가 심오하고 신비한 형이상학적 대답이 나와야 할 순간에 똥과 오줌이라니. 그러나, 그렇다. 도란 허공 속에 춤추는 심오한 관념 덩어리가 아니다. 그것은 똥 속에도 있다. 모든 것 속에 있다. 모든 것이 거룩하다. 모든 것은 다른 것의 도구나 수단이 아니다. 만물 모두가 제각각 도(道)이며, 생명이며, 거룩하고 아름다운 것임을 깨닫는 것이 도를 깨닫는 것이다. 그리하여 도와 하나되는 것, 우주 만물과 하나되는 것, 즉 물아일체란 궁극적으로 세계와의 심미적 화해와

---

14) "東郭子問於莊子曰:「所謂道, 惡乎在?」莊子曰:「無所不在.」東郭子:「期而後可.」莊子曰:「在螻蟻.」曰: 「何其下邪?」曰:「在稊稗.」曰:「何其愈下邪?」曰:「在瓦甓.」曰:「何其愈甚邪?」曰:「在屎溺.」東郭子不應."「知北遊」

융합을 의미한다.

이제 이 장 앞에서 인용했던 호수의 일화로 다시 돌아가 보자. 물고기와의 감응을 보여주기 위하여 장자는 먼저 혜시의 사뭇 치밀한 논리와 분석을 보여준다. 그리하여 일견 논리와 분석이 승리하는 듯한 바로 그 순간, 장자는 느닷없이 상황을 역전시켜서 논리의 차원과는 다른 직관적인 감응의 차원을 제시한다. "자 근본으로 돌아가 봅시다."—이 극적인 효과! 그것은 일종의 심미적 직관으로의 초대다. 장자는 우선 궤변을 늘어놓는다. "당신은 '어찌 당신이 물고기의 즐거움을 안단 말이오' 라고 했지만 이미 그것은 내가 안다는 것을 알고서 내게 물은 거요." 이 말은 무척 억지처럼 보이지만 사실 중대한 문제를 내포하고 있다. 장자는 혜시가 전개하는 논리의 숨어 있는 대전제가 '서로 다른 존재는 서로 알 수 없다' 라는 것임을 간파하고, 그것을 전도시킴으로써 논리를 교란시키고 해체시켜 논리가 아닌 다른 차원으로 혜시를 이끌려고 하는 것이다. 장자가 물고기와 직접적으로 만나는 실재의 차원에 있다면 혜시는 장자의 말과 만나는 말의 차원에 있기 때문이다.

결국 장자는 자신이 물고기의 즐거움을 안다는 것을 증명하기 위해 단호하게 한마디만을 한다. "나는 호수 위에서 알았단 말이오." 이것은 전혀 삼단논법과 같은 추론에 근거한 증명이 아니다. 그것은 아무런 매개 없는 직관이다. 아무런 논리도 말도 필요로 하지 않는, 만물 사이의 직접적인 교감의 세계를 보여주려는 것이다. 한순간에 주체와 객체가 하나의 느낌 속에 관통되고 있는 차원. 이러한 직접적인 교감 속에서 천지대미가 나타난다.

장자는 천지만물과 이러한 교감을 '하늘의 조화[天和]' 라 하였으며, 이렇게 조화된 세계의 모습을 '하늘의 균형[天均]' 이라고 하였다. 그리고 그러한 천화, 천균 속에 사는 삶을 장자는 '소요유' 라고 하였다. 이러한 소요의 삶에는 물아의 갈등 대립 속에서 생기는 모든 고통이 사라지고 '지극한 즐거움[至樂], '하늘의 즐거움[天樂]'이 가득 차게 된다. 이러한 물아일체의 도는 이후 '이물관물'(以物觀物), '무아지경'(無我之境) 등 중국 미학의 핵심적 이념으로 발전되어 간다.

4. 『장자』의 현대적 맥락

근대란 단순화해서 말하자면, 서유럽의 특수한 문명이 제국주의적 지배를 통해 보편화된 시대이며, 현대까지 지속되고 있는 지배적 문명이다. 그 문명은 경쟁, 지배, 소유, 확대를 미덕으로 하는 남성적 특성이 극대화된 문명이다. 그 문명은 한 손에는 과학기술을 한 손에는 자본주의 시장을 움켜쥐고 있다. 그러나 이제 이러한 문명이 위기에 이르렀다는 것은 도처에서 감지할 수 있는 낯익은 징후이다.

근대 문명의 모순과 문제점이 집약적으로 드러나고 있는 것이 환경의 문제이다. 이제 환경의 문제는 매우 총체적인 문제이며 근원적인 반성을 요구하는 문명사적 전환점이 되고 있다. 환경 문제의 근원성은 그 파괴의 심각성 이전에 그것이 결국 물/아의 문제이기 때문이다. 그것은 우리가 세계를 어떻게 경험하느냐 하는 매우 근원적인 세계관의 문제이며 세계에 대한 인간의 위상 정립의 문제이다. 이러한 환경 문제는 장자가 고민했던 문제와 큰 틀을 공유한다. 물/아의 문제를 현대의 담론 속에서 살핀다면 자아와 타자의 문제, 인간과 자연의 문제, 중심과 주변의 문제 등의 사뭇 복잡한 그물망 속에 놓이게 된다. 이러한 문제들은 다름 아닌 장자 철학의 중심 문제들이기도 한 것이다.

장자의 사유는 심층생태학, 생태페미니즘 등의 생태학적 상상력과 깊은 공통적 토대를 가진다. 생태학적 상상력에 의하면 세계를 세계이게 하는 것은 실체적인 요소들이 아니라 관계이다. 세계는 관계의 연결망을 통해 세계로 드러난다. 관계는 존재에 앞서는 것이다. 장자에 나타나는, 내 존재의 전적인 개방을 통한 무궁한 감응의 세계란 바로 이 연결망이다. 장자의 도는 존재론적으로 본다면 무(無)이지만 일체의 것을 대통(大通)하게 하는, 생성하는 '빈 중심'이다. 도는 스스로 비어 있기 때문에 생명의 대연쇄를 가능하게 한다. 이러한 생명의 대연쇄를 장자는 천균, 혹은 천화, 천지대미라 하고 있다.

현대는 물질적 욕망과 욕망의 확대, 그 욕망을 쟁취하기 위한 경쟁을 주요 가치로 가진 남성적인 '양—지향적'인 가치관에 지배되는 문명이다. 이러한 가부장적인 남성적 가치관이 현대 문명의 위기에 있어서 근본적인 원인이 되고 있다. 이천여 년 전, 욕망의 폭발적인 증대 앞에서 고뇌했던 노자는 이미 모든 폭력의 근원에 욕망의 문제가 놓여 있음을 깨닫고 건강하고 행복한 삶은 인위적 욕망을 줄임으로써만이 가능하다고 생각했다. 이를 위해서는 우리의 삶이 확대지향이 아니라 축소지향적이어야 하며, 딱딱함—힘—경쟁—지배가 아니라 부드러움—겸손—부쟁—소박의 양식을 추구해야 한다. 이러한 노자의 문명관을 여성적 문명관이라고 이름할 수 있으리라.

장자의 철학은 그 기본 흐름에서 노자를 이어받고 있으며 또 다른 측면에서 노자의 사유를 심화 발전시키고 있다. 그 다른 측면이란 바로 노자에게는 매우 빈약했던 심미적 측면이다. 특히 오늘날 환경오염에 의한 생태계의 위기에 대하여 장자가 세계를 바라보는 심미적 태도는 노자의 여성적 문명관, 그 이상의 매우 새롭고도 유익한 전망을 담고 있다. 그것은 도구적 목적성과 유용성의 척도에 의해 형성된 세계와 인간의 폭력적인 관계를 심미적인 화해의 관계로 재정립하고자 한다. 생태학적 상상력이라는 관점에서 볼 때, 노자의 여성적 문명관이 가진 생태학적 기획은 장자의 심미적 우주관을 통해서 심화되고 완성된다고도 할 수 있으리라.

장자는 자신이 성취한 정신 경지를 다음과 같이 요약하여 말하고 있다.

홀로[獨] 천지의 정신과 왕래하면서 만물을 멸시하지 않고, 시비를 가려 꾸짖지 않으며, 다만 세속과 더불어 산다.[15]

여기서 '독'(獨)은 수양이 극치에 이르렀을 때 나타나는 자유로운 정신 경계를 표현하는 장자 특유의 술어이다. 그런데 더욱 주목해야 할 것은 '천지 정신'이라는 말이다. 오늘날 우리가 사용하고 있는 '정신'이라는 술어는 장자가 처음으로 만들어 쓴 것이다. 그러나 장자에게 인간만 정신의 주체는 아니다. 천지가 다 정신이다. 정신과 정신이 왕래한다. 이 왕래가 다름 아닌 감응이다. 우리는 이 감응 속에서 주체니 객체니 구별을 일삼는 인식론과 존재론을 훌훌 떠나서 만물과 융합될 수 있다. 장자가 파악한 참된 세계는 마음이 구성한 허깨비 같은 허상도 아니고, 마음과 독립되어 소박하게 실재하는 덩어리도 아니다. 세계는 인간의 정신과 천지자연의 정신이 감응을 통하여, 그리고 감응을 통한 상호 향유 속에서 비로소 드러나고 생성되는, 살아 있는 그 무엇이다. 그러한 세계의 모습이 '천지의 아름다움'[天地之美]이다. 이러한 장자의 세계관을 심미적 세계관이라고 불러도 좋으리라. 만물의 아름다움을 느끼는 자가 어찌 만물을 멸시하고 파괴할 수 있겠는가? 여기에 또한 장자의 심미적 세계관이 지닌 생태학적 함의가 있다.

장자는 자연을 지배하거나 소유하고자 하지 않는다. 그는 자연과 벗이 되고자 하고, 하나가 되고자 한다. 그리하여 그는 "천지와 나는 함께 살아가고, 만물과 나는 하나(天地與我幷生, 萬物與我爲一)"(「齊物論」)라고 말하고 있는 것이다. 심미적 감응 속에서 천지 만물과 하나가 되고자 하는 것은 오늘날 녹색 운동의 모델이 되고 있는 아메리카 인디언의 삶의 양식과 또

---

15) "獨與天地精神往來, 而不敖倪於萬物, 不譴是非, 以與世俗處." 「天下」

한 다르지 않다. 인디언 '서있는곰'은 이렇게 말하고 있다.

> 우리는 자연에서 멀어진 인간의 마음은 금방 딱딱해지고 만다는 것을 알고 있다. 여기에서 소유와 지배를 위한 모든 갈등과 다툼이 근원적으로 사라지게 된다. [···] 라코다 족에게 있어서 산과 호수, 강, 실개천, 계곡, 덤불 숲은 모두 그 자체로 완성된 아름다움이었다. 바람, 비, 눈, 햇빛, 낮, 밤, 계절의 변화 등은 끝없는 매혹 그 자체였다. [···] 자연의 학생만이 배울 수 있는 것을 우리는 배웠는데, 아름다움을 느끼는 일이 그것이었다.

자연과 우리가 친구가 되지 않고, 자연의 아름다움을 느끼지 않으면서 어떻게 환경 문제가 근본적으로 해결될 수 있으랴. 심미적 세계 속에서 그 아름다움을 향유할 수 있을 때, 비로소 "나는 만물과 더불어 봄을 이룬다(與物爲春)"(「덕충부」). 봄은 생명의 계절이다. 노자의 여성적 세계관은 장자에게서 심미적·시적 세계관으로 발전하여 오늘날 생태학적 상상력이 도달해야 할 비전을 심오하게 이미 제시하고 있는 것이다.

[더 생 각 해 볼 문 제]

1. 현대 물리학의 이론들과 장자의 기화론을 비교해 보자. 특히 양자이론, 혼돈이론, 비평형열역학 등의 최첨단 물리학 이론을 알아보고 장자의 기와 비교해 보자.

2. 현대 환경 위기에 대하여 다양한 생태학 논의들이 각각 그 원인을 어떻게 파악하고 해결 방법을 어떻게 찾고 있는지 알아보자. 그리고 이들과 관련지어 볼 때 장자의 정신이 어떤 생태학적 함의를 가지는지 생각해 보자.

3. 동양 예술의 정신, 특히 산수화의 화론을 알아보고 그 속에서 추구하는 예술 정신이 무엇인지 알아보자. 그리고 그 예술 정신과 장자 정신 경계를 비교해 보자.

4. 오늘날의 세계, 특히 자본주의 체제는 유용성을 가장 중요시 여긴다. 여기서 발생하는
문제들을 찾아보고, 만약 장자의 무용지용(無用之用)이 우리 세계에 확산된다면 어떤 변화
들이 일어날 것인지 생각해 보자.

[주 제 어]

기화론(氣化論)

세계와 만물을 이루는 물질적 바탕을 기로 보고, 모든 생성 변화를 기의 변화로 해석하는
이론. 장자의 기는 물질이면서 동시에 정신성을 담고 있는 생명 에너지와 같은 것이며 무궁한
생성과 변화의 주체다.

외물(外物)

욕망을 버려가는 수양의 과정이다. 그것은 또한 사회적 권력, 이데올로기, 그리고 개인적
욕망이 구성한 가짜 자아를 해체시키는 과정이기도 하다. 외물을 통하여 우리는 우주 자연과
하나의 기운으로 통하고 있는 참된 자아를 발견할 수 있게 된다. 이러한 과정을 장자는 또한
심재(心齋), 좌망(坐忘), 무기(無己)라고도 했다.

천지대미(天地大美)

장자에게서 미는 추와 상대되는 미가 아니다. 미/추의 분별적이고 상대적 가치 관점을 넘
어서 일체의 모든 것을 있는 그대로 긍정할 때 모든 것은 그 모습 그대로 아름다운 것이다. 이
러한 천지 자연의 본 모습이 바로 천지대미이다.

역사와 사회의 교차로에서

조선 성리학자 정약용 노블리스 오블리제를 말하다:
정약용 『목민심서』

고려인이 다시 쓴 삼국의 역사를 새롭게 읽는 법:
김부식 『삼국사기, 열전』

세상에 글 아는 사람 되기 어려워라:
황현 『매천야록』

3

조선 성리학자 정약용 노블리스 오블리제를 말하다:
정약용 『목민심서』

조선 성리학자 정약용
노블리스 오블리제를 말하다
: 정약용 『목민심서』

김치완 | 제주대학교

1. 조선 성리학자 정약용

"정체가 뭐야?"

다산 정약용(1762~1836)은 양파 껍질 같다. 약관의 나이인 1784년에 요한이라는 세례명으로 천주교에 입교했지만, 정조(1777~1800 재위) 재위 당시에 몇 번씩이나 「자명소(自明疏)」를 올려 배교(背敎) 의사를 분명히 밝혔다. 천주교와 관련되었다는 혐의로 좌천되어서 금정역의 찰방(察訪)으로 나갔을 때는 천주교도들을 체포하는 일에 앞섰지만, 순조(1800~1834 재위) 즉위년에는 도리어 사학의 괴수로 몰려 길고 긴 유배생활로 들어섰다. 길었던 유배기간에는 육경사서(六經四書)를 꼼꼼히 연구한 경학자(經學者)인가 하면, 경세치용(經世致用) 조선 실학의 집대성자이기도 하다. 어디 그뿐이랴. 주자학에 반대한 혁신적 인물인 동시에 주자학적 세계관의 핵심을 가장 정확하게 파악한 인물이기도 하다.

상상력을 발휘해 보자. 다산은 우리의 모습을 비추는 거울이다. 그래서 그런지 우리는 종종 그를 21세기로 불러들이면서 우리가 보고 싶은 관점대로 재구성해내는데, 다산은 거기에 언제나 딱딱 맞아떨어진다. 다산은 우리가 보고 싶은 모습을 보여주는 거울이니까. 하지만 그래서 우리는 다산을 제대로 보지 못한다. 그러면 어떻게 해야 다산을 제대로 볼 수 있단 말인가. 우선 조선 유학의 맥락을 되짚어 들어가 보자.

조선 유학은 〈주자학의 '충격'〉이라는 말로 요약할 수 있다. 조선 지식인 사회가 주자학에서 겪은 '충격'은 너무 컸다. 그 이유로는 여러 가지를 손꼽을 수 있지만, 김승동 교수는 『한국철학사』에서 이렇게 말했다.

> 고려(高麗) 말기의 신흥 사대부들이 불교의 대안으로서 성리학(性理學)이라는 새로운 이데올로기를 채택한 것은, 성리학 자체가 본래 원시 유교의 현실 참여 정신과 불교·도교와의 이념 논쟁 과정에서 완성된 고도의 추상적 철학 체계라는 양면을 동시에 가지고 있는 것으로 파악하였기 때문이다. 그렇기 때문에 조선의 성리학은 정치와 학문의 양면에서 관학파와 훈구학파의 느슨한 성리학, 절의파와 사림파의 다소 강한 명분론적 성리학이라는 두 계통으로 이분되었다. 이렇게 보면 명분론적 성리학 계통의 심성논변은 '권력집중과 현실사회 문제와의 괴리라는 관학파―훈구파의 반주자학적(反朱子學的) 모형'에 대한 비판이라고 볼 수 있다.

현실 참여의 명분을 제공한다는 점에서 보면 주자학은 정치이데올로기이다. 그런데 존재의 이유[理]를 가치[性]에서, 가치의 근거를 존재에서 모색하고 있다는 점에서 보면 상당히 형이상학적이다. 주희(1130~1200)는 인간이 선(善)하다는 것을 설명하는 데 천명(天命)이나 하느님을 말할 수 없는 시대가 되었다고 판단했다. 그래서 인간 이성의 문제에 과학적 원리, 곧 존재의 원리를 끌어들였다.

'우리는 왜 선(善)을 행해야 하는가?'

'원래 사람이란 그렇게 하도록 되어 있으니까.'

'그걸 어떻게 아는가?'

'그걸 궁금해 하는 걸 보면 안다.'

주희, 곧 주자의 대답은 의외로 간단하다. 오늘날 동양철학에서 주자를 데카르트와 비교하고, 서양에서 말하는 '모던(Modern)'이 주자로부터 시작되었다고 말하는 것은 바로 이 대답 때문이다. 그런데 주자의 이 간단한 대답은 분명히 '이성을 기초로 하고 있다는 자기 확신'에서 비롯된 것이지만, 그래서 오히려 균열의 조짐이 보인다. 사물의 이치, 자연 법칙을 찾아내서 그것을 우리의 삶 속에 적용해도 달라지는 것은 없다. 일찍이 자로 (B.C.543~B.C.480)가 공자(B.C.551~B.C.479)에게 따졌듯이 '원리를 안다고 해서 굶어죽을 처지에서 벗어나는 건 아니기' 때문이다. 오히려 매뉴얼[天命]이 없는 '자아 찾기'[性善]가 자칫 헛된 수고로 끝나지나 않을까 하는 두려움만 더 커진다.

흔히 조선 성리학의 중요한 논쟁들이 현실과 무관한 명분 다투기에 불과하다고 말한다. 하지만 이러한 논쟁들은 천명이라는 손쉬운 매뉴얼을 버리고, 자기가 처한 현실 문제를 합리적으로 해결하려고 한 지식인들의 토론 과정이다. 이 점은 임진왜란(1592~1594)과 병자호란(1636~1637)을 겪으면서 인물성동이론(人物性同異論)이 활발하게 전개되었다는 점에서도 확인된다. 죽고 죽이는 전장에서 인간에 대해 환멸을 느껴서 '동물과 뭐 다를게 있느냐'고 되묻는 이들과 '그렇게 되물을 수 있으니 동물과 다른 것 아니냐'고 반문하는 이들은 결국 다음과 같은 '동일한 전제'에서 출발하고 있다.

'나는 인간이다.'

 본성적으로 성리학은 어떤 상황에도 어울리는 합리적인 대답을 제시해야 한다는 부담을 안고 있다. 그래서 더 이상 우리가 이해할 수 없는 '하느님의 뜻'이라고 에둘러 말하면 안 된다. 언제나 어디에서나 가장 합리적인 대답을 모색하고 제시하여야만 하며, 그렇지 못하면 제대로 된 성리학적 인간, 적어도 '군자(君子)'는 못 된다. 그래서 성리학은 그 자체로 실학이다.

> 이 책이 처음에는 한 가지 이치를 말하였고, 가운데에서는 흩어져 만사가 되었고, 끝에는 다시 합하여 한 이치가 되었으니, 이것을 풀어놓으면 우주에 가득하고, 거두어들이면 물러가 은밀한 데 감추어져서 그 맛이 무궁하니, 모두 참된 학문(實學)이다.
>
> —『중용장구(中庸章句)』1장

 주자의 관점에 따르면, 조선 유학은 다산 이전에 이미 실학이었다. 물론 여기서 말하는 실학이 조선 후기의 실사구시(實事求是)와 이용후생(利用厚生) 및 경세치용(經世致用) 등을 내용으로 하는 독특한 학문적 흐름을 가리키는 말은 아니다. 하지만 인간이 처한 현실, 실제 삶을 주제로 하는 학문이라는 점에서는 실학이다.
 그런데 인간이 처한 현실은 인류 역사 이래로 그다지 변하지 않았다. 지배자가 있는가 하면 피지배자가 있고, 그러한 지배구조가 잘못이라고 말하는 이가 있는가 하면 그것은 어쩔 수 없는 일이라고 말하는 이가 있다. '사람을 먹여 살리는 산업이 우선되어야 한다'고 말하는 이가 있는가 하면 '먹고 사는 게 뭐 대수냐'고 '그러니 고아한 이상과 명분이 우선해야 한다'고 말하는 이가 있다. 따라서 역설적이기는 하지만 오롯이 인간의 현실을 문제 삼기 시작하면 앞뒤가 안 맞는 말이 뒤섞여 나오고, '그때는 그때고 지금은 지금이다(此一時彼一時-『孟子』「公孫丑」)' 라는 말장난 같은 이야기도 실수처럼 나올 수밖에 없다. 인간은 그만큼 '모순된' 존재이기 때문이다.

다산은 조선의 성리학자다. 그래서 주자가 주목하고 남긴 '인간' 의 문제를 적극적으로 해결하려고 했다. 하지만 바로 그랬기 때문에 다산의 해명은 통일된 하나의 학적 체계를 갖추고 있지도 않고, 그럴 생각도 없는 것처럼 보인다. 왜 그럴까. 주자나 다산이나 '현실의 인간' , '인간의 현실' 에 주목하였기 때문이다. 여기에는 '성즉리(性卽理)' 라고 하는 거대한 청사진은 애초부터 없다. 아니, 어쩌면 성즉리는 군데군데 빈 공간 때문에 더 매혹적인 퍼즐일는지도 모른다. 다 채워나갈 수 있으리라는 희망이 있지만, 혹시 못 채우더라도 도저히 실망할 수 없는 그런 퍼즐 말이다. 다산이 양파 껍질 같기만 한 것은 그도 또한 이 퍼즐을 맞춰 나갔기 때문이다.

2. 경세가(輕世家) 다산

다산은 당시 정치적 배경과 영향력이 절대적으로 부족했던 남인(南人) 시파(時派) 출신이다. 남인은 선조(1567~1678 재위) 때에 중앙 관직에 대거 진출한 사림(士林)들 가운데서, 비교적 젊은 층이었던 동인(東人)에서 분기한 파(派)이다. 이들은 기축옥사(己丑獄死, 1589:정여립 반역의혹사건) 때 동인 처벌을 주도했던 송강 정철(1536~1593)이 실각한 후, 그를 온건하게 처리하자고 주장하여서 강경파인 북인(北人)과 갈라섰다. 임진왜란 때에도 무조건 항쟁하기보다는 민생을 염려한 화의(和議)를 강조하였다가, 끝내 실각하였다. 이후로 남인은 정권의 아웃사이더로서, 명분보다는 현실을 중시하고, 극단적인 선택보다는 비교적 온건한 타협을 강조하는 정치색을 지켜갔다.

그래서 남인은 두 번의 예송(禮訟)에서나, 효종 재위 때의 북벌론과 그 이념적 바탕인 조선소중화주의(朝鮮少中華主義)에 있어서도 왕권과 현실에 더 무게를 두는 입장에 섰다. 사실상 지킬 수 없는 명분보다는 임진왜란과 병자호란을 거치면서 피폐해진 민생경제를 진작시키는 일을 '우선 선택'해야 한다는 것이 이들 남인의 공통된 인식이었다. 이런 인식은 명분을 앞세운 권력 투쟁 속에서 아버지를 여의고, 불안한 왕위 계승자로서 몸을 낮추고 살던 정조의 인식과 일정 부분 중첩된다. 그래서 남인 가운데서도 재기에 넘치는 젊은 '학자─관료' 들은 정조의 즉위와 함께 새로운 권력으로 들어설 수 있었고, 그런 만큼 정치 사회 경제 면에서 지금까지와는 다른 새로운 대안을 모색할 수 있다고 믿었다.

다산도 예외가 아니었다. 다산의 집안은 8대가 옥당(玉堂:홍문관)에 들었던 조선조의 대표적인 학자 집안이다. 물론 낙향한 5대조 이래로 과거에 급제한 이가 없어서 아버지인 하석 정재원에 이르러서야 외직인 고을 수령을 지낼 수 있었다. 하지만 다산과 다산의 둘째 형 정약전은 대과(大科)에 급제하여 옥당 집안이라는 전통을 이었는데, 특히 다산은 당상관(堂上官) 통정대부(通政大夫)에까지 벼슬이 이르렀다. 하지만 그렇다고 해서 다산과 다산의 집안, 그리고 남인 계통이 하루아침에 장밋빛 미래를 꿈꿀 수 있는 것은 아니었기 때문에, 정약종이나 이승훈처럼 정조의 약속 대신 새로운 학술─종교 운동에 희망을 거는 이들도 있었다. 이들은 그들이 살고 있던 시대의 권력과 권력자의 속성을 꿰뚫어 보았던 것이다.

조선은 왕이 제멋대로 하는 왕의 나라가 아니고, 그 어느 왕도 군왕제도의 변혁을 꿈꾸는 이들의 세상을 만들어 줄 생각이 없었다. 다산도 이 점을 알고 있었지만, 정조와 채제공(1720~1799)을 믿었던 것이다. 그가 꿈꾸고 역설했던 세상은 분명히 근대적인 요소를 가지고 있었지만, 그렇기 때문에 오히려 그 모든 것이 이루어지지 않을 것임을 알았고, 그런 것들을 어느 정도는 포기하거나 유예했을 것이다.

> 갑진년(23세, 1784) 여름, 이벽(1754~1786)을 따라 두미협(斗尾峽)으로 배를 타고 내려가다, 처음으로 서교(西敎)에 대하여 듣고 한 권의 책을 보았다. 그러나 변려문(騈儷文)의 학습에 온 마음을 기울여 공부하고 표(表)·전(箋)·조(詔)·제(制)를 익히며 그런 글들을 수백 권이나 수집하였다. 또한 태학에서 달마다 내리는 과제와 열흘마다 보는 시험에 높은 점수로 뽑혀 서적이나 종이·붓 등을 자주 하사받기도 하였고, 경연에 올라가는 가까운 신하처럼 <u>임금과 자주 면담하여서 그 밖의 일에는 참으로 마음을 기울일 겨를이 없었다.</u>
>
> — 『자찬묘지명』 집중본(『自撰墓誌銘』 集中本)

현실에서 가능한 꿈을 꾸는 대가(代價)로, 다산은 정조 시대 최고의 브레인, 곧 규장각 초계문신(抄啓文臣)으로 발탁될 수 있었다. 초계문신이란 정조가 국가에 유용한 인재를 기르기 위해, 젊고 학문적 자질이 뛰어난 관료를 선발하여 규장각에 소속시키고, 경전의 강론과 학문의 연마에 더욱 깊이 정진하게 하는 제도였다. 실제로 정조가 붕어(崩御)하는 경신년(39세, 1800)에 이르기까지, 다산은 예문관(禮文館) 검열(檢閱)·사간원 정언(正言)·사헌부 지평(持平)·홍문관 수찬(修撰)·승정원 동부승지(同副承旨)·우부승지(右副承旨)·형조참의(刑曹參議)로 요직을 두루 거치면서 정조의 총애를 받을 수 있었다. 이 점을 보면, 다산은 당대에는 영향력을 미치지 못했던 불우한 천재가 아니라, 유배 이전 18년 동안 이상을 실현하려고 구체적으로 노력한 당대 최고의 정치가였다.

물론 경술년(29세, 1790)과 을묘년(34세, 1795), 그리고 정사년(36세, 1797)에 각각 유배나 좌천당한 일도 있지만, 이러한 조치는 기독교 전력을 문제 삼는 정적들로부터 다산을 보호하고자 하는 최고 권력자의 배려였다. 다산도 이 점을 자각하고 있었기 때문에 정조의 붕어에 즈음하여 쫓기듯 고향으로 내려와 당호(堂號)를 '여유당'(與猶堂)이라고 지어 붙였다. '여유'라는 말은 『노자』의 "망설임이여, 겨울에 시냇물을 건너듯 하고, 경계함이여, 사방에서 엿보는 것을 두려워하듯 한다[與兮若冬涉川, 猶兮若畏四隣]"라는 말에서 따온 것인데, 정치적 배경이 보잘 것 없었던 다산이 얼마나 정조의 총애를 입었는지를 역설적으로 보여주는 사례이다.

신유년, 다산의 나이 불혹. 더 이상 흔들리지 않을 자신만의 세계를 구축할 때를 눈앞에 두고 다산은 의지처를 잃었다. 십년 연상이던, 그래서 급작스러웠던 정조의 붕어는 다산에게 말 그대로 산이 넘어지는 것[崩]과 같은 충격이었다. 그리고 셋째 형 정약종이 연루된 '책롱사건'(冊籠事件)이 터지면서, 다산은 그의 선대인 고산 윤선도가 그랬던 것처럼 오랜 유배생활에 접어들었다. 표면적으로는 국가에서 금하는 사교(邪敎)를 신봉하여 혹세무민하는 세력들을 발본색원하겠다는 것이었지만, 다산의 유배는 권력의 교체에 따른 당연한 일이었다. 그나마 다산은 노론 벽파와도 비교적 매끄러운 관계를 유지하고 있어서 유배 정도로 권력 교체기의 험난한 정국을 비껴갈 수 있었다.

하지만 문제는 이상주의자였다. 현실에서 희망을 찾을 수 없어서 새로운 종교 운동에 심취했던 이상주의자들은 밀입국한 중국인 신부의 처리 문제로 고심 중인 권력자들을 엉뚱한 방식으로 압박했다. 자신들의 이상에 대해 비교적 온건한 입장을 취했던 임금이 죽자 위기의식을 느낀 이상주의자들은 너무 서둘렀던 나머지, 〈조선을 청나라에 병합시키거나 실질적으로 예속시키자, 이도 저도 안 되면 서양의 군함에 군대와 대포를 싣고 와서 무력시위를 하자〉는 내용의 『백서』를 '중국에 있는 서양인 신부'에게 보내려고 했다. 그리고 권력자들은 이 '매국노를 처리하는 일'에 다산을 함께 엮어 넣었다.

1801년 11월부터 시작한 강진에서의 유배생활은 이후 18년 동안 지속되었다. 그동안 몇 차례 풀려날 기회가 있었지만, 그때마다 반대파의 저지로 무산되곤 하였다. 하지만 그래서 다산은 저술로 못다 이룬 꿈을 꿀 수 있었다. 본래 유학자는 입신양명으로 자신이 꿈꾸는 이상을 실현하려고 한다. 그리고 부득이하여 자신이 꿈꾸는 이상을 실현할 수 없으면, 저술을 통해 이상을 재구성해 낸다. 이 점을 두고 중국철학사 학자 풍우란 (1895~1990)은 『중국철학사』에서 이렇게 말한 일이 있다.

중국철학자의 철학은 논증이나 설명의 측면에서 서양이나 인도철학자의 철학에 비해 크게 뒤떨어진다. 이것은 물론 중국철학자들이 안 했기 때문이지, 할 수 없었기 때문은 아니다. (중략) 중국철학자들은 대체로 지식 그 자체를 추구하지 않았다. 지식을 위한 지식을 추구하지 않았을 뿐더러, 직접 인간의 행복을 증진할 수 있는 지식의 경우, 중국철학자들은 역시 <u>그것을 행하여 인간의 행복을 증진할 수 있기를 희망했지 공언(空言)으로 토론하기를 원하지 않았다.</u> (중략) 그러므로 중국인은 애초부터 책을 저술하여 주장을 수립하는 일을 그다지 중시하지 않았다. (중략) 따라서 <u>책을 저술하여 주장을 수립하는 일은 중국철학자가 보기에는 가장 불우한 경우로써 부득이한 경우에나 할 일</u>이었다.

풍우란의 말대로 다산은 유배라는 불우한 지경에 놓여 육경사서의 경학 (經學)을 바탕으로 일표이서(一表二書)의 경세학(經世學)을 품어내었다. 그리고 이 일은 '마음을 분발하고 일을 일으켜서 천하 사람을 바쁘고 시끄럽게 노역시켜야 할' 불혹에 맞은 불우함을 견뎌내기 위한 지난한 작업이었고, 유배의 말미에서 꾸는 꿈이었다. 그 말엽의 꿈은 목민관의 기본강령과 행정사무를 구체적으로 제시한 『목민심서』 48권의 저술로 구체화되었으며, 이 일은 해배되던 1818년에 일단락되었다.

3. 『목민심서』의 이상

1818년 해배되던 해 봄에 다산은 해배를 짐작이라도 한 듯이, 『목민심서』의 초고를 완성하였다. 이 초고를 3년 동안 퇴고하여, 아래와 같은 서(序)를 붙여서 1821년에 내놓은 것이 『목민심서』이다.

성현의 가르침에는 원래 두 가지 길이 있다. 하나는 사도(司徒)가 백성들을 가르쳐 각각 수신(修身)하도록 하는 것이고, 또 하나는 태학(太學)에서 국자(國子:공경대부의 자제)를 가르쳐 각각 몸을 닦고 백성을 다스리도록 하는 것이다. 그런데 백성을 다스리는 것이 바로 목민(牧民)이다. 따라서 군자의 학문은 수신(修身)이 그 반이요, 나머지 반은 백성을 다스리는 것이다. (중략) 먼 변방에서 귀양살이 한 지 18년 동안 사서(四書)와 오경(五經)을 되풀이 연구하여 수기(修己)의 학(學)을 공부하였다. 다시 백성을 다스리는 것이 학문의 반이라 하여, 이에 중국 역사서인 23사(史)와 우리나라 역사 및 문집 등 여러 서적을 가져다가 옛날 지방 장관이 백성을 다스린 사적을 골라, 세밀히 고찰하여 이를 분류한 다음, 차례로 편집하였다. (중략) 이제 그런 서적들은 거의가 전해 오지 않고 음란한 말과 기괴한 글귀만이 일세를 횡행하니, 내 책인들 어찌 전해질 수 있을까. 하지만 『주역』 대축괘(大畜卦)에서 '옛사람의 말이나 행실을 많이 알아서 자기의 덕을 기른다.' 하였으니, 이것도 본래는 내 덕을 기르기 위한 것이지, 꼭 백성을 다스리기 위한 것일 뿐이겠는가. '심서(心書)'라고 한 것은 무슨 까닭에서일까. 백성을 다스릴 마음은 있지만 몸소 실행할 수 없기 때문에 이렇게 이름 붙인 것이다. 당저(當宁:순조) 21년인 신사년(辛巳年:1821) 늦봄에 열수 정용(丁鏞)이 서(序)한다.

— 『목민심서』 서

유가의 전통에 따르면 학문의 목표는 입신양명으로, 이것은 수기(修己)

와 치인(治人)이라고 하는 두 가지의 방법으로 성취된다. 유가의 세계관에서 '몸을 세워 이름을 드날린다[立身揚名]' 고 하는 것은 지식인만이 누릴 수 있는 '오만한 권리' 가 아니다. 그것은 지식을 갖춘 인간이 인간된 도리를 실천하는 것이요, 그래서 노블리스 오블리제이다. 그리고 그것의 출발은 수기의 공부, 그 중에서도 특히 경학이다. 여기서 말하는 경학은 현실과 동떨어진 고루한 지식을 무조건적으로 암기하거나 답습하는 것이 아니다. 성인(聖人)이라고 불리는 과거 지성들의 발자취를 좇아서 인류 역사의 과거를 통찰하고 그 내면에 면면히 흐르는 인간 이해를 직관하는 것이 경학의 핵심이다. 이러한 직관을 통해서 비로소 우리는 세계를 이해하고, 세계 내 존재로서 인간을 이해하며, 그러한 인간의 관계 속에서 나와 너를 이해하도록 한다.

다산의 『목민심서』 서(序)는 유가의 이러한 세계관을 그대로 담아내고 있다. 물론 백성을 다스리는 것을 '가축을 치는 것' [牧]에 비유한 맹자의 말을 인용하고 수긍하였으니 전근대적이라고 볼 수도 있다. 그러나 다산은 학자—관료의 사회적인 책임을 특별히 강조하기 때문에 목민이라는 말마디는 지식인, 그리고 특별히 위정자의 무한책임론을 전제로 한 것이다.

　지금 생각컨대 과불급(過不及)의 차이는 인간에게만 있는 것이지, 다른 생명이나 사물에는 없습니다. 사실 인간이 할 수 있는 것은 모두 자유롭고, 금수가 할 수 있는 것은 모두 그렇게 하도록 되어 있는 것입니다. 이미 그렇게 하도록 되어 있으니, 과불급(過不及)의 차이가 어떻게 있겠습니까? 닭이 새벽에 울고 개가 밤에 짖으며, 호랑이가 앞발로 물어뜯고 소가 떠받으며, 벌이 임금을 호위하고 개미가 무리지어 사는 것은 언제 어디서나 같은 것이어서 과불급의 차이가 없습니다. 하물며 초목이 봄에 번성했다가 가을에는 지고, 꽃을 피우고 난 다음에 열매를 맺는 것 등은 정해진 성질이어서 한 치도 어긋남이 없으니,

어떻게 우리 인간의 병통(病痛)을 여러 사물이나 생명체에 적용시킨다는 말입
니까. 또한 그들의 행위는 모두 날 때부터 그렇게 하게끔 되어 있는 것이니, 인
간이 그것을 간섭하여 다듬고 제재한다고 해도 변화시킬 수는 없을 것입니다.

— 『중용강의보』 권1, 「여유당전서」 제2집경집제4권

다산의 논리대로라면, 목민의 대상인 민에게는 목민관과 같은 수준으로
도덕적 책임을 물을 수 없다. 사물이 타고난 메커니즘에서 벗어나기 어렵
고 사실상 불가능한 것처럼, 민중은 타고난 메커니즘에서 벗어나기 어렵
다. 그러니 인심이 각박해지고 풍습이 선량하지 못하게 된 일차적 책임은
민중이 아닌 위정자에게 있다. 그리고 이것이야말로 유가적 정치 윤리 관
념의 핵심이다. 국정운영 방안에 대해서 묻는 등(?)나라의 제후 문공에게
맹자가 말한 것도 여기에서 크게 벗어나지 않는다.

등문공이 국정운영 방안에 대해 묻자, 맹자께서 이렇게 대답하였다. "백성
들이 때에 맞추어 농사일을 할 수 있도록 해주어야 합니다. 『시경(詩經)』에서
는, '낮에는 들에 나가 억새를 베고, 저녁에는 돌아와 새끼 꼬도다. 어서 빨리
지붕을 잇자, 백곡을 파종할 시절이 다가 온다.' 라고 했습니다. 이렇게 백성들
에게 일정한 생업(生業)이 있으면 양심을 지키겠지만, 일정한 생업이 없으면
양심을 지킬 수 없습니다. 만일 일정한 양심이 없으면 방랑하게 되고 편벽되
며, 간사하거나 거침없이 사치하게 됩니다. 이렇게 백성들이 죄를 짓도록 만
든 다음에 형벌을 가하면, 백성들을 그물질하여 잡는 것과 마찬가지입니다.
인자한 임금이 왕위에 있으면서 어떻게 백성들을 그물질하여 잡는 일 따위를
할 수 있다는 말입니까? 그렇기 때문에 현명한 임금은 반드시 공손하고 검약
하여, 아랫사람에게라도 예(禮)로 대하며, 백성들에게 받는 세금에도 일정한
제한을 둡니다.

— 『맹자』 「등문공」 상

주권이 민중에게 있다는 근대적 민주 개념을 다산이나 맹자에게서 찾으려고 하는 것은 무리다. 그리고 조기빈(趙紀彬)이 『논어신탐(論語新探)』에서 지적한대로 자기[己]와 타인[人]을 구별하고, 타인[人]과 백성[民]을 구분하고 있는 공자 이후 유가의 전통은 거두절미하고 그 핵심만 보면 '인의(仁義)로 포장하고 있지만 결국은 허울 좋은 지배이데올로기'에 불과할 수도 있다[趙紀彬, 조남호·신정근 옮김, 『反논어』, 예문서원, 서울 1996, 552~553쪽].

하지만 다산이 『주역』 대축괘의 괘사를 빌어 말하고 있는 것처럼, 유가에 있어서 치인 혹은 목민이란, 결국 자기 자신의 덕을 함양하는 방법인 동시에 그러한 덕을 구체화하고 실현하는 방법이다. 그러니 수기는 치인이요, 치인은 수기이다. 이렇게 보면 죄를 받아 오랜 유배의 끝에서 몸소 실행에 옮길 수 없는 마음을 '심서(心書)'라는 말마디로 드러내기는 하였지만, 『목민심서』는 다산이 그토록 강조했던 향인지애(嚮人之愛), 곧 사람을 향한 사랑을 실천함으로써 인간됨이 실현될 수 있다는 이상을 담고 있다고 하겠다.

4. 『목민심서』가 겨냥하고 있는 슬픈 민생

프랑스의 인류학자 레비―스트로스는 1937년부터 일 년 동안 브라질에 체류하면서 서구 문명에 의해 파괴되어 가는 원주민 사회에 대한 기록을 남겼다. 1955년에 출간된 『슬픈 열대』는, 그러므로 이제는 사실상 사라져 버린 것을 탐구할 수밖에 없는 현실을 비통해 하는 작가의 심정이 묻어난다. 이에 비해서 『목민심서』는 1801년부터 1818년까지 귀양지에 머물면서 이제는 사라져야 마땅할 것이라고 생각함에도 불구하고 여전히 횡행하고 있는 현실을 비통해 하는 작가의 심정이 드러난 글이다.

　더구나 심서라는 말이 더욱 슬픈 이유는 슬픈 민생에 대한 고발이지만, 그 슬픈 민생을 바라볼 수밖에 없는 다산의 죄의식이 그대로 묻어나기 때문이다. 물론 레비―스트로스도 다산도 슬픈 감정을 한껏 과장해서 지켜보기만 하는 타자에 불과하다. 하지만 이 둘은 서구문명이나 지식인의 이름으로 자행되고 있는 비이성적인 행위에 대한 죄의식을 가지고 있다는 공통점을 가지고 있다.

갈대밭마을 젊은 아낙 그칠 줄 모르는 곡소리,	蘆田少婦哭聲長
현문(縣門) 향해 하늘을 불러 울부짖누나.	哭向縣門號穹蒼
쌈터에 간 지아비가 못 돌아오는 일은 있어도,	夫征不復尙可有
남자가 양물을 잘랐다는 말은 들어본 일 없다.	自古未聞男絶陽
시아버지 죽은 지 오래에, 갓난애 물도 안 말랐는데,	舅喪已縞兒未澡
조자손 삼대의 이름이 모두 군보에 실리다니,	三代名簽在軍保
몇 마디 말로 호소해도 문지기는 호랑이요,	薄言往愬虎守閽
이정은 호통 치며 외양간 소 몰아가는구나.	里正咆哮牛去皁
칼 갈아 방에 드니 자리에는 피만 흥건해.	磨刀入房血滿席
자식 낳아 군액 당한 것 한스러워 그랬다네.	自恨生兒遭窘厄
무슨 허물 있어서 잠실음형 당했던가.	蠶室淫刑豈有辜
민땅 자식들 거세한 일도 슬픈 일인 것을.	閩囝去勢良亦慽
자식 낳는 일이야 하늘이 정한 이치라서,	生生之理天所予
하늘 닮아 아들 되고 땅 닮아 딸이 되지.	乾道成南坤道女
불깐 말 불깐 돼지도 서럽다 할 것인데,	騸馬豶豕猶云悲
대 이어갈 백성들이야 말 더해 무엇하리요.	況乃生民恩繼序
부호들은 일 년 내내 풍류나 즐기면서,	豪家終歲奏管弦
낟알 한 톨 비단 한 치 바치는 일이 없는데,	粒米寸帛無所捐
똑같은 백성 두고 왜 그리도 차별할까.	均吾赤子何厚薄

객창에서 거듭거듭 「시구편」을 외워보네.　　　　客窓重誦鳲鳩篇

— 『다산시문집』 권4, 「애절양(哀絶陽)」

계해년(1803) 가을 다산은 기가 막힌 일을 듣는다. "시아버지로 말하면 삼년상을 치른 지가 오래되었고, 갓난아이는 아직 배냇물이 채 마르지를 않았는데, 이 둘을 포함하여 삼대(三代)가 군적(軍籍)에 올라 군포(軍布) 대신 외양간의 소를 뺏기게 되었다는 것이다. 해당 관원은커녕 문지기조차도 박대를 하여 넋을 잃고 있을 때에, 남편이 아이 낳은 죄를 탓하며 스스로 거세한다. 그야말로 혼비백산한 아내는 관청 문과 하늘을 번갈아 바라보면서 울부짖기를 그치지 않았다"(『牧民心書』 卷八 「簽丁」 兵典第一條).

'이 물건 때문에 이와 같은 곤액을 받게 되었다[我以此物之故 受此困厄]'며 스스로 거세한 일을 두고, 다산은 먹고살려고 사내자식을 거세하여 환관으로 만들었던 민(?) 땅의 풍속을 떠올린다. 아이를 낳는 일은 건곤(乾坤)의 우주적 원리이다. 민중의 소박한 삶은 이 우주적 원리를 통해 자연스럽게 연장된다. 그런데 이 자연스러운 삶의 연속성을 파괴하는 일이야말로 가축에게조차도 시행하기 참혹한 일이다. 더구나 그러한 일이 양극화된 사회구조 때문에 벌어진 일이라면 말할 필요도 없다. 그 책임은 어디까지나 학자—관료, 위정자에게 있다.

다산의 이러한 인식은 『목민심서』의 구조에도 드러나 있다 『목민심서』는 목민관의 부임에서부터 해관(解官)에 이르기까지의 전 과정을 12편의 기본 구조로 풀어내고 있다. 물론 이(吏)·호(戶)·예(禮)·병(兵)·형(刑)·공(工)의 주무 부서별 지침이야 당시 정치의 기본체제이니 말할 것도 없지만, 부임과 해관 절차에 따른 진퇴의 지침과 목민하는 세 가지 강령[三紀: 律己·奉公·愛民], 그리고 각종 구호대책의 지침인 진황(陳荒)을 특별히 다룬 것은 애절양(哀絶陽)의 슬픈 민생을 목격하였기 때문이다.

그 간략한 내용을 보면, 우선 「부임」은 목민관의 출발에 대한 내용을 담고 있다. 전체 여섯 개의 조목으로 나누고 있는데, 제배(除拜)는 목민관으로 임명받은 때부터 신영에 이르기까지의 구체적인 조항을 상세히 일러주고 있다. 계속해서 치장(治裝)은 행장을 차릴 때부터 돌아갈 때까지, 사조(辭朝)는 임금께 하직인사를 드릴 때의 마음가짐을, 계행(啓行)은 부임하는 길에 가져야 할 자세를, 상관(上官)은 임지에 부임하는 날을 받고 봉심하는 규칙을, 이사(莅事)는 부임 후 실무 보는 예로 직인 새기는 것까지를 조목 조목 일러주고 있다.

「율기(律己)」에서는 목민관의 규율을 다루었다. 칙궁(飭躬)은 몸가짐을 바로잡아 대체(大體)를 잡도록 하는 법을, 청심(淸心)은 수령의 본분인 청렴을, 제가(齊家)는 수령으로서 가정을 단속하는 법을, 병객(屛客)은 관청에 드나드는 이들과 그 청탁을 물리치는 법을, 절용(節用)은 수령의 으뜸 되는 의무인 절용을, 낙시(樂施)는 가난한 벗과 나그네에게 절용한 것을 베풀어야함을 요지로 삼았다.

「봉공(奉公)」에서는 공적인 일을 처리하는 방식과 지침을 다루었다. 선화(宣化)는 조정에서 명령이 내려올 때 덕화를 선포하는 지침을, 수법(守法)은 공식적인 법을 지키고 사사로운 법을 물리쳐야 한다는 것을, 예제(禮際)는 상관, 동료, 전후임자, 부하에 대한 관례를, 문보(文報)는 보고문 작성과 처리에 관한 지침을, 공납(貢納)은 공납을 거두고 기일에 맞추어 올려 보내는 일에 관한 지침을, 요역(徭役)은 일상 업무 외의 일에 차출되었을 때의 지침을 다루었다.

「애민(愛民)」에서는 백성에 대한 사랑이 구체적으로 어떠해야 하는지 상세히 밝히고 있다. 양로(養老)에서는 양로의 예를 거행하고 우대하는 지침을, 자유(慈幼)에서는 고아와 유기아를 돌보는 지침을, 진궁(振窮)에서는 사궁(四窮)을 돌보는 기본적 지침과 특히 노총각이나 노처녀의 결혼 지침을, 애상(哀喪)에서는 상(喪) 당한 사람을 대하는 지침을, 관질(寬疾)에서는 중환자나 유행병에 관한 지침을, 구재(救災)에서는 수재와 화재, 환난 시에 관한 지침을 다루었다.

다음으로 「이」·「호」·「예」·「병」·「형」·「공전」에서는 주무 부서별 세부 지침을 다룬다. 「이전(吏典)」에서는 관기(官紀)를 바로잡아야 한다는 생각에 따라 구체적인 지침들을 담고 있다. 속리(束吏)에서는 법도를 잡기 위해 허물없어야 한다는 것을, 어중(馭衆)에서는 아랫사람을 부릴 때 필요한 위엄과 믿음에 관한 지침을, 용인(用人)에서는 사람을 쓰는 지침을, 거현(擧賢)에서는 인재 천거 및 과거(科擧)와 학생에 관한 지침을, 찰물(察物)에서는 아전의 부정과 작폐를 알아내고 민간 동태와 실정을 아는 지침을, 고공(考功)에서는 인사고과의 지침을 다루었다.

「호전(戶典)」에서는 세법과 토지정책을 주로 다루었다. 전정(田政)에서는 토지정책에 관한 자세한 지침을, 세법(稅法)에서는 세법과 그 상세한 예를, 곡부(穀簿)에서는 환곡 운영 전반의 지침을, 호적(戶籍)에서는 호적 처리에 관한 전반적인 지침을, 평부(平賦)에서는 각종 세금의 추렴에 관한 지침을, 권농(勸農)에서는 권농이 수령의 으뜸 책무라는 점을 설명하고 강조하였다.

「예전(禮典)」에서는 제사와 교육정책을 다루었다. 제사(祭祀)에서는 각종 제사와 그것을 행하는 지침을, 빈객(賓客)에서는 중앙관리의 지방출장 및 순찰에 관한 지침을, 교민(敎民)은 향약을 중심으로 하여 백성을 교화하는 데 대한 전반적인 지침을, 흥학(興學)은 예와 악(樂)을 익히는 장수인 학교에 관한 지침을, 변등(辨等)은 등위를 명확하여 기강을 바로 세워야 함을, 과예(課藝)는 과거제도와 백일장의 폐단과 그것을 해결할 지침을 제시하였다.

「병전(兵典)」에서는 군적과 국방에 관련한 전반적인 사항을 검토하였다. 먼저 첨정(簽丁)에서는 군적과 군포에 관한 전반적인 지침을, 연졸(練卒)에서는 무비(武備)로서 병졸을 훈련하는 지침을, 수병(修兵)에서는 병기를 닦는 지침을, 권무(勸武)에서는 무예를 권장하는 것이 중요하다는 것을, 응변

(應變)에서는 내란에 대한 대응지침을, 어구(禦寇)에서는 국방과 군비 및 전략 등에 관한 제반 지침을 다루었다.

「형전(刑典)」에서는 법제를 바로 세워서 사회 정의를 구현해야 한다고 강조하였다. 먼저 청송(聽訟)에서는 송사를 심리하는 지침을, 단옥(斷獄)에서는 죄의 유무와 경중을 결단하는 지침을, 신형(愼刑)에서는 형벌을 시행할 때의 지침과 제반 문제를, 휼수(恤囚)에서는 감옥을 관리하고 옥중 죄수를 대하는 지침을, 금폭(禁暴)에서는 백성의 일상생활을 위해하는 것들을 금하는 지침을, 제해(除害)에서는 귀신이나 무당에서부터 도둑이나 맹수에 이르기까지 백성에게 피해를 끼칠 수 있는 다양한 해악들과 그것들을 구제하는 지침을 다루었다.

「공전(工典)」에서는 건설과 교통에 관련된 내용을 점검하였다. 산림(山林)에서는 산림 보호의 지침을, 천택(川澤)에서는 수리개발과 농업 진흥의 지침을, 선해(繕廨)에서는 관청 건물을 영선(營繕)하는 지침을, 수성(修城)에서는 성을 쌓거나 고쳐서 방위를 굳건히 하는 지침을, 도로(道路)에서는 도로 건설에 관한 지침을, 장작(匠作)에서는 공장을 시켜 물품을 만들게끔 하는 제반 지침을 다루었다.

이상의 육전(六典)에서는 조정의 주무 기관별로 전문 업무 영역에서 목민관이 어떻게 처신해야 하는지를 밝히고 있다. 살펴본 것처럼 자잘한 세부 지침은 물론, 그러한 지침들이 어떤 의미를 지니고 있는지도 제시하였다는 점이 특징이다.

육전에 이어 「진황(賑荒)」에서는 특별히 흉년이나 여러 재해에 따른 공식적인 지침을 담고 있다. 비자(備資)에서는 흉년을 대비하는 지침을, 권분(勸分)에서는 부유한 이들에게 흉년의 책임을 분담하는 지침을, 규모(規模)에서는 진휼에 적절하게 대비하기 위한 제수계획을, 설시(設施)에서는 각종 시설과 행정기구 및 직제의 지침을, 보력(補力)에서는 권농(勸農)과 구황(救荒)에 관한 지침과 금도나 부정의 지침을, 준사(竣事)에서는 상벌과 결산의 지침을 다루었다.

마지막으로 「해관」에서는 목민관으로서 최대의 영예라고 할 수 있는, 명예로운 퇴진에 대해서 다루고 있다. 체대(遞代)에서는 수령직 교체와 관련한 전반적인 지침을, 귀장(歸裝)에서는 임기를 완료하거나 전임할 때 청렴한 태도를 지켜야 함을, 원유(願留)에서는 고을 백성들이 수령의 유임을 청원하는 것과 관련된 지침을, 걸유(乞宥)에서는 사소한 법규에 걸린 수령의 죄를 탄원하는 지침을, 은졸(隱卒)에서는 수령이 재임 중 사망할 때의 기본적인 지침을, 유애(遺愛)에서는 임지를 떠난 후에 남은 백성의 애정과 칭송에 관한 내용을 다루고 있다.

이렇게 『목민심서』는 모두 12부로 구성되어 있으며, 각 부는 6장씩으로 구성되어 있다. 요컨대 「부임」과 「해관」은 목민관의 진퇴에 관련된 문제를 다루고 있다. 육전은 각 주무 부서별 지침, 「진황」은 천재지변에 대처하는 지침으로, 각각 구체적인 목민 지침에 해당한다. 그리고 「율기」·「봉공」·「애민」의 삼기(三紀)는 목민관으로 당연히 갖추고 있어야 할 수기와 치인의 구체적인 지침이다.

5. 진퇴와 삼기로 보는 목민관의 조건

『목민심서』는 목민관의 매뉴얼이다. 지나칠 정도로 세부적인 지침 하나하나를 다루고 있어서, 분량도 상당하다. 그런데 이들 세부지침들을 관통하고 있는 하나의 이상은 치인을 위해서는 수기가 우선되어야 한다는 것이다. 앞서 살펴본 바 있듯이, 이것은 『목민심서』만의 이상이 아니라 성리학적 정치철학의 이상이다. 그러므로 목민관의 진퇴와 삼기를 간략하게 살펴봄으로써 다산이 꿈꾸는 이상을 정리해 보겠다.

다산은 「부임」과 「해관」에서 민생과 직결된 목민관상을 제시하였다. 목민관은 스스로 수기하고 나서야 비로소 치인에 임할 수 있다. 「부임」에서 목민관으로 임하는 자세와 각종 경비 절약을 통한 애민, 수신을 위한 독서, 선임자의 경험을 경청하는 마음가짐, 백성의 소리에 귀 기울이는 자세, 교화를 위한 솔선수범 등을 강조한 것은 목민관의 수신 여부가 민생과 직결된다고 생각했기 때문이다.

> 다른 벼슬은 하겠다고 나서도 되지만 목민관만은 그래서는 안 된다. 임관이 되거든 재정을 낭비하는 일이 없도록 하라. 부임 절차에 따르는 경비는 절약할 수 있는 대로 절약하는 것이 좋다. 부임 여비를 국비로 받아 놓고서도 딴 몫을 받는다면 이는 국가의 은혜도 아랑곳없이 백성들의 주머니를 터는 셈이니, 할 짓이 아니다.
>
> —『목민심서』,「부임」제1조 제배(除拜)

'다른 벼슬이라면 하겠다고 나서도 되지만 목민관의 벼슬만큼은 스스로 나서면 안 된다' 는 다산의 말에는 목민관이라고 하는 직책에 백성의 생사가 달려 있다는 생각이 들어 있다. 이런 생각은 '사조(辭朝)' 의 다음과 같은 구절에서도 확인된다.

> 감독상관에게 부임인사를 드릴 때는 스스로 그릇이 못됨을 말할 뿐, 보수가 많고 적음을 말하지 말라. 인사 담당관에게 인사가서는 감사하다는 뜻을 비치면 안 된다. 임면권자(任免權者)를 만나고 나와서는 백성들의 기대에 미쳐야 할 일을 걱정하고 국가의 은혜에 보답해야 할 것을 마음 깊이 다짐하라.
>
> —『목민심서』,「부임」제3조 사조(辭朝)

목민관의 자리는 조심스럽다. 그래서 임관된 바로 그때부터 말 그대로 전전긍긍해야 한다. 어떻게 하면 백성들의 기대를 저버리지 않을 수 있을

까, 아니 어떻게 하면 적어도 폐라도 끼치지 않을 수 있을까를 고민해야
한다. 그래서 교통이 불편했던 당시로는 당연한 관행이었는데도 불구하
고 다산은 그것을 금해야 한다고 말한다. 관행을 핑계로 임지에서 부임여
비를 마련하도록 하는 것이야말로 백성의 주머니를 터는 셈이라고 하는
말에서, 백성의 기대가 무엇인지를 명확히 꿰뚫어 볼 줄 아는 명철함, 객
관적인 시각이 돋보인다.

　목민관의 직을 그만두는 절차와 그 세세한 지침인 「해관」에서도 이런
생각들이 이어진다. 진정으로 백성의 바람이 무엇인지를 알고 그것에 노
심초사하는 목민관이라면 해관에 마음을 쓰지 않는다. 아니 오히려 해관
이야말로 목민관이 늘 바라는 것이다. 벼슬은 언제나 바뀌는 법이요, 목민
의 무거운 책임을 벗어나는 일이야말로 홀가분한 일이기 때문이다. 그러
므로 다산은 해관할 때 목민관의 영욕이 교차된다고 말하였다.

　　벼슬이란 반드시 바뀌는 법이다. 바뀌더라도 놀라지 않고, 잃더라도 안타까
　워하지 않으면 도리어 백성들이 그를 존경할 것이다. 벼슬 버리기를 신짝 버
　리듯 하는 것은 옛날 사람들이 늘 하던 일이다. 기왕 교체될 것인데 슬퍼한다
　면 부끄러운 일이 아니겠는가. 장부 정리도 평소처럼 하다가 이튿날 홀쩍 떠
　나는 것이 청렴한 선비의 기풍이요, 마지막까지 문서를 깨끗이 마감하여 후환
　을 남기지 않는 것은 지혜 있는 선비의 행동일 것이다. 다만 부로(父老)들이
　송별연을 베풀고 교외까지 전송해 주되, 어린애가 어머니를 잃은 듯 석별의
　정이 말씨에 나타난다면 그것이야말로 지극한 영광일 것이다. 반대로 떠나는
　길에 원한 맺힌 사람을 만나 욕지거리를 당하고 좋지 않은 소문이 사방으로
　퍼진다면 그것이야말로 지극한 치욕이 될 것이다.

　　　　　　　　　　　　　　　　　　　—『목민심서』,「해관」 제1조 체대(遞代)

　청명한 바람처럼 떠날 줄 아는 것이 목민의 도리다. 목민의 발령을 받고

'재목이 못되는 사람을 천거하여주시니 감당할 수 있을지 모르겠다'라면 서 떠나온 벼슬길이라서 홀가분하게 떠날 수 있다. 그러므로 영전이 되어 가건, 좌천이 되어가건, 죄를 받고 끌려가건, 평소처럼 공무를 처리하는 평상심을 잃지 않아야 한다. 그것이 올바른 목민관의 도리다. 다만 임지의 장정들과 나이든 이들마저도 마치 어머니를 잃은 아이들처럼 섭섭한 마음을 금치 못하면 목민관으로서 할 도리를 다하였고, 백성의 바람을 저버리지 않았다는 증거가 된다. 떠날 때 슬픈 석별의 정이야 있겠지만, 미련을 남기지 않고 머뭇거리지 않는 것이 목민관의 진정한 도리라는 다산의 생각은 목민의 진정한 존재 근거가 '백성'에게 있다는 것을 명확히 드러낸 것이다.

다음으로, 『목민심서』에서는 목자가 갖추어야 할 세 가지 기본 강령으로 「율기」와 「봉공」, 그리고 「애민」을 제시하였다. 이들 항목은 목민관의 내적 규율로서, 수기의 구체적인 지침이다. 먼저 「율기」 6조에서는 자기의 행동을 스스로 규제하는 세세한 지침들을 싣고 있다.

절도 있게 행동하면서 의복은 단정하게 입고 장중한 태도로 백성을 대하는 것이 옛날 사람들의 법도였다. 틈이 나거든 정신을 가다듬고 백성을 편안하게 할 방법을 생각하되 성의를 다하고 최선을 다하라. 말은 많이 하지 말고 느닷없이 성내지 말라. 아랫사람에게 너그러우면 순종하지 않을 사람이 없다. (중략) 술을 끊고 여색도 멀리하며, 노래와 춤은 물리치고, 단정하고 엄숙하되 제사를 모시듯이 하라. 그리고 행여나 유흥에 빠져 정사를 어지럽히거나 버려두는 일이 없도록 하라. 한가로이 놀면서 풍류를 즐기는 행동을 백성들은 좋아하지 않는다. 이러면 단정히 앉아서 아무것도 하지 않는 것만 못하다. 치적이 드러나서 대중의 마음이 흐뭇해지면 문화제 같은 놀이로 백성들과 함께 즐기는 일이야 예전 사람들도 즐겨하던 일이었다.

— 『목민심서』, 「율기」 제1조 칙궁(飭躬)

아랫사람을 너그러이 대하되, 위엄을 갖추는 일은 지키기 어렵다. 자신의 욕망을 누르는 것을 극기라고 하면, '칙궁(飭躬)'은 그 구체적인 행동지침이다. 다산은 몸가짐과 마음가짐을 따로 구분하지 않는다. 그렇기 때문에 구체적으로 하나하나 몸가짐을 갖추어야 한다고 말한다. 그리고 그 몸가짐들은 모두 백성들이 바라는 구체적인 것들이다. 백성들이 'OK할 때까지' 풍류를 즐기는 일 따위는 미뤄도 된다. 백성들과 함께 어울리면 기쁨이 배가 되기 때문이다. 맹자는 이것을 여민해락(與民偕樂)이라고 말한 바 있다.

맹자께서 양혜왕을 만났는데, 왕이 늪가에 서서 큰 기러기와 고라니와 사슴을 돌아보면서 '어진 사람도 이런 것을 즐기나요?' 라고 말하였다. 맹자께서는 '어진 사람이라야 이런 것을 제대로 즐길 수 있습니다. 어질지 않은 사람은 이런 것을 가지고 있다 하더라도 제대로 즐기지 못하지요.' 라고 대답하였다. (중략) 문왕(文王)은 백성의 힘으로써 대(臺)를 만들고 늪을 만들었지만, 백성이 그것을 즐겨 그 대를 일러 영대(靈臺)라고 하고, 그 늪을 일러 영소(靈沼)라고 하여 그곳에 있는 큰 사슴과 사슴, 물고기와 자라를 보고 즐겼으니, 옛 사람은 <u>백성과 더불어 같이 즐겼기 때문에 제대로 즐길 수 있었던 것입니다.</u>
— 『맹자』 「양혜왕」 상

양혜왕만이 아니다. 제선왕(齊宣王)에게는 백성과 함께 즐기기만 한다면, 용맹함을 다투고, 재물을 탐하고, 심지어 색(色)을 즐기는 것조차도 병폐가 아니라고 맹자는 말했다. 이 모두의 전제조건은 '백성과 함께 즐긴다.' 는 것이고, 따라서 위정자의 몸과 마음가짐이 항상 백성을 지향하여야 한다는 점을 역설한 것이다.

아울러 「봉공」에서는 목민관의 자리가 상명(上命)과 민의(民意)를 잇는

가교 역할을 한다는 점을 명확하게 밝혔다.

> 군수나 현령도 국가 정책의 선전교화에 책임이 있는데, 마치 감사만의 책임인 것처럼 하면 안 된다. 시정 방침이 시군에 도착하면 민중을 모아 놓고 직접 구두로 설명하여 그 참뜻을 알게 하는 것이 좋다. 국경일의 경축사나 죄수의 대사령은 군현의 관계관에게 바로 그 사실을 자세히 설명해 주고, 백성들도 빠짐없이 알게 하라. (중략) 조정의 명이라도 <u>민심이 이를 받아들이지 않기 때문에 실행할 수 없거든 병을 핑계하고 벼슬을 그만두는 것</u>이 좋다.
>
> —『목민심서』,「봉공」 제1조 선화(宣化)

백성들을 교화의 대상으로 보는 것은 요즘의 정서와는 거리가 있다. 하지만 목민관이 된 이상 국가의 시책을 홍보하고, 나아가서 그 참뜻을 알린다는 점은 당시로서는 당연하게 여겼던 '군림하는 관리' 대신 '기르고 이끄는 교육자'로서 목민관을 재정의 한 것이다. 그러니 민심을 교화하여 정부의 시책을 수용하도록 하지 못하면 목민관으로서의 자질이 부족하거나, 위에서 내려온 명령이 백성의 선한 본성을 거스른 나쁜 명령이라는 말이다. 이때는 목민관의 자리를 내놓아야 한다. 여기에는 민심이 그 정권을 가능하게 하는 이른바 하늘의 뜻[天命]이라는 유학의 오래된 이상이 깃들어 있다.

「애민」에서는 백성을 긍휼(矜恤)하게 여겨야 함을 강조하면서, 사회복지의 측면을 강조하였다. 예나 지금이나 올바른 정치의 기본이란 그럴싸한 캐치프레이즈가 아니라, 실제 민생을 돌보는 일이며, 그것은 풍속을 온화하고 아름답게 하는 출발점이 된다.

> 양로의 예가 시들어 버려 백성들은 효도할 줄 모르게 되었다. (중략) 양로의 예를 행할 때에는 반드시 말씀을 청해야 하는데, 피해가 없는지 묻고, 병이 나

지나 않았는지를 묻는 것이 예에 맞다. (중략) 때에 맞추어 노인들을 우대하여 혜택을 드리면, 백성들도 노인을 공경할 줄 알게 될 것이다.

─『목민심서』,「애민」제1조 양로(養老)

어린아이를 돌보아주는 일은 국가 정책의 중요한 부분이다. 옛날부터 다음과 같은 법도가 있었다. 백성들이 곤궁하면 자식을 낳더라도 거두지를 못한다. 그 아이들을 가르치고 길러서 내 자식처럼 보호하라. 흉년이 들어 살 길이 막막하면 아이 버리기를 물건 버리듯이 하는 법이다. 부모처럼 그들을 거두어 기르라. 우리나라에는 수양의 법이 있으니 조례에 자세히 적혀 있다. 기근이 든 해가 아니라도 아이를 버리는 수가 있다. 이때에는 수양해 줄 사람을 골라서 식량을 도와주도록 하라.

─『목민심서』,「애민」제2조 자유(慈幼)

홀아비·과부·고아·외돌토리 이 넷을 사궁(四窮)이라고 하는데, 이들은 남의 힘을 빌지 않고서는 자립하지 못한다. 돕는다는 것은 일으켜 세우는 일이다. 과년토록 혼삿길이 막힌 사람은 관에서 서둘러 주어도 좋다. 혼인을 권장하는 정책은 오랜 전통을 지닌 것이니, 지방관들은 이 정책을 준수하여야 할 것이다. 매년 봄철이 다가오면 해 넘긴 미혼자들을 골랐다가 늦봄이 되기 전에 성혼토록 해주라. 홀몸의 남녀를 짝지어 주는 정책두 시행함직하다.

─『목민심서』,「애민」제3조 진궁(振窮)

제선왕은 맹자에게 자기가 아끼는 명당을 부수라는 여론이 지배적인데 어떻게 해야 좋을지를 물었다. 맹자는 왕도정치를 행하려면 명당을 두는 편이 여러 모로 좋겠다고 대답했다. 왕도정치를 하면 아까운 명당을 부수지 않아도 되겠다고 생각한 제선왕은 왕도정치가 무엇인지를 물었다. 그때를 놓칠세라 맹자는 다음과 같이 대답했다.

옛날 문왕께서 기주를 다스릴 적에는 경작하는 자들에게 9분의 1에 해당하는 세금을 받았으며, 벼슬하는 자들에게는 대대로 녹을 주었습니다. 관문과 시장에서 살피고 통제하기는 하였지만 세금을 부과하지는 않았고, 물고기 잡는 보를 사용하는 것을 금하지 않았습니다. 죄인을 처벌하되 그 처자식에게는 미치지 않게 하였습니다. 늙어서 아내가 없는 것을 환(鰥)이라 하고, 늙어서 남편이 없는 것을 과(寡)라 하고, 늙어서 자식이 없는 것을 독(獨)이라 하고, 어려서 부모가 없는 것을 고(孤)라고 하니, 이 넷에 해당하는 사람들은 천하의 곤궁한 백성으로서 하소연할 곳이 없는 이들입니다. 문왕은 정사를 펴고 인(仁)을 베푸시되, 반드시 이 네 부류를 먼저 챙기셨습니다. 『시경』에서 말하기를 '부자들은 괜찮거니와 이 곤궁한 이들이 가엾다' 하였습니다.

—『맹자』「양혜왕」하

다산이 정치를 '치(治)'라고 하지 않고 목민이라고 하는 뜻은 여기에 있다. 정(政)이라는 말마디가 '부정을 공적인 문서를 통해서 올바로 잡다'는 말에서 유래되었고, 오늘날에는 권력이 국민 개개인에게 있기 때문에 치자(治者)라는 말 대신에 위정자라는 말을 쓴다. 그러나 '조정한다', '올바로 잡는다' 하는 말보다 더 적극적인 말은 말 그대로 백성을 기른다는 목민이요, 그 궁극적인 대상은 목민관의 긍휼하게 여기는 마음이 없이는 하소연할 곳조차 없는 이들이다.

생산의 현장에서 밀려난 노인들과 아이들의 문제는 오늘날에도 심각한 사회문제이다. 그래서 여러 가지 복지정책이 만들어지고 있지만, 맹자와 다산이 입을 모아 말하고 있는 것처럼 진정으로 백성의 현실을 직시하지 못하면 탁상공론에 불과하다. 현실을 직시하기만 하면 그 해결방안은 의외로 간단한 데 있다.

맹자는 등문공에게 이렇게 말했다. "먹고 살만한 사람은 한결같은 마음을 가지겠지만 먹고 살 수 없으면 한결같은 마음을 갖기 어렵다[有恒産者 有

恒心 無恒産者 無恒心.” 경제라는 거창한 이름을 붙일 필요도 없다. 피부로 느끼는 민생이 풍족하면 한결같은 마음을 기대해도 좋다. 물론 인간의 욕구는 끝간 데를 모르는 불가사리 같다. 하지만 인간 본성의 순수함을 믿는 유가의 입장에서는 기본적인 욕구를 채운 민중들이 어울려 화합하는 대동(大同)을 꿈꾸고 부단히 실현하고, 그렇게 선한 풍습을 이끌어나가는 것이야말로 학자-관료, 곧 지식인의 몫이다.

6. 군자의 길, 노블리스 오블리제(Noblesse oblige)

“동철아. 나 직장 그만 뒀다.”

고즈넉한 산길을 걸으며 머뭇거리다, 친구의 눈치를 살피며 중년의 남자가 말한다. 한참을 뜸을 들이고 앞서 가던 중년의 남자는 산세(山勢)가 훤히 드러나는 산방(山房)에 걸터앉으며 말한다.

“알아, 임마. 니 눈에, 니 얼굴에 다 써 있어”

언젠가 TV에 나오던 광고의 한 장면이다.

다산은 유가적 인간의 이상형을 성인과 군자로 정리했고, 이러한 이상을 이루는 실천적 인간상으로 목민관을 내세웠다. 취임에서 이임에 이르기까지의 공직자의 세세한 윤리지침과 과거의 전적들에 언급된 사례와 근거를 제시한 『목민심서』를 다산 경세학의 핵심이라고 하는 것도 바로 이 때문이다. 사실 『목민심서』는 그 자체로 엄청난 사상을 담고 있다거나, 다산만의 특별한 요령이나 지침을 담고 있지는 않다. 『목민심서』를 소개하는 이 글에서 『맹자』가 계속 겹쳐지는 것도 바로 이 때문이다. 다산에게

있어서 '목민' 의 요령이란 민생을 피부로 느끼고, 그것을 궁휼하게 생각
하는 데서 출발해서, 자기를 내던짐으로써 완성되는 것일 뿐이다.

　다산은 아무렇지도 않게 '니 눈에, 니 얼굴에 다 써 있어' 라고 담담하게
지침들을 일러준다. 그리고 그렇게 아무렇지도 않은 듯 제 할일을 해내는
것이야말로 진정한 목민, 진실된 친구됨이라고 일러준다. 그렇기 때문에
목민관의 벼슬은 함부로 청하지도, 자신만만할 수도 없는 일인 것이다. 이
것을 한 자로 말하면 '성(誠)' 이 된다.

> 　지성(지극한 진실됨)은 중화이며 쉬지 않음[無息]은 용(庸)이다. 그러므로
> 『중용』 첫머리에서는 '중' (中)과 '화' (和)를 지극히 이루면 하늘과 땅이 제자
> 리를 잡고 만물이 제대로 길러질 것이다라고 하였고, 윗 절에서는 오직 천하
> 의 지극한 성(誠)이라야만 천지의 변화와 생육에 참여할 수 있다라고 하였다.
> 그러니 중화는 지성이 아닐 수 없다. '쉬지 않으면 오래되고, 오래되면 증험이
> 나타나며 증험이 나타나면 유원하다' 하니 쉬지 않음[無息], 그것은 또한 용이
> 아니겠는가? 구즉징(久則徵)이라고 한 것은 '잃지 않고 지킴' 이 오래되면 마음
> 을 다스리고 성(性)을 함양하는 시기, 곧 하늘과 사람이 서로 일치되는 때에 반
> 드시 자신의 마음 속에서 묵묵히 이를 경험할 수 있다는 것을 가리키는 말이
> 다. 증험이 있으면 도를 믿는 마음이 더욱 돈독하게 되어 그만두려고 해도 그
> 만둘 수 없어서 더욱 오래할 수 있으며, 더욱 나가게 되어 유원에 이를 수 있는
> 것이다. 그러므로 유원은 용의 극치이다. 유원하면 덕이 쌓이게 되므로 박후
> (博厚)하게 되며, 박후하면 광명이 밖으로 나오게 되므로 고명하게 되니 이것
> 이 이른바 진실되면 밝다고 말하는 것이다.
>
> 　　　　　　　　　　　　　　　　　　　— 『중용자잠』 권3, 「전서」 282

　다산은 날 때부터 성(誠)한 이가 있다고 보았다. 오늘에는 어울리지 않
는 계급적인 생각이지만, 당시로서는 당연한 생각이다. 더구나 성한 이에

게는 그만큼 높은 수준의 도덕성이 요구된다. 그러니 다산의 시대로 비집고 들어가서 그가 말하고자 하는 행간을 읽어준다면, 다산은 '목민관의 노블리스 오블리제'를 강조하였다고 말할 수 있다.

전통적으로 유가에서는 천견(天譴)의식과 수기, 인륜정신과 치인을 짝짓는다. 그래서 다산도 수기란 천명이 무엇인지를 명확히 꿰뚫어보고, 그것을 바탕으로 상제(上帝)를 섬기는 것으로서 실현되는 것이라고 보았다. 또한 치인이란 인륜관계의 기본 덕목인 효(孝)·제(弟)·자(慈)를 실현하되, 향인지애(嚮人之愛:사람을 지향하는 사랑)와 추서(推恕:적극적인 이해와 포용)의 원리를 통해서 이룰 수 있는 것이라고 강변하였다. 그리고 이러한 원리는 이미 사서와 육경 전반에서 공자와 맹자, 주자 등 선유(先儒)의 입을 통해 수없이 반복된 것들이다. 그럼에도 불구하고 다산이 조선 성리학자로서 주자를 완성하였다고 감히 말할 수 있는 까닭은 이러한 원리를 목민관으로 대표되는 지식인들에게, 그리고 더 나아가서는 본인 자신에게 요청하였다는 데 있다.

[더 생 각 해 볼 문 제]

1. 유학(儒學)이 실학(實學)이라면 다산 당시의 노론(老論) 벽파들은 왜 그러한 점을 제대로 살려내지 못했는지 생각해 보자.

2. 다산을 근대적인 세계관과 정치철학을 가진 인물이라고 할 때, 여기서 말하는 근대는 어떤 내용을 가지고 있는지 생각해 보자.

3. 『목민심서』의 '목민(牧民)'과 오늘날의 '정치(政治)', '공무(公務)'는 어떤 동이점(同異點)을 가지고 있는지 생각해 보자.

[주 제 어]

자아 찾기[性善]

성선(性善)은 유학(儒學)을 가능하게 하는 기본 전제이다. 여기서 말하는 성(性)은 인간을 인간으로 규정할 수 있도록 하는 조건으로, 도덕적으로 판단하고 행위하는 능력을 가리킨다. 이 점에서 성선은 인간의 '자아 찾기'라고 할 수 있고, 적어도 다산에게 있어서 이 성선은 애써서 이루어내어야 할 목표가 된다.

실학

유학에서 말하는 실학은 인간 현실의 여러 가지 문제들을 다루는 학문이다. 그래서 인간 세상을 긍정적으로 다루는 유학은 실학, 부정적으로 다루는 불교나 기타 종교는 허학(虛學)이라고 한다. 같은 관점에서 주자학도, 조선의 실학도 실학이다. 하지만 그렇기 때문에 현실에서 벗어난 공허한 논리에 치중하면 그 무엇이라도 당장 공소(空疏)한 허학의 나락으로 떨어진다.

경세와 목민

경세는 세상을 경영한다는 의미이고, 목민은 백성을 기른다는 의미이다. 이 둘은 치인이라는 면에서 동일한 내용을 가진다. 다만 경세가 수기를 전제로 치인을 통해서 세상에 나아가는 일반적인 의미를 담고 있다면, 목민은 정치인으로서 지식인이 구체적인 관계 양식 속에서 세상을 경영해 나간다는 구체적인 의미를 담고 있다.

삼기(三紀)

『목민심서』에서 목민관이 갖추어야 할 기본 자질로 제시되는 「율기(律己)」와 「봉공(奉公)」, 그리고 「애민(愛民)」을 가리킨다. 율기는 자신을 컨트롤하는 구체적인 지침, 봉공은 공적인 업무를 처리하는 지침, 애민은 백성과 관계 맺고 실천하는 지침을 가리킨다. 공적인 관계를 처리하는 조정자로서의 면을 강조한 것이다.

고려인이 다시 쓴
삼국의 역사를 새롭게 읽는 법
: 김부식 『삼국사기 · 열전』

정출헌 | 부산대학교

 **1. 『삼국사기』를 썼던 사람, 김부식**

인종 23년에 김부식이 편찬한 신라, 고구려, 백제의 삼국사(三國史)를 드렸더니, 왕이 내시 최산보를 그의 저택으로 보내어 칭찬한 위로의 말을 전하고 화주(花酒)를 주었다. 의종이 즉위한 후 김부식을 낙랑군개국후(樂浪郡開國候)로 봉하고, 식읍 1000호에 식실봉 400호를 주었으며, 인종실록을 편찬할 것을 명령하였다. 외종 5년에 죽으니 향년 77세였으며, 시호는 문열(文烈)이라고 하였다.

—『고려사 · 열전』「김부식전」

김부식의 영광에 찬 삶을 증언하고 있는 『고려사 · 열전』의 한 대목이다. 여기에는 김부식이 고려 인종 23년(1145), 『삼국사기』를 편찬한 사업이 얼마나 큰 국가적 대사였는가가 생생하게 드러나 있다. 왕이 측근을 보내어 술을 내려주었다는 짤막한 언급에 불과하지만, 그건 후대의 역사가들도 기억해 역사서에 기록했을 만큼 각별한 사건이었던 것이다. 하긴, 그런 각별함은 김부식 자신에게도 마찬가지였다. 『삼국사기』의 편찬을 마쳤을 무렵, 김부식은 나이 칠십을 넘어서고 있었다. 말하자면 자신의 삶을 마감할 즈음, 마지막 열정을 불살라가며 이룩했던 일생일대의 사업이었던 것이다.

무엇이 김부식으로 하여금 자신의 혼불을 불살라가며 『삼국사기』를 쓰도록 만들었던 것일까? 저간의 사정을 이해하기 위해, 그것의 편찬 시대와 편찬 책임자 김부식의 삶을 간단히 점검해 볼 필요가 있다. 인종대는 신채호가 일컬었듯, "조선역사상 1천 년 이래 제1대 사건"인 '묘청의 난'으로 기억된다. 그건, 고려 건국 이래 꾸준히 진행되던 문벌귀족 중심의 유가적 통치이념에 대한 반발로부터 말미암은 사건이다. 당시의 시대적 정황은 위태롭기 짝이 없었다. 간략히 요약하자면 밖으로는 요나라 · 금나라의 부침과 송나라의 몰락, 안으로는 이자겸을 비롯한 외척 세력의 왕권 도전. 안팎으로 불안한 긴장과 음습한 기운이 고려를 휘감고 있었던 것이다. 그리고 이런 시대적 혼란을 틈타 묘청 · 백수한 · 정지상 등 서경중심 세력들이 기존 정치 질서에 반기를 들고 나섰다.

이를 주도한 서경세력에 대한 역사적 평가는 다각도로 이루어져야 할 것이다. 하지만 이들이 내세운 서경 천도, 황제 칭호와 독자적 연호 사용, 금나라 정벌 등의 명분은 기실 고려의 서울이었던 개경의 운세가 다했다는 도참사상(圖讖思想) 및 풍수지리사상(風水地理思想)에서 비롯된 것이었다. 수도를 옮겨 분위기를 일신해 보자는 주장이 갖는 일말의 현실적 당위성을 인정할 수는 있지만, 이들이 주술적이고도 신비적 세계관에 깊이 침윤되어 있었다는 사실까지 간과해서는 안 된다. 그리고 그런 미신적인 주장에 선뜻 동의하기란 쉽지 않은 법이다. 그때, 김부식도 그러했다. 그리하여 자신이 믿고 있던 유가적 통치이념으로 이런 '낙후되고, 터무니없는' 사상사적 도전에 맞서고자 했다. 그리하여 자신이 직접 군사를 이끌고 이들을 무자비하게 진압했던 것이다.

어찌 보면 김부식은 서경 천도를 주장하던 이들 세력과 체질적 · 정치적으로 합치될 수 없었다. 김부식은 신라 무열왕계에 닿아 있던, 그러다가 신라의 멸망으로 개경으로 자신의 정치적 기반을 옮겨 유력한 지배가문을 이룩한 인물이었다. 그의 성장 내력을 보다 생생하게 보여주는 사례로 증조부 김위영(金魏英)의 이력을 참고할 만하다. 신라의 마지막 임금 경순왕은 참으로 현명한, 또는 참으로 부끄러운 임금이었다. 그는 천년 동안 이어온 신라를 통째로 들어 왕건에게 바쳤다. 그런 아비가 부끄러워 마의태자(麻衣太子)는 베옷으로 갈아입고 금강산에 들어가 여생을 마쳤다고 하지만, 경순왕은 그때 안압지에 성대한 잔치를 열어 왕건의 은덕에 감격해 있었다. 그게, 신라의 패망을 자축하는 자리란 걸 모를 리 있겠는가? 그들은 패할 수밖에 없는 전쟁터로 백성을 내몰아 죽게 할 수 없다며 자신의 선택에 정당성을 부여하고자 했지만, 애당초 백성을 위하는 자들이 아니었던 사실을 상기한다면 자신의 부귀영화를 위해 조국을 팔아먹은 자의 자기기만에 지나지 않으리라. 하지만 점령군 왕건으로서는 경순왕을 비롯한 신라 군신의 그런 선택이 참으로 기쁘고 경사스런 일이 아닐 수 없었다. 그래서 천년왕국을 이어온 서라벌이란 이름을 바꾸었다. 경사스러운 고을이란 뜻의 경주(慶州)로 말이다. 무엇이 경사란 말인가? 신라로서는 참으로 치욕스런 이름이 아닐 수 없었겠는데, 김부식의 증조부 김위영은 바로 왕건에 의해 이곳의 주장(州長)으로 임명된 인물이었다. 이런 가문 내력을 상기해 볼 때, 김부식의 정치적 · 지역적 성향을 짐작하기란 어렵지 않다. 그리고 고구려의 기상을 되살리자던 서경세력과 목숨을 건 한판 대결을 벌이지 않을 수 없었음도 자연 이해가 되리라.

2. 논란에 시달리던, 김부식을 위하여

한 인물, 한 저작에 대한 평가가 시공을 초월해 한결같을 수는 없다. 아무리 탁월한 인물이나 저작이라 해도 사정은 다르지 않다. 그럼에도 김부식과 『삼국사기』에 대한 평가는 유별난 바 있다. 고려 중기 정치가・역사가・문장가 등 다채로운 삶을 살았던 그는, 언제나 라이벌의 관계에서 평가되곤 했다. 정치가로서는 서경 천도파인 묘청과 대비되고, 역사가로서는 『삼국유사』 편자인 일연과 대비되는 것이다. '보수적・귀족적' 또는 '사대적・유가적' 이라는 부정적 평가는 그렇게 해서 얻어진 것이다. 물론 고대적 사유를 극복하고 중세 보편주의를 지향한 '중세적 지성', 부족한 자료의 한계 속에서도 객관적인 편찬 태도를 견지한 '엄정한 역사가' 라는 긍정적 평가를 받기도 한다. 민족주의라든가 서민의식을 강조하던 시대적 분위기가 조금 퇴조한 것과 일정 부분 연관되는 현상이다.

하지만 김부식에 대한 논란은, 애당초 그 자신이 빌미를 제공한 측면이 많다. 널리 알려진 것처럼, 김부식은 삼국의 역사서(이른바, 『구삼국사』)가 있음에도 불구하고 삼국의 역사를 새롭게 쓰고자 했다. 그때, 그의 나이 칠십이었다. 노구를 이끌고 이뤄낸 그 사업은, 웬만한 사명감이 없었다면 엄두를 내지 못했을 터다. 무엇 때문이었을까? 우리는 '『구삼국사』는 문장이 거칠고 사실 가운데 빠진 것이 많아서 역사서로서의 구실을 다할 수 없다' 고 비판했던 김부식의 말에서, 사명감이 무엇이었는지 짐작할 수 있다. 『구삼국사』가 참으로 못마땅했고, 그래서 『삼국사기』를 새로 쓰지 않으면 안 되겠다고 결심했던 것이다.

그렇다고 해서, 당대인이 김부식과 그의 『삼국사기』를 전폭적으로 지지했던 것은 아니다. 불교적/도가적 세계관에 입각한 『삼국유사』(1285년 경)・『제왕운기』(1287년)가 새롭게 씌어지고 있는 것이 그런 반대의 정황을 보여준다. 하나의 직접적 사례를 들어보자. 김부식은 주몽의 탄생 등 삼국의 건국신화를 황당한 이야기라 치부했다. 하지만 이규보는 "환(幻)이 아니고 성(聖)이며, 귀(鬼)가 아니고 신(神)이라"(東明王篇序)며 이를 적극 옹호했고, 일연은 아예 "삼국의 시조가 신비스러운 데서 탄생했다는 것이 뭐가 괴이하랴?"[三國遺事, 紀異敍]라면서 유가적 합리주의를 정면에서 반대하고 나섰다. 김부식과 그의 『삼국사기』는 고려시대에 이미 논란의 한복판에 자리하고 있었던 것이다.

그런 면모는 문장가 김부식에게 있어서도 마찬가지였다. 김부식은 '『구삼국사』는 문장이 거칠고 졸렬하며, 사적 가운데 빠진 것이 많다(文字蕪拙, 事迹闕亡)'며 비난했는데, 이는 그의 독창적 발언이 아니다. 송나라 증공량(曾公亮)의 말을 이어받은 것이다. 증공량은 이렇게 말했다. "『구당서(舊唐書)』는 문장의 빛깔이 분명하지 않고, 사실에 누락된 것이 많다(文采不明, 事實零落)"라고. 김부식의 비판 어조와 동일하지 않은가? 그곳에서 우리는 문장가 김부식의 본면목을 확인하게 된다. 김부식은 당나라의 한유·유종원을 비롯하여 송나라의 소식·구양수·왕안석·증공량 등이 주도한 고문운동(古文運動)에서 추구했던 새로운 문체, 곧 고문(古文)을 받아들여 기존의 '졸렬한' 문체를 혁신하고자 했다. 하지만 그의 새로운 글쓰기도 쉽게 받아들여지지 못했다. 김부식과 정지상을 둘러싼 다음의 논란에서 그런 정황을 유추할 수 있다.

김부식과 정지상은 문장으로 당시에 이름이 나란했는데, 두 사람은 서로 잘못한다고 다투었다. [···] 뒷날 정지상이 김부식에게 죽음을 당해 귀신이 되었다. 김부식이 어느 날 봄을 읊은 시에 이르기를 "버들 빛은 천 가지에 푸르고, 복숭아꽃은 만 점으로 붉네.(柳色千絲綠, 桃花萬點紅)"라고 했다. 그러자 문득 공중에서 정지상이 귀신으로 나타나 김부식의 뺨을 때렸다. 그리고는 이르기를 "천 올, 만 점인 것을 누가 세어 보았더냐? 어찌 '버들 빛은 올올이 푸르고, 복숭아꽃은 점점이 붉네(柳色絲絲綠, 桃花點點紅)'라고 하지 않느냐?"라고 했다. 김부식이 마음속으로 몹시 불쾌하게 여겼다.

— 이규보, 『白雲小說』

짧은 일화지만, 시구 하나를 가지고 김부식과 정지상의 문풍을 날카롭게 대비시키고 있다. 진실이야 어떻든 그들의 라이벌적 관계는, 이렇듯 여러 시화집(詩話集)에 두루 나타나는 것이다. 묘청의 난을 빌미로 김부식이 죄 없는 정지상을 죽였고, 원한에 사무친 정지상은 귀신이 되어 김부식의 음낭(陰囊)을 잡아 당겨 죽였다는 복수담도 그런 사례의 극단이다. 이들 일화의 일차적 의도는 두 인물의 우열 관계이지만, 작가적 능력의 우열이란 작가적 개성 또는 시대적 문풍과 분리하여 생각하기 어려운 측면도 있다. 우리가 지금 보건대 정지상의 시풍은 질박하면서도 엄정하다면, 김부식의 시풍은 화사하면서도 호방하다. 양자의 우열을 쉽게 논할 수 없다. 하지만 당대인들은 정지상을 당대 최고의 작가로 꼽았고, 김부식은 그보다 못하다는 평가를 받았던 것이다.

왜, 그랬던 것일까? 고려시대, 특히 자료가 거의 남아 있지 않은 고려시대 전·중기 문학사는 제대로 밝혀진 바가 없다. 그래도 남아 있는 자료를 면밀하게 검토한 결과, 당시 문학작품의 기저에는 도가적 사유가 지배적 정서를 이루고 있음을 확인할 수 있다. 그리고 정지상은 그런 분위기를 대표하는 문인 가운데 한 사람이다. 정지상의 높은 인기는, 김부식보다 작가적 능력이 뛰어났다고 판단하기 어려운, 이런 시대적 정서를 대변하고 있었던 것이다. 평가의 논점을 이렇게 바꿨을 때, 우리는 김부식을 새로운 각도에서 조망할 수 있는 터전을 확보하게 된다. 김부식은 정치·역사가의 차원에서든 문장가의 차원에서든 새로운 개혁을 추구했던 인물이라고.

김부식은 분명 새로운 시대로 나아가기 위한 방향으로 한 걸음을 내딛고 있었다. 하지만 나머지 한 발은 아직, 완강한 위세를 떨치고 있는 전통적 지반에서 떼지 못하고 있었다. 그게, 김부식이 서 있던 자리이고, 논란에 시달렸던 이유이다. 『삼국사기』를 읽다가 보면, 어떤 국면에서는 중세 보편주의를 지향하다가도 어떤 국면에서는 자국적 전통을 옹호하는 듯한 태도를 종종 취하게 되는 것은 그런 까닭이다. 그렇다면 『삼국사기』를 읽는 우리는, '민족적이냐, 아니냐?', '귀족적이냐, 아니냐? 라는 기존의 상투적/도덕적인 평가와 일정한 거리를 유지할 필요가 있다. 대신, 김부식이 기존의 전통으로부터 '이어 받고 있는 지점'과 함께 '새롭게 혁신하려는 지점'이 무엇인가에 유념하기로 하자. 그때, 우리는 『삼국사기』로부터 더 많은 것을 읽어낼 수 있다.

3. 『삼국사기 · 본기』: 거듭 씌어지는 역사, 혹은 다시 만들기

고려 인종 23년, 편찬된 『삼국사기』는 국가적 사업이었을 뿐만 아니라 김부식 개인에게도 자기 만년의 삶을 쏟아 부은 일대 역사(役事)였다. 이자겸으로 대표되는 외척 세력의 발호와 묘청으로 대표되는 서경 세력의 반란을 진압한 김부식은 새로운 시대를 열고 싶었다. 그러기 위해서는 자신이 구축하려는 시대를 정당화시켜 줄 전범이 필요했는데, 그게 바로 『삼국사기』였던 것이다.

신라 · 고구려 · 백제의 삼국이 정립하여 능히 예로써 중국과 교통한 때문에 범엽의 『한서』라든지 송기의 『당서』에 모두 삼국의 열전이 있지만, 그 사서는 자기 국내에 관한 것을 상세히 하고 외국에 관한 것은 간략히 하여 자세히 실리지 아니하였다. 또 삼국의 『고기』로 말하면 글이 거칠고 졸렬하고 사적의 유루가 많아, 이런 까닭에 임금의 선악이라든지 신하의 충사, 나라의 안위, 인민의 치난에 관한 것을 다 드러내어, 후세에 권계를 보이지 못하였다.

여기에서 김부식은 『삼국사기』의 편찬 동기를 두 가지로 들고 있다. 하나는 중국 역사서에 삼국의 일이 실려 있기는 하지만 너무 소략하고, 다른 하나는 『구삼국사』는 후세에 권계로 삼기에 부족하다는 것이다. 여기서는 후자에 유념해 보기로 하자. 역사서가 후대에 감계의 자료가 되어야 한다는 관점은, 김부식이 처음 주창한 게 아니다. 진흥왕 6년에 이미 이사부(異斯夫)가 "나라의 역사라는 것은 임금과 신하의 잘잘못을 기록해, 그 포폄을 후대에 보이는 것입니다."라 역설한 바 있다. 『구삼국사』라고 해서 역사 편찬의 이런 기본을 외면했을 리 없다. 그럼에도 불구하고 김부식이 이를 문제 삼은 까닭은, 권계의 기준이 마땅치 않다는 말이겠다. 지금/여기의 관점에 근거하여 삼국의 역사를 새롭게 평가하고 새롭게 찬술해야 한다고 생각했을 터, 그래서 역사는 거듭해서 씌어지는 법이다. 그런 김부식은 자신의 작업을 후대에 길이길이 받들어질 전범으로 기대했겠지만, 실제로는 그렇지 못했다. 불과 200년 남짓하여, 그 역시 혹독한 역사의 심판대 위에 서게 된 것이다.

경순왕이 고려에 대하여 미약해서 힘을 쓸 수 없고 위태하여 스스로 보존할 수 없다고 하더라도, 선을 행하여 스스로 강해지면서 천시를 기다리는 것이 옳았을 것이다. 만약 어쩔 수 없는 형편이라면, 살아남은 무리를 규합하여 성을 등지고 사직을 위하여 한 번 죽기를 각오하는 것이 옳았다. 그런데도 도리어 살펴 깨닫지 못하고 자신이 항복한 포로가 되어 북면하고 신하라 칭하며 고려의 궁궐 뜰에서 포복진퇴하였으니, 진나라 민제나 오나라 손호와 다를 것이 거의 없다. 뒤에 비록 부귀를 누리고 권세가 대단했으며 외손이 번성했다고 한들, 어찌 능히 나라를 망하게 하고 자신을 잃은 큰 수치를 씻을 수 있겠는가? 경순왕과 같은 사람은 큰 절의를 이미 잃었으니 나머지는 본받을 것도 없

는데, 김부식이 '전씨와 대등하다' 한 것은, 도대체 무엇을 보아서 그렇다는
것인가?'

—『동국통감』 권12, 고려태조 18년

조선 초기의 사대부들은 신라 경순왕이 고려 태조에게 귀순한 사실을
두고 '조정에 공로가 있고 백성에게 덕이 컸다' 고 추켜세웠던 김부식을
신랄하게 비판한다. 절의를 생명보다 무겁게 여겼던 이들에게 있어, 어찌
그렇지 않을 수 있었겠는가? 이렇듯 '역사적 평가' 는 시대에 따라 달라지
는 법이다. 그렇다면, 역사적 평가에 입각해 씌어질 수밖에 없는 '역사적
기록' 이야 말할 필요도 없다. 흔히, 김부식을 "있는 것을 있는 그대로 기
술할 뿐 멋대로 지어내지 않는다.(述而不作)" 또는 "사실에 근거하여 있는
대로 바로 쓴다.(擧事直筆)" 는 유가적 역사서술에 투철했던 역사가로 평가
하곤 한다. 그런 만큼 김부식이 역사적 사실을 제멋대로 조작했으리라 의
심하는 것은 위험천만한 일이다. 그러나 김부식의 객관적인 역사서술 태
도를 곧이곧대로 믿는 태도 또한 위험하기란 마찬가지다. 역사서술의 실
제에 대해서는 뒤에서 자세히 살피게 될 것이다. 다만 여기서는 역사서술
이란 사실을 '반영' 하는 것이 아니라 의미화에 적합한 사실들로 '구성' 하
는 것이고, 그런 점에서 역사는 일종의 담론일 수 있다는 점을 지적해 두
기로 한다.

4. 백제가 멸망한 까닭 : 진실인가, 해석인가?

최근의 『삼국사기』 연구를 훑어보면, 김부식이 신라중심주의에 매몰되
지 않았음을 변증하려는 논의가 적지 않다. 자료 전승에 있어 삼국의 불균
등한 정황이라든가 신라가 실재했던 천년이란 긴 역사적 사실을 근거로

한 입론들이다. 고구려에 대한 부풀려진 기대감이라든가 국수주의적 자
부심이란 비학문적 잣대로 김부식의 부정적 측면을 부풀렸다면, 그 점 반
성해야 마땅하다. 그렇지만 김부식이 삼국 각각에 대해 지녔던 호오(好惡)
의 감정, 그리고 그에 따라 삼국의 흥망을 어떻게 재구성하고 있는가에 대
한 탐구까지 포기해서는 안 된다.

> 백제는 말기에 이르러 행동하는 바가 많이 도리에 어긋났었다. 또한 대대로
> 신라와 원수가 되어 고구려와 함께 화통해 침공했으며, 유리한 기회만 있으면
> 신라의 중요한 성과 큰 진들을 빼앗아가기를 마지않았다. 이는 이른바 '어진
> 이와 친하고 이웃 나라와 잘 지내는 것이 나라의 보배' 라는 말과는 달랐다. 이
> 에 당나라의 천자가 거듭 조서를 내려 그 원한을 풀도록 했으나, 겉으로는 따
> 르는 체하면서도 속으로는 어겨 대국에 죄를 지었다. 그러니 그들의 패망은
> 또한 당연한 일이다.
>
> — 『삼국사기 · 백제본기』 「의자왕」

백제의 멸망을 바라보는 김부식의 입장을 유감없이 드러내놓고 있기에
논점을 재차 요약할 필요조차 없다. 백제가 나당연합군에 의해 패망하고
말았다는 역사적 사실을 상기해 본다면, 이런 평가에 시비를 걸기 어렵겠
다. 하지만 『삼국사기 · 백제본기』를 읽어나가다 보면, 역사적 사실들이
이런 사론에 입각해 주도면밀하게 배치/구성되고 있다는 의심을 지울 수
없다. 『삼국사기』를 읽어본 사람이라면 누구나 느끼겠지만, 〈백제본기〉
는 역사라 이름 붙이기 민망할 정도로 참혹하다. 어쩌면 그리도 기록할 만
한 사건들이 없었는지? 일년에 한 줄, 또는 몇 년을 아무 사건 없이 훌쩍
건너뛰는 경우도 허다하다. 패망한 나라가 감수할 수밖에 없는 '잃어버린
시간' 을 감안한다 해도 너무 심하다. 그러던 〈백제본기〉는 의자왕 20년,
그러니까 백제가 멸망하던 660년의 기사는 넘쳐난다. 당나라 고종이 소정

방·유백영·풍사귀·방효공 등 쟁쟁한 장수들에게 13만 대군을 거느리게 하여 신라의 김춘추·김유신과 함께 진군하는 그때 그날의 기사는 마치 영화의 한 장면을 보는 듯하다.

하지만 여기서 유의할 만한 대목은, 그런 장엄한 장면의 바로 앞부분이다. 그러니까 당 고종이 백제를 '타이르는' 조서를 내려 보낸 의자왕 11년부터 나당연합군이 진군하는 의자왕 20년 직전까지의 10년! 당나라의 조서를 받은 다음 해 정월, 의자왕이 당나라에 조공을 보낸 걸 보면, 백제는 전쟁의 위협을 무마해 보려는 모종의 노력을 기울였음에 분명하다. 하지만 김부식은 그 사실을 단지 '遣使入唐朝貢(사신을 당에 보내 조공을 바쳤다)' 이라는 여섯 글자로 처리해 버린다. 그리고는 13년 가뭄이 들어 백성이 굶주리고, 15년 태자궁을 사치스럽게 수리하고, 16년 궁녀들과 방탕하게 노니는 의자왕에게 바른 말을 하던 성충(成忠)을 처형하고, 17년 극심한 가뭄이 들었다는 사실만을 간단간단 이어간다. 그러다가 멸망 직전인 19년부터 나당연합군이 침공해 오는 20년 전반부, 기사가 갑자기 길어진다. 번다하니, 골자만 제시한다.

[의자왕 19년] 여우 떼가 궁궐에 들어왔는데, 흰여우가 상좌평의 책상에 올라앉다./태자궁의 암탉이 참새와 교미하다./사비하에서 세 길이나 되는 물고기가 나와 죽다./길이 18척이나 되는 여인의 시체가 생초진에 떠오르다./궁궐의 홰나무가 사람 곡하는 것처럼 울다./밤에 궁궐 남쪽 길에서 귀신이 곡을 하다. [의자왕 20년] 왕도의 우물이 핏빛이 되다./서쪽 바닷가에서 무수한 물고기들이 물 밖으로 나와 죽다./두꺼비 수만 마리가 나무 위에 모여 들다./거리의 사람들이 이유도 없이 달아나다 넘어져 죽은 이가 100여 명이나 된다./절들의 탑과 강당에 벼락이 치다./용과 같은 검은 구름이 허공에서 서로 싸우다./여승들이 배 돛과 같이 생긴 것이 절문으로 들어오는 것을 보다./사슴처럼 생긴 개가 왕궁을 향해 짖다./왕도의 뭇 개들이 길에 모여 짖다가 사라졌다./귀신

이 나타나 백제가 망한다고 외치고는 땅속으로 들어갔다./귀신이 들어간 곳을 파 보니 거북이 한 마리가 있었는데 등에 '백제는 둥근 달과 같고 신라는 초승달과 같다' 는 글이 씌어 있었다.

골자만 간추려도 참 번다하다. 어찌된 일일까? 백제의 잃어버린 시간이란, 적어도 의자왕 19년부터 20년까지는 해당되지 않는 것이다. 암탉이 참새와 교미하는 실로 기이한 일이야 그렇다고 해도, 도성의 개들이 모여 짖어댄 일까지 기록되어 있다. 그리고 그런 하찮은 기록조차 김부식이 『삼국사기』를 쓸 때까지 고스란히 보존되고 있었던 것이다. 그렇다면 고구려와 백제의 사적이 신라에 비해 많이 인멸되었으리라는 점 인정할 수 있지만, 고구려와 백제의 기록을 적극적으로 수습하려는 노력이 부족했다는 점 또한 부정하기 어렵다. 그건, 역사가 김부식에게 책임을 따질 일이다.

하지만 위의 기사들을 길게 인용한 것은, 역사가로서 김부식의 불성실함을 탓하기 위해서가 아니다. 그가 기록하고 있는 역사적 사실의 성격과 그 역사적 사실의 구성에 주목하기 위해서다. 자신이 사평(史評)에서 내렸던 백제의 '당연한 패망' 을 입증하기 위해 멸망을 암시하는 '흉흉한 조짐' 을 하나도 빠뜨리지 않은 채 거두고, 이를 나당연합군의 장엄한 진군 장면과 극적으로 대비/배치하고 있는 '역사서술 방식' 을 간과해서는 안 되는 것이다. 김부식은 이처럼 자신의 역사관에 부합하도록 주어진 사건을 적절하게 선별·배치하고, 효과를 극대화하기 위해서 비현실적 사건들을 끌어들이는 데도 주저하지 않았다.

그런 점에서 역사란 역사가와 그가 살던 시대가 만들어낸 '거대한 허구' 에 다름 아니다. 그리고 허구는 종종 유력한 사실로 굳어지곤 했다. 삼국의 역사에 대한 이해에서 『삼국사기』가 차지하는 위상도 그러하다. 김부식은 백제의 멸망을 '중국에 대한 불손' , 고구려의 멸망을 '군신간의 불화' , 신라의 멸망을 '불교에 대한 숭상' 으로 설명했다. 그리고 그런 사론은, 지금까지 모든 국사 교과서에서 역사적 진실로 받아들여지고 있다. 하지만 삼국의 멸망에 대한 김부식의 이런 해석은, 고려 중기 영향력 있는 정치가로서 추구했던 그 자신의 '사대교린(事大交隣)의 외교정책', '문벌귀족(門閥貴族)으로서 가졌던 군신관계', 그리고 '유교이념(儒敎理念)에 기초한 정치철학'과 절묘하게 대응된다. 우연의 일치인가, 아니면 자신의 역사관에 입각해 삼국의 멸망을 해석한 것인가? 우리는 후자라고 믿는다.

5. 『삼국사기 · 열전』 : 김유신에 대한 사랑, 또는 김부식 자신

삼국의 멸망을 설명하는 『삼국사기 · 본기』의 서술 방식을 통해, 우리는 역사가 만들어질 수도 있다는 하나의 사례를 확인할 수 있었다. 하지만 김부식이 채택한 역사편찬 방식에 대해 좀더 유념할 필요가 있다. 널리 알려진 것처럼, 『삼국사기』는 사마천이 창안한 역사서술 방식인 기전체(紀傳體)를 따르고 있다. 이는 편년체(編年體)와 역사를 해석하고 재구하는 방식에서 뚜렷이 구별된다. 편년체가 시간의 흐름 위에 '인간의 명멸(明滅)'을 배치시켜 놓고 있는 데 반해, 기전체는 '인간의 행위(行爲)'를 중심으로 시간을 해체하고 있는 것이다. 그 점 열전(列傳)에서 확연하게 드러난다. 『사기』의 경우, 전체 130권 가운데 열전이 70권을 차지하고 있으니, 만만치 않은 비중이다. 사마천은 서른 개의 수레바퀴 살이 중심축을 향해 있는 것을 본떠 본기(本紀)를 중심으로 30편의 세가(世家)를 설정, 배치해 두었다. 하지만 역사의 수레바퀴를 돌리는 것은 누구였던가. 그건 세계의 중심이라는 제왕도, 또는 제왕의 권력을 공간적으로 나눠 맡은 제후도 아니다. 오히려 정치 · 경제 · 문화의 여러 영역에서 삶을 영위하던 구체적인 인간일 수밖에 없는데, 열전은 바로 이들을 주목한다.

이처럼 개별 인간을 역사의 주체로 내세운 데서 『사기』의 탁월함을 찾을 수 있다면, 열전은 분량의 측면에서만이 아니라 서술에 들인 공력의 측면에서도 단연 으뜸을 차지한다. 사마천이 가장 공력을 들이고 있는 대목은, 그리하여 『사기』에서 가장 빛나는 대목은 열전에 실린 인물의 전기인 것이다. 뿐만 아니라 『사기』 전체를 관통하는 사마천 자신의 역사관도 거기에 담아 두었다. 백이·숙제를 첫 번째 인물로 내세워 제기한 "천도(天道)란 과연 있는가?"라는 물음은, 역사가 사마천이 평생 품고 있던 근원적 화두였던 것이다. 그렇게 볼 때 역사의 긴 시간 속에서 열전에 과연 누구를 주역으로 끌어올릴 것인가, 나아가 선발된 인물들을 어떻게 배치할 것인가는 간단한 문제가 아니었다. 누가 지난 한 세기를 대표하는 인물 100명을 꼽아보라면, 우리들은 골머리를 썩일 게 분명하다. 사마천도 그랬고, 김부식도 그랬다.

그런 점에서 『삼국사기·열전』이야말로 삼국에 대한 김부식의 생각을 분명하면서도 고스란히 드러내 놓고 있는 곳이라 할 수 있다. 거기에는 총 69명의 인물이 이름을 올리고 있는데, 국가별로 보면 신라 56명, 고구려 10명, 그리고 백제 3명이다. 김부식의 신라 중심적 역사관이 노골적으로 드러나 있는 것으로 해석할 수 있겠지만, 여기서 그걸 탓하지는 않겠다. 멸망한 왕조에 몸담았던 고구려인과 백제인의 삶에 대한 자료가 온전히 전해질 수 없었던 사정도 주요한 이유 가운데 하나였을 것이기 때문이다. 오히려 불균형을 문제 삼는다면, 『삼국사기·열전』 전체에서 차지하는 김유신 한 개인의 과도한 비중이다. 그는 열전 10권 가운데 3권에 달하는 분량을 차지한다. 삼국통일을 이룩한 공업을 고려한다면, 그럴 수 있겠다는 생각이 들기도 한다. 하지만 이유를 김부식에게 직접 들어보자.

신라에서 유신을 대하는 것을 보면 친근히 하여 사이가 없고, 위임하여 의심하지 않으며, 도모하면 행하고 말하면 들어서 쓰이지 않음을 원망함이 없게 하였으니, 가히 '육오동몽(六五童蒙)의 길함'을 얻었다고 할 만하다. 그러므로 유신은 그 뜻을 행할 수 있었고, 중국과 협력해 세 나라를 합해 한 집안을 이루어 공적과 명성을 남기고 일생을 마칠 수 있었던 것이다.

—『삼국사기·열전』「김유신」 사평

김부식은 김유신의 행적을 총괄하면서, 우리가 예상한 삼국통일의 위업에 초점을 맞추고 있지 않다. 대신, '무지한 사람이 높은 지위에 있으면서 겸손한 태도로 유능한 사람에게 모든 것을 맡기고, 그의 가르침을 받아들이는 것을 어린아이같이 하기에 길하다'는 『주역·몽괘(蒙卦)』의 '육오동몽길(六五童蒙吉)'을 끌어들인다. 김유신의 삶을 기록하면서 가장 강조하고 싶었던 것은, 그리하여 후세의 교훈으로 남겨주고 싶었던 것은, 김유신 개인의 위대한 업적이 아니라 그것을 가능하게 한 군주의 아낌없는 배려와 신뢰였던 것이다.

임금과 신하의 행복한 만남은 이렇게 해서야 가능할 수 있다는 것이다. 그렇다면 임금의 선악(善惡), 신하의 충사(忠邪), 나라의 안위(安危), 인민의 치란(治亂)을 통해 시대의 거울을 제시해야 한다고 믿은 김부식의 역사관을 염두에 둘 때, 그 의도가 어디에 있는가는 명확하다. 이자겸과 묘청의 반란을 진압함으로써 문벌귀족으로서의 지위를 확고하게 다진, 고려 중기 그 자신의 군신관(君臣觀)을 피력하고 있는 것에 다름 아니다. 임금은 자신과 같이 유능하고 충성스런 신하에게 모든 것을 맡기고 의지해야 한다? 조금은 점잖고, 대단히 위협적인 발언! 김부식의 이런 군신관이 김유신을 열전의 첫 번째 인물로 배치한, 그리고 열전 전체의 ⅓을 할애하여 말하고 싶어했던 진정이다. 그렇게 본다면 "인물의 사적을 나열함[列]으로써 후세에 그런 사실을 전하려는 것[傳]"이라는 열전도, 역사가가 자기 역사관의 정당성을 입증하기 위해서 역사적 인물을 잠시 빌려오는 것이라고 말해도 좋은 게 아닐까? 역사적 사실들의 주도면밀한 배치와 서술을 통해 자신의 역사관을 정당화하려고 했던 앞선 예처럼 말이다.

6. 인물의 선별과 배치 : 거기에서 읽는 김부식의 역사

인간을 역사의 주체로 세웠던 사마천과 김부식이, 백이 · 숙제와 김유신을 첫머리에 내세워 자신의 역사관을 피력했던 것은 결코 우연이 아니었다. 그런 만큼 역사가들이 수행한 인물의 선별, 그리고 그 배치에 대해 좀 더 눈여겨 볼 필요가 있다. 기존의 역사서를 강력하게 비판하며 삼국의 역사를 새롭게 구성하려 했던 김부식의 역사인식을 살펴보기 위해서는 더욱 그러하다. 그때, 『구당서』를 부정하고 편찬된 『신당서』의 전례는 좋은 참고가 된다. 김부식이 『삼국사기』를 편찬하는 데 있어 결정적인 계기를 마련해 주었기 때문이다. 『신당서』를 편찬하는 데 주도적인 역할을 맡았던 증공량(曾公亮)은 이렇게 말했다.

[『구당서』는] 공적이 혁혁한 명군(明君) · 현신(賢臣)을 화근의 괴수인 혼암(昏暗) · 탐학(貪虐)한 군주 및 적신(賊臣) · 난신(亂臣)과 함께 두고 있다. 그러니 선악을 폭로하여 사람을 감동시키기에 부족할 뿐만 아니라 후대의 권계를 삼기에도 마땅치 않다. 그 점, 심히 한탄스럽다.

— 증공량, 「진신수당서표(進新修唐書表)」

증공량은 『구당서 · 열전』에 실린 인물들이 뒤죽박죽 섞여 있어 그 선악과 시비를 드러내기에 부족하다고 비판하며, 인물을 권계 삼기에 좋도록 새롭게 배치해야 한다고 역설한다. 인물을 시간의 순서에 따라 배치한 것에 대한 불만이었던 것이다. 그리하여 열전의 편차를 해체하여 인물을 유형에 따라 다시 분류한다. 우선 13개의 편목(篇目)으로 구성되어 있던 열전을 26개의 편목으로 세분한 뒤, 선악과 시비를 엄정하게 따져 새롭게 나눈 것이다. 뿐만 아니라 편목의 순서도 새로 짰다. 앞에 놓였던 외척(外戚) · 환관(宦官) · 혹리(酷吏)는 뒤로 돌리고, 뒤에 놓였던 명신(名臣) · 충의(忠義)

와 탁행(卓行)·효우(孝友)·은일(隱逸)은 앞으로 끌어왔던 것이다. 김부식도 『신당서』의 이런 전례를 참고 삼아 삼국의 인물을 선별하고, 그들을 유형별로 배치했다.

열전 권1 김유신(상)

열전 권2 김유신(중)

열전 권3 김유신(하)

열전 권4 을지문덕, 거칠부, 거도, 이사부, 김인문, 김양, 흑치상지, 장보고, 사다함

열전 권5 을파소, 김후직, 녹진, 밀우·유유, 명림답부, 석우로, 박제상, 귀산, 온달

열전 권6 강수, 최치원, 설총

열전 권7 해론, 소나, 취도, 눌최, 설계두, 김영윤, 관창, 김흠운, 열기, 비령자, 죽죽, 필부, 계백

열전 권8 향덕, 성각, 실혜, 물계자, 백결선생, 검군, 김생, 솔거, 효녀 지은, 설씨녀, 도미

열전 권9 창조리, 연개소문

열전 권10 궁예, 견훤

맨 앞에 배치한 「김유신전」을 별도로 한다면, 대략 명장(名將)과 명신(名臣), 학자(學者), 충절(忠節), 기타(효자, 지조, 예술, 열녀 등), 그리고 반신(叛臣)과 역신(逆臣)으로 유형화하고 있는 것이다. 『신당서』에 비해 편목 구성이 명확하지 않고, 편목 내부의 인물 성격도 일관성이 다소 부족하다. 그런 까닭에 선택과 배열의 기준이 모호하다는 비판을 받기도 했다. 하지만 자세하게 살펴보면, 김부식이 배치한 깊은 속뜻을 읽어낼 수 있다.

여기서는 창조리(倉助利)와 개소문(蓋蘇文)을 권9에 배치시킨 까닭만 짚어보기로 하자. 이들은 이른바 군주를 몰아낸 반신(叛臣)의 자격으로 여기에 실렸다. 창조리는 말할 것도 없고, 우리에게 비교적 친숙한 연개소문을 과연 반역의 인물로 분류하는 것이 정당한가에 대해서는 시비가 없을 수

없다. 여기서는 김부식의 판단을 존중해 일단 묻지 않기로 한다. 하지만 삼국의 인물 가운데 임금을 시해하거나 폐위시킨 인물은 이들 말고도 수 없이 많았는데, 왜 이들 두 사람만 싣고 있는가에 대한 답변은 들어야만 하겠다. 아니, 그런 자는 백제에도 있고 신라에도 있는데 유독 고구려 인물 두 사람만으로 채운 까닭이 무엇인가를! 하긴, 죽은 김부식에게 물어 무엇하겠는가?

우리는 앞서 백제의 멸망 원인, 김유신에 대한 평가가 김부식의 당대적 역사인식과 연관되어 있다고 추론한 바 있다. 중국에 대한 사대교린의 외교정책, 문벌귀족으로서 가질만한 군신관과 정확하게 대응된다고 말이다. 그 밖에 김부식은 고구려의 멸망은 군신간의 불화, 신라의 멸망은 불교에 대한 지나친 숭상을 꼽은 바 있다. 그러하다. 군신간의 불화로 고구려의 멸망 이유를 설명했다면, 수많은 군신간의 불화 사례 가운데 굳이 고구려의 두 사람을 꼽은 이유는 자명하다. 고구려의 멸망 원인에 대한 자신의 판단에 설득력을 높이기 위해, 이들을 반역의 자리인 권9에 두었던 것이다.

이런 치밀한 배치는 편목의 구성에만 적용되는 것이 아니다. 편목 내부의 인물들에게도 적용되는데, '기타'로 분류되던 권8에 속해 있는 11명의 인물들을 살펴보자. 이들 가운데 향덕을 제외하면, 『삼국사기』는 물론 그어떤 자료에서도 이름을 발견할 수 없다. 그만큼 이들은 역사를 주도할 만한 두드러진 행적을 남기지 못했다. 그럼에도 불구하고 하찮은 삶에 주목하여, 이들을 역사의 전면으로 끌어낸 까닭은 무엇인가? 향덕·성각처럼 두드러진 효행을 보인 경우, 실혜·물계자·백결선생·검군처럼 숨어서 지조를 지킨 경우, 김생·솔거처럼 신묘한 예술의 경지에 이른 경우, 그리고 지은·설씨녀·도미(처)처럼 여성이 지켜야 할 본분을 다한 경우에 해당한다.

김부식은 국가적 차원과 관련된 혁혁한 삶과는 거리가 있는, 그러나 인간 개개인이 지켜야 할 자세 가운데 '효행', '지조', '예술', '절행' 이야말로 후대에 모범으로 보여줄 만한 가치 있는 행위라 생각했던 것이다. 하지만 이들의 배치를 좀더 꼼꼼하게 따져보면, 김부식의 생각을 좀더 분명하게 이해할 수 있다. 우리들은 백결 선생을 거문고를 잘 탄 예인으로 기억한다. 거문고로 떡방아소리를 방불하게 냈을 정도로 탁월한 예술적 기교! 하지만 김부식이 주목한 것은 그게 아니다. 굶주림과 부인의 구박을 꿋꿋이 견뎌내던 백결 선생의 예술가적 지조에 방점을 둔 것이다. 어찌 그걸 아는가? 기예가 높은 예술가로서만 백결 선생을 주목했다면, 김생·솔거와 함께 묶었을 것이다. 하긴, 김생과 솔거의 순서에도 유의할 필요가 있다. 그림 그리는 '환쟁이' 보다 글씨 잘 쓰는 '서예가' 가 좀더 높은 사회적 대접을 받았음을 보여주고 있기 때문이다.

말이 난 김에 쉬운 질문 하나를 해보자. 지은은 효행으로 이름을 날렸는데, 왜 효자인 향덕·성각과 함께 묶이지 않고 뒤에 처져 있는가? 물론, 답은, "여자이니까!" 그러면 여자로서 칭찬 받을 만한 행위의 순서는 무엇인가? 효행이 첫째이고, 절행이 다음이다. 지은, 그리고 설씨녀·도미(처)의 순서가 그걸 말해준다. 그런데 이상하다. 도미의 처가 여자이지, 도미는 남자 아닌가? 그런데 왜 남자가 여자들 뒤에 서 있는가? 답은, "백제 사람이니까!" 경상도가 고향인 김부식은 백제를 참으로 미워했다. 믿을 수 없다면, 전쟁터에서 장렬하게 죽어간 인물을 모아놓은 권7을 다시 한 번 보시라. 맨 끝이 누구인가? 바로, 백제 최후의 장수 계백이다. 새파랗게 젊은 관창은 그보다 훨씬 앞에 두고서 백발이 성성한 계백을 뒤로 둔 이유를 신라에 대한 사랑, 백제에 대한 미움이 아니고 뭐로 설명할 수 있겠는가? 이렇게 시시콜콜하게 인물의 배치까지 따지는 이유는 작지만 중요한 이유가 있다. 산만하게 보이는 듯한 『삼국사기·열전』의 인물 선별과 배치를 면밀하게 살피는 것, 그리하여 거기에 작동하고 있는 판단 기준을 섬세하게 읽어내는 것, 이것이야말로 고려의 남성 김부식이 인물을 통해 재구성한 삼국의 역사를 새롭게 읽는 방법이기 때문이다. 그 점, 명심하자.

7. 인물의 서사, 서술의 시각

김부식이 인물로 재구성한 삼국의 역사를 이해하기 위해 그들의 질서정연한 배치에 주목한다거나 그들을 빌어 토로하고 있는 사평(史評)에 주목하는 것은 물론 필요하다. 하지만 이처럼 겉으로 드러난 것만 분석하고 그쳐서는 안 된다. 보다 중요한 것은 입전인물을 그리는 서술의 시각과 형상화 방식이다. 그 점을 살펴보기 위해, 군주의 방탕과 무능에 의해 또는 사대교린의 예절을 지키지 못해 '멸망할 수밖에 없었던' 국가를 위해 최후까지 분투하던 한 인물을 불러 오기로 한다. 바로, 계백이다. 그가 열전 가운데 편입되어 있는 부분은 권7이다. 여기에는 국가를 위해 싸우다 전장에서 죽은 충의의 인물 13명을 모아놓았는데, 해론·관창·죽죽 등 학창시절 때부터 인상 깊게 읽어왔던 인물이 그들이다. 계백도 거기에 들어 있는데, 자리는 맨 끝이다. 세 명밖에 안 되는 백제인 가운데 뽑혔으니 영광으로 여길 수도 있겠지만, 좆비린내 나는 관창보다 뒷자리에 서게 된 심경이 탐탁치만은 않았으리라. 하지만 계백이 품었을 보다 큰 불만은, 자신의 최후를 그리고 있는 다음 대목이 아니었을까?

> 마침내 치열하게 싸워 한 사람이 천 명을 당해내지 못하는 이가 없을 정도이니, 신라군이 그만 퇴각하였다. 이와 같이 맞붙어 싸우고 물러나기를 네 번이나 하더니, 힘이 다해 죽었다.
>
> —『삼국사기·열전』,「계백」

쌀막한 계백의 전기는 세 부분으로 나뉜다. 나당연합군에 맞서 결사대

오천 명을 뽑아 전장터로 가기 전 처자식을 모두 죽이는 대목, 황산벌에
도착해 죽기를 각오하고 싸우라고 군사를 독려하는 대목, 그리고 최후를
맞이하는 위의 대목이 그것이다. 하지만, 정말로 계백의 최후를 '如是進
退, 至四合, 力屈以死'로밖에 그릴 수 없었을까? 이렇게 사실만을 간략히
기술하는 것이 사가(史家)의 필법(筆法)이라 주장할 수도 있다. 하지만 권7
에 나란히 실려 있는 신라 화랑들의 비장한 최후와 비교해 볼 때, 그건 공
정한 답변이 될 수 없다. 『삼국사기』에는 웬만한 현대 소설보다 탁월한 구
성과 핍진한 묘사들로 넘쳐난다.

> 관창은 말에 올라 창을 비껴들고 바로 적진에 쳐들어가 말을 달리면서 몇
> 사람을 죽였다. 그러나 상대편은 수가 많고 우리는 적어 적들에게 사로잡혀
> 백제의 원수인 계백 앞에 끌려갔다. 계백이 투구를 벗기게 하더니 그가 어린
> 나이에도 용맹한 것을 아깝게 여겨 차마 해치지 못하고 탄식해 말했다. "신라
> 에 빼어난 인물이 많구나. 소년조차 이러하거늘 하물며 장사들이야 어떠하겠
> 는가?" 이윽고 관창을 살려 보내도록 하였다. 관창이 돌아와서 말했다. "아까
> 내가 적진에 들어가 적장을 베지 못하고, 깃발을 뽑아오지 못한 것이 몹시 한
> 스럽도다. 다시 가면 반드시 공을 이룰 수 있으리라." 말을 마치자 손으로 우
> 물물을 움켜 마신 다음 다시 적진에 달려들어 매섭게 싸우니, 계백이 잡아 베
> 어 죽이고 그 목을 말안장에 매어 돌려보냈다. 품일은 아들의 머리를 집어 들
> 고 소매로 피를 닦아주며 말했다. "내 아들 얼굴 모습이 살아 있는 듯하구나.
> 나라의 일에 훌륭하게 죽었으니 후회할 것이 없다."
>
> — 『삼국사기 · 열전』, 「관창」

익히 아는 내용을 길게 인용한 것은, 관창의 최후가 참으로 감동적으로
그려지고 있기 때문이다. 절제된 언어 표현이 발휘할 수 있는 비장미를 한
껏 뽐내면서 전개되는 이들 대목을 읽고 있노라면, 반도의 구석에 처박혀

있던 신라가 어떻게 삼국 통일의 대업을 이룩할 수 있었는가를 실감할 수 있다. 여기서 우리는 열전의 중요성을 다시 한 번 깨닫게 된다. '전'의 의미가 전한다는 뜻 외에 '경서에 대한 주해'의 뜻도 있다는 점을 상기한다면, '열전'이 단순히 개개인의 삶을 후세에 전한다는 의미에 국한되지 않는다. 오히려 『춘추』의 경우 『좌전』이 경문을 해석하고 있는 것처럼, 『사기』의 경우 신민의 행적을 기록하는 열전은 본기를 해석하는 것이기도 했다. 이런 맥락에서 〈계백전〉을 음미할 때, '힘이 다해 죽었다'고 묘사된 계백의 맥없는 최후는 한 개인의 최후이자 한 국가의 최후를 상징하는 것이기도 한 셈이다. 뿐만 아니라 늙은 계백을 저 펄펄 날던 신라의 젊은 화랑들 끝자리에 놓아 둔 것은, 백제인에 대한 김부식의 혐오를 반영하고 있는 것인 동시에 극적인 대비를 의도한 것이기도 했다.

그럼에도 불구하고 간과해서는 안 되는 점이 있다. 그토록 맥없이 쓰러져가도록 계백의 삶을 마무리한 김부식의 주도면밀한 서술 태도를 십분 인정할 수 있지만, 우리는 그런 사례를 통해 역사가는 자신의 관점에 의거해 한 인물의 삶을 은밀하게 변형시켜 전승/기억하도록 만들 수 있다는 점도 인정해야 한다는 사실이다. 앞서 인용한 〈관창전〉에서 보듯, 계백은 절체절명의 순간에 이르렀지만 차마 어린 적장을 죽일 수 없어 살려 보내 줄 정도로 인간적이면서도 당당한 장수였다. 그렇지만 정작 〈계백전〉에서는 이런 면모를 실감할 수 없다. 김부식은 관창의 꺾일 줄 모르는 투지를 돋보이게 만들기 위해 계백의 의연한 면모를 불가불 드러낼 수밖에 없었지만, 그렇게 사용해 버리고는 정작 계백의 삶으로 되돌려주지 않았던 것이다. 한 인간의 행적 가운데 역사가에 의해 어느 것은 채택되고 어느 것은 버려진다면, 그렇게 해서 완성된 한 인간의 전기는 과연 그에 대한 온전한(또는 객관적인) 이해일 수 있는가?

8. 김부식에 의해 훼손당한 여성의 흔적들

1 유화 : 국모의 신화에서 자애로운 어머니로

열전의 구성에 있어 어떤 인물을 선택하고 어떤 인물을 버리는가는 역사를 편찬하는 사람의 판단에 맡겨질 수밖에 없다는 것이 우리의 잠정적 결론이다. 그건, 계백의 경우에서처럼 한 개인의 삶을 기록하는 경우에도 마찬가지다. 전이란 본래 한 인물의 생애 가운데 특징적인 국면을 집중적으로 부각시켜, 그에 대한 포폄을 후대에 남기는 양식이다. 전의 작가들은 누구나 거사직필(擧事直筆)의 정신을 준수하여 멋대로 지어내지 않는다고 자부한다. 하지만 몇몇 행적만 가지고 한 인간의 삶을 규정한다는 것이 애당초 정당한가라는 근본적인 질문은 유보해 두고서라도 미리 마음먹은 관점에 부합하는 행적만 선별한다는 혐의로부터 자유로운 전기란 거의 없다. 그런 점에서 전이라는 문학적 갈래란 '사실로 재구한 허구'에 다름 아니다. 『삼국사기 · 열전』이라고 해서 예외일 수 없다. 그곳에 실려 있는 52명의 삶은 입전자의 안목에 의해 선별된 일화로 재구성된 것이다. 물론 이들 각각의 서술 방식은 상황에 따라 조금씩 다르다. 〈을지문덕전〉의 경우를 들어 살펴본다면, 대략 고구려본기에 서술된 내용을 기본 골격으로 삼아 어떤 부분은 그대로 전재하고 어떤 부분은 압축 · 생략하기도 한다. 또는 별도의 텍스트로부터 관련 자료를 첨가하기도 한다.

기존의 자료를 토대로 하되, 이를 그대로 옮긴 것이 아니라 '멋대로 추려 재단하고, 함부로 지어낸 경우'가 있음은 김부식 자신도 고백하고 있는 엄연한 사실이다. 신이한 사적을 대부분 삭제했다거나 신라 중심적으로 텍스트를 손질했으리라는 혐의는 그래서 두고두고 논란거리가 되었던 것이다. 하지만 최대의 난점은 개작 정도를 비교할 수 있는 원 텍스트가 남아 있지 않기 때문에 정황을 근거로 추정하는 수준에 머물 수밖에 없다는 현실이다. 심증은 가되, 물증은 없는 격이다. 물론 개작 사실과 그 증거물을 제출하고 있는 경우가 전혀 없는 것은 아니다. 이규보는 이렇게 증언하고 있다.

처음에는 그〔주몽신화〕를 믿지 못하였으니 귀환(鬼幻)스럽다고 생각하였기 때문이다. 여러 번 탐독 미독하여 차차로 그 근원을 찾아가니 이는 환(幻)이 아니요 성(聖)이며, 귀(鬼)가 아니고 신(神)이었다. 하물며 국사〔구삼국사〕는 직필하는 책이니 어찌 그 사실을 망전하였겠는가? 김부식이 국사〔삼국사기〕를 다시 편찬할 때, 동명왕의 사적을 매우 간략하게 다루었다. 공은 국사란 세상을 바로잡을 책이니, 신이한 일을 후세에 보여주는 것은 옳지 않다고 여겨 간략하게 한 것이 아니겠는가?

— 이규보, 「동명왕편 서」

『삼국사기』에 실려 있는 〈주몽신화〉는 『구삼국사』에 실려 있던 그것 가운데 많은 부분을 생략하고 있는데, 그건 주로 신이한 일에 해당된다는 점을 분명하게 밝히고 있다. 실제로 『삼국사기』에는 해모수와 하백의 도술 싸움, 주몽과 송양왕의 도술 시합은 흔적도 없다. 유가적 합리주의를 견지하던 김부식에 의해 삭제된 것이 틀림없다. 하지만 검열 기준이 괴력난신(怪力亂神)과 연관된 대목에 국한되지 않는다. 이규보가 〈동명왕편〉의 분주(分註)를 통해 밝혀놓은 본래 모습에서 그 점을 확인할 수 있다.

〔삼국사기〕 금와왕은 그 말〔주몽을 죽이라는 대소의 말〕을 듣지 않고 주몽에게 말을 기르게 했다. ▼ 주몽은 좋은 말을 알아보아 좋은 말에게는 적게 먹여서 여위게 하고 나쁜 말에게는 잘 먹여 살찌게 했다. 왕은 살찐 말은 자기가 타고 여윈 말은 주몽에게 주었다.

[동명왕편] 그 어머니가 "이것은 내가 밤낮으로 고심하던 일이다. 내가 들으니 사(士)가 먼 길을 가려면 반드시 준마가 있어야 한다. 내가 능히 말을 고를 수 있다."하고, 드디어 마구간으로 가서 긴 채찍으로 어지럽게 때리니 여러 말이 모두 놀아 달아나는데 한 마리 붉은 말이 두 길이나 되는 난간을 뛰어 넘었다. 주몽은 이 말이 준마임을 알고 몰래 바늘을 혀 밑에 꽂아 놓았다.

주몽이 대소의 박해를 피해 탈주를 준비하는 대목인데, 『삼국사기』의 기록만으로도 별 문제 없이 읽어내려 갈 수 있다. 하지만 「동명왕편」을 통해 확인 가능한 『구삼국사』의 본래 내용과 비교해 읽는다면, 사정은 조금 다르다. 좋은 말을 가려내는 안목을 지녔다는 것은, 활을 잘 쏘았다는 것과 함께 수렵생활을 하던 집단 내에서는 탁월한 지도자로서의 징표였다. 그런 안목과 능력이 있었기에, 주몽은 험난한 시련을 딛고 일어서서 한 나라의 건국영웅이 될 수 있었던 것이다. 믿고 싶지 않은 신화였지만, 그래도 김부식은 그것을 말하고 싶어 했다. 하지만 지금은 잃어버린 『구삼국사』는 달랐다. 여러 말들 가운데 준마를 가려낸 것은 주몽이 아니라 그의 어머니 유화였던 것이다. 모정에 연연하여 떠나지 못하는 유약한 아들을 떠나도록 깨우쳐 주고, 탈출에 성공하기 위한 말을 골라 착실한 준비를 시켜 주고, 그것도 부족하여 떠나는 아들에게 오곡의 씨앗을 주어 국가 건설의 경제적 기반까지도 마련해 주었던 주몽의 어머니 유화! 김부식은 이런 일련의 대목을 모두 삭제해 버렸지만, 그녀의 본래 역할은 참으로 지대했다. 그래서 고구려인들은 주몽만이 아니라 유화도 함께 신묘(神廟)에 모셔두고 지모신(地母神)으로 섬겼던 것이다.

② 도미처 : 한 치의 흐트러짐 없는 절행의 여인으로

〈동명왕편〉을 통해 확인할 수 있듯, 김부식은 원 텍스트를 사료로 활용하는 과정에서 의미 있는 대목을 적지 않게 삭제하곤 했다. 그런데 문제는 그것이 신이한 행적에만 그치고 있지 않았다는 점이다. 주몽의 어머니인 유화를 '신적인 존재'로부터 '자애로운 어머니'의 형상으로 변모시켜 놓았으니, 거기에는 남성을 역사의 주역으로 내세우려는 남성 중심적 서술 시각이 강력하게 작동했던 것이다. 돌이켜 보면, 김부식은 고려 중기를 대표하는 정치가·역사가·문장가인 동시에 유교적 이념에 기초한 가족제도를 구축하려던 '근엄한 가장'이기도 했다. 이를테면 열전에 오른 여성들은 모두 딸이라든가 아내라는, 곧 '가족의 이름'으로 불려 나온다. '효녀' 지은, 설씨 '女', 그리고 도미 '妻'처럼 말이다.

이런 호명법을 단순히 표현의 문제로 보아 넘기는 것은 옳지 않다. 거기에는 딸로서, 아내로서 마땅히 지켜야 할 도리를 지켜야 한다는 김부식의 의지가 각인되어 있기 때문이다. 그리고 그런 의지는 종종 행적을 '선별'해서 기록하는 것이 좋겠다는 유혹을 뿌리치지 못하도록 만들기도 했다. 〈도미전〉은 그렇게 해서 열전에 편입된 텍스트이다. 이는 본래 백제 개루왕의 탐학에 맞선 도미 부부의 의리와 절행을 '함께' 기리고 있는 텍스트였다. 도미는 아내를 굳게 믿고, 아내는 남편을 결코 배반하지 않았던 부부의 의리가 눈부시게 펼쳐지고 있다.

그러나 조선시대 유학자들이 『삼강행실도·열녀편』에 이를 재수록하면서 그녀 '만'이 우리나라 열녀전 계보의 첫머리에 놓이게 된다. 도미처의 행위가 인상적으로 그려지고 있는 것도 하나의 이유가 되겠지만, 여성의 정절을 표창하는 데 열을 올리던 시대적 분위기가 텍스트를 그런 방향으로 읽도록 부추겼던 것이다. 그런데 〈도미전〉을 읽다보면, 선뜻 이해가 되지 않는 대목이 있다.

왕은 시험하고자 하여 도미에게 일을 주어 머물러 두고, 가까운 한 신하를
시켜서 거짓으로 왕의 옷과 말과 시종을 갖추어 도미의 집으로 가게 했으며,

미리 사람을 보내 왕이 온다고 알렸다. 왕으로 가장한 이가 도미의 아내를 보고 말했다. "내가 오랫동안 너의 아리따움을 듣고 도미와 내기를 해 너를 차지하게 되었다. 내일 너를 들여 궁녀로 삼을 것인즉, 지금부터 너의 몸은 나의 것이다." 드디어 음행하려 덤벼들자 도미의 아내가 말했다. "국왕께서 망령된 말을 하실 리 없으니, 제가 감히 순종하지 않겠나이까? 청컨대, 대왕께서는 먼저 방에 드소서. 저는 옷을 갈아입고 나서 모시겠습니다." 그녀는 물러나와 여종 하나를 갖가지로 꾸며 들여보냈다. 왕이 뒤에 속은 것을 알고 크게 노하여, 도미에게 없는 죄를 들씌워 두 눈동자를 뽑아버리고 사람을 시켜 끌어내 작은 배에 실어 강물에 띄워 버렸다.

— 『삼국사기·열전』, 「도미전」

"개루왕은 신하로 하여금 왕의 차림으로 변복시켜 도미의 집에 보낸다. 그리고 사람을 시켜 왕이 온다고 알렸다. 그러더니 부인에게 말했다." 이것이 인용문 전반부의 골자이다. 그런데 이런 일련의 과정이 다소 혼란스럽다. 여기에서 도미의 집으로 가게 한 주체는 개루왕이 분명한데, 왕이 왔다고 알리도록 시킨 주체는 개루왕인가 가왕(假王)인가? 또한 도미 부인에게 내기를 해서 차지하게 되었다고 말을 한 주체는 개루왕인가 가왕인가? 해당 대목은 "王欲試之, 留都彌以事, 使一近臣, 假王衣服馬從, 夜抵其家, 使人先報王來, 謂其婦曰"처럼 짧지만, 해석하기가 쉽지 않다. 선학들도 그러했다.

[1] 근신(近臣) 한 사람에게 왕의 의복과 말·종자를 빌려주어 밤에 그 집에 가게 했는데, 먼저 사람을 시켜 왕이 온다고 알리었다. 왕이 와서 그 부인에게 이르기를

[2] 가까운 한 신하를 시켜서 거짓으로 왕의 옷과 말과 시종을 갖추어 도미의

집으로 가게 했으며, 미리 사람을 보내 왕이 온다고 알렸다. 왕으로 가장한 이가 도미의 아내를 보고 말했다.

도미 부인을 겁탈하려는 말을 한 주체를 개루왕으로 보고 있는 [1]은 이병도의 해석이고, 가왕으로 보고 있는 [2]는 이강래의 해석이다. [1]처럼 개루왕으로 본다면, 도미 부인에게 속은 것을 알고 분노하는 뒷이야기가 자연스럽게 연결된다. 그런데 문제는 개루왕이 어디에서 갑자기 나타났는지 설명할 길이 없다는 점이다. 그래서 [2]처럼 가왕으로 해석했던 것이다. 하지만, 그렇게 보아서는 뒷이야기와 맥락이 자연스럽게 이어지지 않는다. 겁탈하려 들고, 도미 부인에게 속고, 그래서 남편에게 혹독한 복수를 하는 주체는 문맥상 개루왕이 분명하기 때문이다. 그렇다면 어떻게 해석해야 하는가?

[3] 가까운 한 신하를 시켜서 거짓으로 왕의 옷과 말과 시종을 갖추어 도미의 집으로 가게 했다./▼/미리 사람을 보내 왕이 온다고 알리고는 도미의 아내에게 말했다.

처음에는 신하를 왕으로 꾸며 보내고, 다음에는 자신이 직접 찾아갔던 것이다. 두 대목 사이, 그러니까 ▼로 표시한 부분을 시간적으로 분절시켜 놓아야 해석이 자연스럽다. 다시 말해 가왕으로 방문한 신하는 도미 부인을 만나고 나서 돌아와 결과를 아뢰었고, 그런 일이 있고 난 뒤에 개루왕이 방문하여 음행을 자행하려던 것이다. 그렇게 본다면, ▼부분에는 도대체 무슨 사연이 감춰져 있었던 것일까? 우리는 가왕이 도미 부인의 마음을 떠본 뒤, 그녀를 취할 수 있다는 가능성을 전달받은 개루왕이 직접 찾아갔다가 속임을 당했던 것으로 생각한다. 이런 추측을 하는 근거는, 『삼국사기 · 고구려본기』에 실려 있는 산상왕(山上王)도 유사한 방식을 밟고 있었기 때문이다. 사연은 이러하다.

왕이 듣고 이상히 여겨 그 여자를 보려고 미행(微行)하여 밤에 그의 집에 가서 시인을 시켜 달래보았다. 그 집에서는 왕이 오신 것을 알고 감히 거역치 못했다. 왕이 방으로 들어가 그 여자를 불러보고 상관하려 함에, 여자가 고하되 "대왕의 명을 감히 어길 수는 없습니다만 만일 상관하셔서 아이가 있게 되거든 저버리지 마시기 바랍니다." 하므로 왕이 허락하였다. 병야(丙夜)에 이르러 왕이 일어나 환궁하였다.

— 『삼국사기 · 고구려본기』, 「山上王」

산상왕은 먼저 신하를 시켜 여자의 마음을 달래는 절차를 밟고 있다. 그런 뒤, 자신이 직접 찾아가 정을 통했던 것이다. 개루왕도 이런 단계를 거쳤을 개연성이 있다. 물론 가왕이 찾아갔을 때, 도미 부인이 보였던 반응을 확인할 길은 없다. 다만 비슷한 자료와 관련지어 생각할 때, 남편 도미가 없다면 요구에 응할 수 있겠노라 답했을지도 모른다. 여자가 지킬 일은 두 남편을 섬기지 않는 것이라며 사륜왕의 요구를 완강하게 거부하던 도화녀가, 돌연 남편이 죽으면 가능하다고 하던 신라시대의 일부일처관을 감안한다면 말이다. 그리고 만약 도미 부인이 그런 식으로 말을 했다면, 그것이 아무리 위기를 벗어나기 위한 임기응변의 수단이었다 해도 여자가 지켜야 할 도리를 엄격하게 규정했던 김부식으로서는 그녀의 입을 틀어막을 필요가 있었다. 그리하여 문제의 발언을 서둘러 삭제해 버렸고, 그 결과 문맥이 제대로 통하지 않는 텍스트가 되고 말았던 것이다.

③ 설씨녀 : 효와 신의 갈림길에서 효녀로, 또는 열녀로

『삼국사기』 「열전」 가운데 가장 정채 나는 작품, 그리하여 그 저본을 전기소설로 추정하기도 하는 작품으로 '설씨녀'가 있다. 그녀 역시 가난한 청년 가실과의 혼약을 지켜내기 위해 참으로 힘겨운 시련을 견뎌야했던 '예비 아내의 이름'으로 불려나온 여성이다. 하지만 여기에도 의심스런 대목이 있다.

가실에게는 말이 한 필 있었는데 설씨에게 말했다. "이는 천하에서 드문 좋은 말이니, 후일에 반드시 쓸데가 있을 것이오. 지금 나는 걸어서 가게 되니 이를 기를 사람이 없소. 이를 남겨두니 뒷날에 쓰기 바라오." 드디어 작별하고 떠났다.

설씨녀에게 연정을 품고 있던, 그러나 감히 발설조차 못했던 가실이 설씨녀의 부친 대신 수자리를 살러 가는 대가로 혼인을 허락받자 했던 말이다. 천하의 드문 말로서 후일에 쓸데가 있다는 것은 무슨 의미였을까? 분명 뒤에 전개될 사건을 염두에 둔 복선이다. 실제로 설씨녀는 가실이 6년 동안 돌아오지 않자, 부친의 강압에 의해 다른 남자에게 시집을 갈 수밖에 없는 위기 국면에 처하게 된다. 그때, 가실이 맡기고 간 말의 소용이란 도대체 무엇일까? 상식적으로 본다면, 부친의 강압으로부터 탈주 외에 달리 그 무엇을 생각하기란 어렵다. 작품에서도 그런 정황을 짐작케 하는 대목이 있다.

설씨는 굳이 거절하고 몰래 도망가려고 했으나 뜻을 이루지 못하고 마구간에 가서 가실이 남겨두고 간 말을 보고 한숨을 쉬며 눈물을 흘렸다.

작품에서는 설씨녀가 탈주를 생각했으나 끝내 포기하고 마는 것으로 그려진다. "뜻을 이루지 못했다(未果)"는 말이 그것이다. 다만, 가실이 두고 간 말을 보며 눈물 흘릴 따름이다. 정말 그것뿐이었을까? 탈주를 포기한 설씨녀가 말을 찾아가 눈물 짓는 것이 가실이 깔아둔 "후일에 반드시 쓸 데가 있으리라."는 복선의 전부였을까? 우리는 그렇지 않다고 생각한다. 「설씨녀」의 원전은 지금 우리가 읽을 수 있는 텍스트보다 설씨녀의 사연이 훨씬 파란만장하게 그려져 있을 뿐만 아니라 '약혼자 가실과의 신의'와 '노쇠한 부친에 대한 순종' 사이에서 갈등하던 심경이 착잡하게 뒤얽힌 서사였으리라 짐작하는 것이다. 그럼에도 불구하고 김부식은 설씨녀의 신의와 효행을 '함께' 돋보이게 하기 위해, 서사 갈등의 주요한 한 축을 과감하게 생략해 버리고 말았던 것이 아닐까? '설씨녀'를 읽다보면 후반부가 전반부에 비해 훨씬 서둘러 마무리되는 듯한, 아니 서사적 긴장이 갑자기 약화되는 까닭도 그런 이유 때문으로 보인다. 실제로 '설씨녀'에 대한 원전의 훼손은 뒷날 편찬되는 『동국신속삼강행실도』에서 극점을 보인다. 그곳에서는 이 대목을 단지 "부친이 강제로 마을 사람에게 시집보내려 하자 설씨가 굳게 거절했는데, 그때 가실이 돌아왔다"로 처리해 버리고 만다. 조선 전기 사대부들은 설씨의 열행을 보다 돋보이게 만들기 위해서, 김부식이 미처 지우지 못한 논란의 단서인 탈주를 마음먹었다는 대목조차 아예 삭제해버려야 한다고 판단한 것이다.

9. 역사를 다시 쓴다는 것, '역사적 사실'과 '허구적 서사'의 갈림길

우리는 이제까지 『삼국사기』라는 고전적 텍스트를 대상으로 삼아, 한 역사가가 인물이야기를 통해 삼국의 역사를 재구성하는 과정에 대해 살폈다. 이런 논의가 『삼국사기』의 균형 잡힌 이해를 증진시키는 데 얼마나 기여할 수 있었는지, 아니 얼마나 혼란스럽게 만들어 놓았는지 가늠하기 힘들다. 특히, '허구적 서사'와 '역사적 사실'에 대한 분별이 참으로 혼란스러워졌다는 점을 고백하지 않을 수 없다. 그런 혼란의 근원을 더듬기 위해, 우리는 다시 하나의 실증적 사례로 되돌아갈 필요가 있다. 많은 연구자들이 '허구적 서사인지, 역사적 기록인지' 참으로 분별하기 어렵다고 인정하는, 곧 권8에 실린 이름 없는 인물에 대한 이야기가 그것이다. 이들은 아마도 다양한 텍스트와 복잡한 경로를 통해『삼국사기·열전』에 실리게 된 것으로 보인다. 이를테면 〈향덕전〉·〈성각전〉·〈효녀 지은전〉은 고을의 관장이나 지도급 인사가 작성해 올린 장계가 원 텍스트였으리라 짐작된다. "마을 관리가 이 사실을 州에 보고하고, 주에서는 왕에게 아뢰니"(향덕전), "대신 각간 김경신과 이찬 김주원 등이 그 사실을 국왕에게 아뢰어"(성각전), "대왕 역시 그 말을 듣자"(효녀 지은전)와 같은 텍스트 내부의 진술이 그런 정황을 암시한다. 물론 전재하는 과정에서 김부식이 원 텍스트의 인물서사를 가공하고 있던 사례는 앞서 지적한 바 있다. 그런데 흥미로운 사실은,『삼국사기·열전』권8에 실려 있던 이들 11명의 인물 전기가『삼국사절요』『동국통감』에 다시 전재되면서 양상을 조금씩 달리한다는 점이다. 그런 두 대목을 비교해 보기로 하자.

> [1-1] 도미의 처는 곧바로 달아나 강어귀에 이르렀으나 건널 수가 없어 하늘을 우러러 통곡하자 홀연히 배 한 척이 물결을 따라 이르는 것이었다(忽見孤舟, 隨波而至). 그녀가 이를 타고 천성도(泉城島)에 도착해 남편을 만났는데, 그는 아직 죽지 않고 풀뿌리를 캐먹고 있었다.
>
> —『삼국사기』「도미전」

> [1-2] 도미의 부인이 달아나 강어귀에 이르렀는데 홀연히 지나가는 배를 만나(忽遇行船) 천성도에 이르니 그 남편이 이미 먼저 가 있었다.
>
> —『동국통감』권2 丙午年

> [2-1] 이때 가실이 교대되어 돌아왔는데, 형용이 비쩍 말라 수척하고 의복은 남

루하여 집안사람들도 알아차리지 못하고 다른 사람으로 여겼다. 가실이 곧장 앞으로 내달아 깨진 거울 한쪽을 던지니 설씨가 이를 받아들고 흐느껴 울었다. 그녀의 아버지와 집안사람들은 너무 기뻐 어찌할 줄을 몰랐다. 마침내 다른 날을 잡아 혼례를 치르고, 가실과 더불어 해로하였다.

— 『삼국사기』 「설씨녀전」

[2-2] 이때 마침 가실이 이르렀으나 형용이 초췌하고 의복이 남루하여 설씨가 보고서도 가실임을 알지 못했는데, 쪼개 가진 거울을 징험으로 삼아 드디어 부부가 되었다.

— 『동국통감』 권6 壬辰年

위의 인용문은 『삼국사기』와 『동국통감』에 실린 도미처와 설씨녀의 이야기를 비교하기 위해, 해당 대목을 나란히 적은 것이다. 전체적으로 『동국통감』은 『삼국사기』의 인물 기사를 간략하게 압축하는 방향에서 전재하고 있다. 특히, 〈도미전〉과 〈설씨녀전〉은 유별나게 많은 대목에서 가공·생략이 이루어진다. 이들 텍스트가 역사적 기록으로는 부적합한 부분을 많이 간직하고 있는, 곧 문학적 체취가 물씬 풍기는 허구적 서사라는 판단에서 그랬을 것이다. 그리하여 〈도미전〉의 경우처럼 하늘에 호소하자 그 응답으로 어디선가 배가 이르렀다는 '신이한 서사'를 '현실적 맥락'으로, 또는 〈설씨녀전〉의 경우처럼 재회의 기쁨을 실감나게 전달하고 있는 '생동한 서사'를 '사실적 진술'로 변경하거나 압축하는 방향으로의 가공이 이루어진다. 역사가들은 허구에 가까운 인물서사 가운데 탐탁지 않은 대목을 은밀하게 생략해 버리는 것과 함께 이런 가공의 과정을 동반했던 것이다. 여기서 우리는 '허구적 서사'와 '역사적 기록'이 분기되는 지점을 감지할 수 있다. 그렇지만 '허구적 서사'와 '역사적 기록'의 경계를 수시로 넘나들던 역사서술의 많은 사례를 감안할 때, '허구적 서사'와

'역사적 기록'이란 애당초 화해할 수 없거나 넘을 수 없는 경계로 나뉜 것이 아니라는 점도 잊어서는 안 된다. 사정이 이렇다면, 우리는 허구적 서사가 발휘하는 문학적 감동의 효과와 역사적 기록이 추구하는 역사적 진실의 탐구를 함께 아우르는 '상생의 만남'을 모색해야 하지 않을까? 누구도 부정할 수 없는 '더 좋은 역사'를 쓰기 위해서라면 말이다. 번다한 논의를 거치면서 얻은, 비록 작지만 큰 깨달음은 바로 이것인지도 모르겠다.

[더 생 각 해 볼 문 제]

1. 김부식은 이미 『구삼국사』가 있음에도 『삼국사기』를 새롭게 썼다. 이처럼 역사서가 거듭 씌어지는 까닭은 무엇일까?
2. 『삼국사기·열전』에는 69명의 인물의 삶이 간략하게 실려 있다. 수많은 인물 가운데 이들만을 선별한 기준은 무엇이었을까?
3. 역사는 철저히 사실에 근거하여 씌어진다고 믿고 있다. 하지만 거기에는 허구적 사실도 포함되곤 하는데, 이처럼 역사적 사실에 허구적 서사가 뒤섞이게 된 까닭은 무엇일까?

[주 제 어]

김부식(金富軾)

고려 문종 29년(1075)에 경주에서 태어나 의종 5년(1151) 77세의 나이로 죽었다. 신라 왕족의 후예로 유교적 이념을 지킨 정치가, 역사가, 문장가였다. 외척 이자겸을 숙청하고 묘청의 난을 진압하는 과정을 거치면서 인종 때 최고 관직인 문하시중(門下侍中)에 올랐다. 유교적 정치이념을 구현하고자 했고, 삼국의 역사를 새롭게 편찬한 『삼국사기』를 통해 자신이 추구한 정치이념의 정당성을 뒷받침하고자 했다. 문집 20권을 남겼다고 하나 현재는 전하지 않는다.

삼국사기(三國史記)

국왕의 명을 받은 김부식이 최산보(崔山甫), 김충효(金忠孝) 등과 함께 1145년(인종 23) 편찬하였다. 구성은 크게 본기(本紀) 28권, 지(志) 9권, 연표(年表) 3권, 열전(列傳) 10권으로 이루어졌다. 김부식은 〈진삼국사기표(進三國史記表)〉를 통해 "중국 사서는 우리나라 사실을 간략히 적었고, 고기(古記)는 내용이 졸렬하여 역사의 잘잘못을 가려 규범을 후세에 남기지 못하고 있다."고 편찬의 목적을 밝히고 있다.

기전체(紀傳體)

역사 사실을 서술할 때 본기(本紀), 열전(列傳), 지(志), 연표(年表) 등으로 구성하는 역사 서술 체재이다. 중국 사마천(司馬遷)의 『사기(史記)』에서 비롯되어 중국, 한국의 역대 왕조에서 정사(正史) 서술의 기본 형식으로 자리를 잡게 되었다. 편년체가 시간의 흐름 위에 '인간의 명멸(明滅)'을 배치시켜 놓고 있는 데 반해, 기전체는 '인간의 행위(行爲)'를 중심으로 시간을 해체하고 있는 것을 특징으로 꼽을 수 있다.

열전(列傳)

기전체 역사서에서 임금을 제외한 역사에 이름을 올릴 만한 인물의 전기를 적어놓은 부분이다. 단어적 뜻은 "인물의 사적을 나열함[列]으로써 후세에 그런 사실을 전하려는 것[傳]"이라고 할 수 있다. 하지만 '전(傳)'의 의미가 전한다는 뜻 외에 '경서(經書)에 대한 주해(註解)'의 뜻도 있다는 점을 상기한다면, 단순히 개개인의 삶을 후세에 전한다는 의미에 국한되지 않고 열전은 본기를 보충 설명하는 것이라 볼 수도 있다.

세상에 글 아는 사람 되기 어려워라

: 황현 『매천야록』

김승룡 | 부산대학교

 **1. '글 아는 사람(識字人)'**

　매천(梅泉) 황현(黃玹, 1855~1910)은 1910년 일제에 나라를 빼앗기자 절명시 4수를 써 놓고 자기의 생을 조국과 함께 했다. 음력 8월 6일 새벽이었다. 그는 유서에서 "조선에서 벼슬하지 않았으므로 사직을 위해 죽어야 할 명분은 없다. 다만 5백 년 동안 선비를 양성했던 나라에 목숨을 바친 선비가 없어서야 되겠는가? 나는 위로 하늘이 부여한 떳떳한 양심과 아래로 평소에 책을 읽은 의미를 저버릴 수 없다. 눈을 감고 영영 잠들면 참으로 쾌하리라."고 했던 것이다. 그 〈절명시〉를 함께 들어보자.

　　어지러운 세상에 떠밀려 백두의 나이에 이르도록

　　목숨 버리려다 그만둔 것이 몇 번이던고.

　　오늘에야 참으로 번쩍번쩍 창천에 비추누나!

　　亂離滾到白頭年, 幾合捐生却未然.

今日眞成無可奈, 輝輝風燭照蒼天.

요기가 하늘을 가려 제성이 옮기니
대궐은 침침한데 시각이 더디구나.
조칙은 이제부터 다시 내리지 않으리니
임랑의 종이 한 장, 눈물 하염없네.
妖氛掩翳帝星移, 九闕沈沈晝漏遲.
詔勅從今無復有, 琳琅一紙淚千絲.

조수도 슬피 울고 강산도 찡그리오.
무궁화 이 세계는 망하고 말았구려.
등불 아래 책을 덮고 지난 역사 헤아리니
세상에 글 아는 사람 되기 어렵기도 합니다.
鳥獸哀鳴海岳嚬, 槿花世界已沈淪.
秋燈掩卷懷千古, 難作人間識字人.

내 일찍이 큰 집을 지탱함에 반조각의 공도 없었으니
충은 아니요 다만 인을 이루려 함이로다.
겨우 요곡을 따르는데 그쳤을 뿐이너
그 당시 진동의 행동을 밟지 못함이 부끄러워라.
曾無支廈半椽功, 只是成仁不是忠.
止竟僅能追尹穀, 當時愧不攝陳東.

조국의 산하와 새, 짐승까지 비통해 하는 망국을 당하여 어떠한 행동을
취할 것인가. 책을 덮고 생각해 보매 '글 아는 사람(식자인)'의 처신이 진
정 어려움을 깨닫는다는 것이다. 여기서 그가 택한 길은 자결이었다. 그가

명백히 조선을 위하여 죽어야 할 명분이 없다고 밝혔듯, 봉건적인 충(忠) 관념을 지켜서 죽은 것은 아니었다. '글 아는 사람' ―즉 사(士)로서의 양심을 지키기 위한 것이었다. 비록 조국이 멸망하는 앞에서 죽음을 결행한 방식은 근대적 지식인으로서의 행동이라고 말하기는 어렵겠다.

매천은 근대 전환기의 삶을 살았지만, 근대인으로서의 삶을 영위하지 않았으며, 그가 죽을 때까지 놓지 않았던 문필 또한 근대적 양식을 수용하여 구사한 것도 아니었다. 그의 '사'로서의 자각은 자신이 처한 시대에 상응하는 역사적 의미를 가질 뿐이다. 즉, 그의 죽음은 비장하고 숭고했지만, 그것이 과연 최선이었던가를 물어볼 수 있으리라.

2. 문학자 매천의 역사가로서의 지성

매천은 1855년 전라남도 광양현 서석촌(西石村, 지금 광양군 봉강면 석사리)에서 태어났다는데, 자를 운경(雲卿)이라 했고, 이름은 현(玹)이다. 30세 무렵 이웃 고을 구례로 이사해서 정착했기 때문에 그를 구례사람이라고 부른다. 출신 가계를 보면, 장수(長水) 황씨로서 황희 정승의 후예이기는 하지만, 중간에 영락해서 그의 조부에 이르러서는 순천, 광양 등지에서 거적위업(居積爲業), 즉 물화를 사고파는 것으로 치부를 했다고 한다. 다름 아닌 상업을 운영해서 재산을 축적한 바, 그 부가 마침내 매천을 길러낸 것이다.

매천 스스로 자신이 1천여 권의 장서를 가지고 문자를 할 수 있게 된 것을 오로지 자기 할아버지께서 끼친 은혜라고 말하고 있다. 조부의 차자였던 부친 황시묵(黃時默)은 학식이 넉넉지 못했지만, 질박하고 곧은 성품으로, 조부처럼 재산을 기울여서 아들을 발신(發身)시켜 보려고 애썼다. 그로 인해 매천과 같은 사람이 나오게 되었던 것이다.

그러나 매천이 유족한 생활을 누렸던 것으로 보이지는 않는다. 그의 부친이 생존해 있을 당시(1892년 28세에 친상을 당함) 이미 살림이 영락했다고 한다. 다만 살림이 줄어든 대신 남은 것은 매천의 존재였었다.

10대 소년 매천은 운을 불러주는 대로 시를 지을 정도로 총명했고, 이 시기부터 청년기까지 두 방향으로 노력하고 있었다. 하나는 과업(科業)이고, 다른 하나는 문학수업이었다. 그가 보다 힘쓴 것은 문학 쪽이었고, 이름을 얻은 것도 시인이었다.

그는 약관이 되자 자신의 식견이 비좁아질까 걱정하여 상경하였다. 그러나 서울에 이렇다 할 안면은 없었다. 곧바로 영재(寧齋) 이건창(李建昌, 1852~1898)을 찾았으나, 연고가 없어서 만나지 못했다. 당시 이건창의 문장이 사대부 가운데 으뜸이었고, 서울 안 명사치고 그와 어울리지 않는 사람이 없었기 때문이다.

얼마 후 매천은 자신이 지은 시를 보여주고, 이건창의 인정을 받았으며, 이후로 그의 명성은 날로 높아져 갔다. 이로 인해 당시 선배 시인이었던 추금(秋琴) 강위(姜瑋, 1820~1884)와 송도 출신 문장가인 창강(滄江) 김택영(金澤榮, 1850~1927) 등과 교유하게 된다. 특히 지기지우가 된 영재, 창강, 매천은 다같이 1850년대 세대로서 당시 문단의 신예들이었다.

매천 자신이 과거에 급제하여 출세해 보겠다는 욕망이 강했다고까지는 생각되지 않는다. 그러나 한미한 신분으로서 사회적인 향상을 하려면 아직도 집요하게 요구되는 과정이었다. 또 '문학하는 일'이 하나의 직업으로 확정될 만큼 사회적인 분업이 발달되지 못한 시대에 문학으로 입신하기란 요원한 일이었다. 곧 그의 처지에선 과거를 통한 출세가 바람직한 일이었다. 그러나 그것은 쉽지 않았다. 전라도 촌놈, 게다가 서민과 큰 차이가 없는 신분인 그가 권신(權臣)에 줄을 대지 않고 발신한다는 것은 어려운 일이었다.

그는 고종 20년(1883), 특별 보거시(保擧試, 지방 백성들이 인물·가문을 고려하

여 인재를 추천하면, 수령을 거쳐 관찰사가 조정에 천거하고, 이들을 모아 치르는 시험)
에 응시하여 초장에서 대책(對策)으로 응시하였는데, 당시 시관이었던 한
장석(韓章錫)이 그 문장을 보고 크게 놀라며 제1등으로 뽑았다. 그러나 그
가 시골사람임을 알고, 2등으로 매겼다. 회시(會試)에서는 낙방을 했다. 이
후 향공(鄕貢) 초시생으로 성균 회시에 응시했다. 당시 정범조(鄭範朝)가 시
관이었는데, 마침 그의 삼종제인 정만조(鄭萬朝)와 이건창을 통해 매천의
이름을 들어 알고 있었다. 그의 재주를 무척 아끼고 있던 차였다. 정만조
가 정범조를 만나서 말하기를, "황현이 앞줄을 차지할 수 없다면 이 시험
은 치르지 않은 것과 같습니다."라고 말하니, 정범조가 그 말을 받아들여
황현을 제1등으로 뽑았다. 그제야 급제한 것이다(성균 생원). 이것은 서울
살이 10년 만에 얻은 성과였다. 성균 생원이 벼슬길을 보장하는 것은 아니
었고, 겨우 푸대접은 면한 셈이었다.

　그러나 매천은 곧 서울 생활을 청산하고 귀향을 결심한다. 외세의 압력
이 날로 증대하고 나라의 정사는 날로 그릇되어 가는 현실에 같이 뛰어들
고 싶지 않아서였다. 그러자 서울의 친구들은 편지를 보내 너무 오랫동안
자리를 비운다고 책망했다. 이때 매천은 이렇게 답장했다.

　　"그대들은 어찌하여 나를 귀신의 나라 미치광이들 속으로 들어가 함께 귀
　　신과 미치광이가 되라고 하는가?"

　난장판처럼 미쳐서 날뛰는 속에 같이 끼어들지 않겠다는 선비의 깐깐한
자세였다. 농촌으로 돌아온 매천, 1883년(29세) 광양에서 구례군 만수동(萬
壽洞)으로 이사하였고, 1890년(36세) '구안실(苟安室)'이란 서실을 세웠으며,
1902년 다시 월곡리(月谷里)로 거처를 옮겼다. 근검절약하는 선비다운 규
모로 가정을 꾸려가며 독서와 학문에 몰두했는데, 가산을 기울여 3천 권
의 책을 비치하고 손에서 책을 놓지 않았으며, 매일 거름 한 삼태기를 장

만하고 시 한 수를 짓는 것을 일과로 삼았다고 한다.

그 후 1905년, 일본이 아라사(俄羅斯, 러시아)를 이긴 승세를 타고 한국을 통감했다. 이보다 앞서 친구인 김택영이 시사(時事)가 어려워지는 것을 보고 관직을 버리고 중국의 남통(南通)으로 떠났다. 매천도 그를 따라 은거할 뜻을 품고 자주 편지를 보내어 마음을 밝혔지만, 가난한 살림에 자금을 마련하지 못하여 결행할 수 없었다. 그래서 옛날 난세에 처하여 자신의 몸을 깨끗하게 지켰던 자들(매복, 관녕, 장한, 도잠, 고염무 등등 10여 명)에 대한 시를 달아 병풍으로 만들어 곁에 두고 정신이 흔들리지 않도록 경계하며 살아갔다. 이때 지은 시에 이런 게 있다.

> 을사년 울분을 삭히려 매화시를 짓는다
> — 乙巳歲除憂憤梅花雜絶)

> 달빛 밝고 눈발 그쳐 잔 가득 술 따르니
> 풍광은 오히려 태평성세와 같구려.
> 온종일 꽃 앞에서 무엇을 하였던가.
> 한 번은 목 놓아 울고 한 번은 시를 짓는다오.
> 月白雪晴洒滿戶, 風光猶似太平時.
> 竟日花前作何事, 一回痛哭一回詩.

그러고 나서 맞이한 1910년 합방 소식을 듣고 수차례 시도한 끝에 목숨을 마치고 말았던 것이다. 그의 가장 친한 벗이었던 창강이 기록한 〈황현 본전〉에서 매천을 이렇게 그리고 있다.

"황현은 이마가 넓고 미목이 훤하며, 근시인데다가 오른쪽 눈은 약간 찡그렸다. 사람됨이 아주 시원시원하며 반듯하고 굳세었는데, 악을 미워하기를 원수 보듯 하였다. 기상은 꼿꼿하고 높아 남에게 빌붙지 않았으며, 거드름 피우는 높은 신분의 사람을 보면 면전에서 꺾어버렸다. 평생 동안 사이좋게 지내던 사람이 유배를 가거나 죽어 상을 치르게 되면, 걸어서라도 천리를 달려가 위로하고 조문하기 다반사였다. 책을 읽다가 충신이나 지사(志士)가 곤경에 빠져서 너무도 원통한 경우를 만나면, 눈물을 뚝뚝 흘리지 않은 적이 없었다. 공부는 깨우침을 주로 하고, 시속(時俗)의 강학하는 자들을 따라 노는 것을 좋아하지 않았다. 역대 사서에 실린 치란성쇠의 자취 및 병형(兵刑), 전곡(錢穀)의 제도까지 탐구하였고, 아울러 일찍이 태서(泰西, 서양)의 이용후생(利用厚生)의 방법에도 마음을 두어 그것으로 당시 어려움을 풀어보려고 하였다. 그가 지은 것은 문장이었지만, 시에 더욱 조예가 깊어 소식(蘇軾)과 육유(陸游)의 풍골을 지니고 있었다. 그가 죽은 이듬해 호남과 영남의 선비들이 돈을 갹출하여 『매천집』을 간행했다."

매천이란 인물을 굳이 구분하자면 문학자에 속한다. 그가 자신을 문학으로 확립한 데는 적극적인 의미가 있었다. 박문호(朴文鎬)가 쓴 묘비에 의하면, "유자(儒者)의 진부한 학문에 염증을 느껴 궁구하지 않고 문장지업(文章之業)에 전력하였다"고 했다. 이는 창강의 말과도 통한다. '유자의 진부한 학문'이란 시속의 성리학을 지칭한다. 시무에 통하는 학문을 하고, 서양의 이용후생의 설에도 관심을 두었던 것으로 보면, 매천의 '문장지업'은 확실히 반성리학적이고 실학의 정신으로 계승하는 성격을 갖는다고 할 수 있다.

그런데 서울을 등지고 농촌에 칩거하는 것은 종래 사대부들의 처사적 은둔과 외형상으로는 동일한 방식이다. 문제는 그가 칩거한 배경과 함께 칩거하여 실제로 한 일이 무엇이었느냐에 있다. 앞서 보았듯, 그는 농사를 생업으로 하고 근검을 몸소 실천하면서도 독서와 저작을 게을리 하지 않았던 것으로 전한다. 게다가 시골에 사는 사람으로서는 볼 수 없을 정도로 시대를 날카롭게 기록하고 있었다. 그 성과가 바로 『매천야록(梅泉野錄)』이다. 그의 학문은 기본적으로 시무에 통하는 데 있었지만, 기능적으로 현실을 추종하는 그런 방향과는 길이 달랐다. 요컨대 '사(士)'로서의 주체를 굳게 세우고서 비판적인 눈으로 시대현실을 기록한 것인 바, 그의 독서와 학문이 '역사'로 귀결되기에 이르렀다고 볼 수 있다. 그의 시세계를 보면 농촌 정경과 우국민시(憂國憫時:나라를 걱정하고 시대를 근심함)의 두 경향이 두드러지는 바, 삶의 일상 및 시대정신을 표출하고 있다. 다음에 시를 각각 인용하거니와, 첫 수는 언제나 '풍비풍(豐非豐:풍년도 풍년은 아니더라)'의 신세인 서글픈 농촌의 현실을 그리고 있고, 다음 수는 의병장의 죽음을 슬퍼한 시이다.

담배 심기 노래
— 種菸謠

나 역시 십여 년 작인 노릇 하였거니
보리 갈 땐 보리 갈고, 모 심을 땐 모 심었소.
가을이 익어서 공세, 사세 바치고 나면
빈 집은 마냥, 풍년도 풍년은 아니더라.
두메 밭에 담배 농사 힘쓴 뒤론
삽살개가 사립에서 꼬리를 흔들었지.
해마다 담뱃값이나 오르면
부잣집 노적가리 부러워할까.
어리석은 백성이사 굶주림 면하는 게 상팔잘세
논농사하는 이들, 산전이라 비웃질 마소.
(*원문 생략. 모두 38행인데, 인용부분은 30~38행)

연곡사 싸움터에서 고광순 의병장을 조문하다

— 燕谷戰場, 弔高義兵將光洵.

첩첩 싸인 봉우리 연곡사 골짝에

이름 없는 사람들 나라 위해 적었단 말인가

전마는 흩어져 논두렁에 누워 있고

까마귀는 모이어 나무 그늘에 나래 친다.

문자 한단 우리들 마침내 어데 쓸꼬?

충신의 후예라 남보다 다르구려.

가을바람 마주서서 눈물 뿌리노니

들국화 쓸쓸한데 새 무덤 우뚝하다.

(＊원문 생략)

매천의 문학(문장)은 급전하고 요동치는 세상, 망국으로 치달으며 부패와 혼란, 악전고투의 비장함이 뒤섞인 시대상황을 비판적 거리를 두고 시로 혹은 산문으로 기록하고 있다. 모두 역사적 성격이 뚜렷해서, 그 지성은 역사가로 부를 수 있을 것이다.

3. 『매천야록(梅泉野錄)』의 성격과 특징

필기와 야승

『매천야록』은 필기(筆記)라는 글쓰기 방식을 통하여 만들어진 야승(野乘)이다. '필기' 란 중세 문인 학자들이 자신이 보고 들은 바를 기록하는 산문의 일종으로서, 대개 일관된 내용과 엄격한 체제를 갖추지 않고 비교적 자유롭게 쓰는 특징이 있어 일찍부터 잡기, 잡록, 만록, 수필 등으로 일컬어졌다. 이 방식은 기록주체의 사고나 관심, 행동, 경험에 따라 다루어지는 범위가 정치, 사회, 학술, 문화에 걸쳐 무한한 영역을 포괄하게 된다. '야승' 이란 야사와 같은 말로서, 개인적 차원에서 역사 사실을 기록하는 경우를 말한다. '매천야록' 의 '야록' 은 야승과 같은 말이다. 이는 대단히 중요하다. 역사란 국가권력이 장악하여 관찬(官撰)으로 이뤄지는 것이 상례이기 때문이다. 즉 혹여 있을지도 모를 권력의 개입을 넘어서는 역사를 읽기 위해서는 야승을 그 통로로 삼을 수밖에 없다. 물론 믿을만한 지성을 갖춘 저자의 야승이면 더욱 좋다.

매천의 생애는 19세기 후반에서 20세기 초입에 걸쳐 있다. 이 시기는 동아시아적 전통이 해체되고 근대적 삶으로 전화하는 개혁 개방의 시대였다. 혹은 카오스의 시대라고도 부른다. 위기와 혼돈의 시대를, 한국 사회는 순조롭게 통과하지 못하고 끝내 국권을 상실하는 비운을 맞게 되었다. 『매천야록』은 바로 이 시대를 살면서 보고 들은 바를 기록한 역사의 증언서이다. 당시 이와 유사한 야승이 여러 종 나와 있기도 하다. 김윤식(金允植)의 『음청사(陰晴史)』 『속음청사(續陰晴史)』, 정교(鄭喬)의 『대한계년사(大韓季年史)』 등이 그것인데, 매천의 날카로운 비판정신과 비장한 인간 자세에 견주어볼 때, 『매천야록』의 그것에는 미치지 못한다고 평가된다.

첫 장과 종막의 의미

『매천야록』은 1864년 1910년에 이르는 반세기를 기록하고 있다. 그런데 그가 포착한 장면은 대단히 시사적이다. 매천은 시작을 '운현궁' 에 대한 스케치로부터 시작하고 있다. 운현궁은 대원군의 저택으로서 대원군 세도 10년을 상징한다. 대원군 개인에 대한 호오를 불문하고, '세도' 로 표상되는 정치행태가 권력의 부패와 민생의 파탄, 외세에 대한 무력을 자초

한 것은 사실이었다. 이로부터 시작된 서술은 매천이 죽기 전까지 이어진다.

말미의 '절명시'는 사실 매천이 기록한 것이 아니라, 그의 동생 황원(黃瑗, 1870~1944)이었다(추정). 또한 말미의 합방 조칙의 기록도 그의 것으로 보인다. 일견 모순되는 듯하지만, 여하튼 텍스트로서의 『매천야록』의 첫 장과 종막은 망국의 기원에서 시작하여 끝나는 날까지 기록한 것이다.

이 시기 일화나 소식을 시간 순으로 단편적으로 들쑥날쑥하게 모아놓았기에 다소 잡다한 느낌도 주지만, 덕분에 당시 비중 있는 소식과 그렇지 않은 것을 분간할 수 있는 단서를 제공받고 있다. 혹은 한 인물에 대한 평론까지 곁들이고 있어서 인물사전까지 겸하니, 편년체와 기사본말체가 뒤섞인 역사 기술방식을 취하고 있는 셈이다.

역사의 증언이 될 수 있는 이유

그런데 『매천야록』이 전통적인 '사'의 글쓰기 방식임에도 역사의 증언이 될 수 있었던 이유는 무엇일까? 그것은 무엇보다 자료의 시의성일 것이다. 매천이 소장한 1천여 권의 서책이 그의 식견을 넓혀주고 정보의 출처가 되었겠지만, 당시 신문, 관보 등은 시기마다의 주요한 사건과 정보를 소상히 제공하였다. 시골 구석에 앉아 있는 매천에게 세계와 통하는 유일한 창구가 신문이었고, 중앙의 동향과 지방의 사건들을 얻어 듣는 데에는 관보가 아주 요긴하였다. 아울러 매천 자신의 비판적 시각을 통하여 기록이 걸러지고 정리되었다는 점을 들 수 있다. 매천의 비판적 필봉은 왕조의 지배층인 양반과 이데올로기를 비판했다는 점에서 근원적이고 전면적인 것으로 평가된다.

그러나 체제 부정의 혁명적인 의미를 가진 것으로 말하기는 곤란하다. '오호라'를 연발하듯이, 왕조의 붕괴를 역사의 발전으로 생각하지는 않았다. 보수와 진보를 굳이 가른다면, 그의 의식은 확실히 보수적이다. 유학의 비판은 유학의 부정은 아니었고, 진정한 유학 정신에서 가한 비판이라고 할 것이다. 사실 그도 내심 개혁이 불가피한 상황이라고 현실을 인식하고는 있었지만 개화파와 행동은 달랐고, 또 위정척사파와도 확연히 달랐다. 이는 그의 날카로운 지성과 직서의 방법론이 도달한 인식의 경지였다.

리얼리스트적 필치

『매천야록』은 리얼리스트로의 냉혹한 필치를 체현하고 있다. 근대로 전환하는 역사 도정에서 온갖 추악하고 혼란스런 인간 행태, 사회 동향을 속속들이 예리하게 포착하여 기록하는데, 자신의 주관을 좇아서 객관적 현실을 몰락하거나 왜곡하지 않았다. 망국사적 인식으로 통분(痛憤)하고 있는 기록이면서 그것이 역사의 기록으로 가치를 갖게 된 까닭은 바로 여기에 있다. 자, 이제 책 속에 기록된 갖가지 군상들을 보도록 하자. 우리는 매천에 의해 발가벗겨지는 시대를 목도하게 될 것이다.

4. 『매천야록』 속 부정적 군상들 : 일화를 중심으로

세도(勢塗) : 권력의 독점과 경화(硬化)

〈대원위분부와 민씨 정권〉

운현이 국정을 맡은 10년 동안 위엄이 중앙과 지방에 두루 행해졌다. '대원위분부(大院位分付)' 다섯 자가 삼천리를 바람처럼 통행하니 벼락이나 끓는 물같이 아전과 백성들이 벌벌 떨며 항상 법망에 걸릴까 두려워하였다. 밤낮없이 와언(訛言)이 함부로 나돌고 서울에 올라온 시골 사람들이 붙잡히면 바로 죽임을 당했다. 궁벽한 산골이나 바닷가까지 불안감에 휩싸여 즐겨 살아갈 마음이 달아날 지경이었다. 운현이 실각하자 모두들 기뻐하며 반기어, 어떤 이는 운현이 물러나지 않았으면 며칠 못 가서 나라가 망했을 것이라고 말하는 사람도 있었다. 그러나 민씨들이 정권을 잡은 뒤로 백성들은 가렴주구를 견디지 못하여 종종 한숨을 쉬며 도리어 운현의 정치를 그리워하였다. 이는 정히 한(漢)나라 때 민심이 흉흉하여 다시 왕망(王莽)의 조정을 생각한다는 것과 유사하나 운현이 백성들에게 은혜를 끼쳐서 그런 것은 아니었다.

〈대원군의 10년 통치〉

운현은 임금의 친부로서 총재의 일을 행사했으니 남면(南面)만 안 했을 뿐이지 엄연히 섭정을 한 것이다. 그 10년 동안은 국가가 무사했으니 정치 천 년에 두 번 다시 없는 기회로 크게 일을 할 수 있는 때였다. 만일 그가 정말 정사에 부지런히 힘써 어질고 능력 있는 사람을 등용하고 좋은 법을 강구하며 나라의 쓰임을 아끼고 백성을 사랑하여 어여삐 여기고 진실한 뜻이 법조문 밖에서 무르녹아 드러나도록 하는 정치를 송(宋)나라의 사마광(司馬光)이 원우(元祐) 연간에 했던 것처럼 했다면 기화(氣化)의 추세가 이상적인 정치를 금방 회복할 수는 없었을 것이다. 그러나 하늘이 상서를 내려 인재들이 배출되고 백성을 잘 살게 하고 불어나게 하며 가르치기를 10년간 했다면 천하에 또한 못할 일이 있었겠는가? 그럼에도 운현이라는 사람은 장동 김씨의 부귀를 부러워하다가 하루아침에 뜻을 얻자 사치와 교만에 빠져 제멋대로 방자하게 굴었던 것이 장동 김씨에 비교해서 오히려 더한 편이었다. 그리하여 원기(元氣)를 훼손하고 백성들에게 원망을 샀으며, 한갓 토목공사에 매달리고 색목(色目)에 편들기고 10년 사업을 삼았으니, 오호라, 이는 시운(時運)이었던가? 천 년 후에 또한 반드시 이 일에 탄식하고 통한할 자가 있을 것이다.

인재선발 : 무원칙한 인재선발과 벼슬 매매

〈매관매직〉

좌의정 김병시가 상소하기를 "수령을 자주 교체하는 폐단으로 인해 지방에서 민요(民擾)가 일어나고 있습니다. 수령은 하루라도 자리를 비울 수 없는데 후임자를 내려보내는 것이 지체되고 있으니 청컨대 빨리 가려서 내려 보내소서."하였다. 이때 외직으로 감사·유수·병사·수사에서 수령과 진장(鎭將)에 이르기까지 으레 판매가 이루어져 돈이 많은 자라야 보임이 될 수 있었다. 어떤 자리에 1만 냥을 바치고 임명되었더라도 그 뒤에 몇 천 냥을 더 내놓는 자가 있으면 먼저 임명된 자는 도태시켜 차함이나 내려주는 등 밀어내고 긁어내고 하여 더 얻어낼 것이 없는 다음에야 그만 두었다. 그래서 시골 사람으로 엽관(獵官)하던 자가 간혹 파산을 하고 빈손으로 돌아가기도 했으며, 부임하던 자가 중도에서 수레를 돌리기도 하고, 혹은 아문에 나아갔다가 금방 인끈을 풀어놓기도 하여 백성들과 아전들이 수령을 맞이하고 보내느라 피곤해질 수밖에 없었다.

영남 지방의 어느 고을에서는 1년 사이에 네 번이나 신관을 맞이하기도 했다. 교체되지 않는 몇 달 사이에 바삐 긁어모으기를 소나기가 퍼붓는 듯하여 백금의 재산만 있더라도 약탈당하지 않을 수 없었다. 이에 부자나 가난한 자나 모두 곤궁해져 백성들은 살 의욕을 잃고 말았다. 대체로 팔도가 다 한 모양이었지만 호소 일대는 재상가들의 고향집이 몰려 있어 서울의 권세가들과 서로 호응하는 까닭에 사부(士夫)로서 재산이 넉넉한 자들은 수탈당하는 것을 교묘히 면할 수 있었다. 그러나 일반 서민들은 혹독히 무단의 횡포를 당하는 것이 타도에서 수탈을 당하는 것보다 더욱 심하였다.

경관(京官)에 있어서 판매가 드문 것은 문직(文職)뿐이었고 음직이나 초사로 도사·감역·참봉·감찰 같은 자리는 그 품계의 우열에 따라 가격의 고하가 정해져, 혹 2~3만 냥을 호가하고 혹은 1만 냥 내지 수천 냥을 호가하며, 이서(吏胥)가 붙어서 농간을 부리기도 하였다. 공명첩(空名帖)을 많이 인쇄하여 열 냥이나 백 냥을 받기도 하며 혹은 술 한 잔에 바꾸기도 하였다. 처음에는 재산을 가진 시골 사람들이 진정으로 출세하기를 원했으나 시일이 차츰 지나면서 자주 보다 보니 귀하지 않아서 남의 종가를 전복시키려 꾀하기도 하고 혹은 이끗 챙기는 것을 노리기도 하여 본인도 모르는 사이에 급작스레 억지로 임명되는 일도 있었다. 공문으로 독촉하는 것이 매우 엄하여 지방관들은 남에게 뒤질세라 받들어 시행하고 또한 더불어 벼슬자리 판매한 돈을 나누되 벼슬 받은 사람의 가산을 적몰하여 충당하기까지 했다. 이와 같은 것을 '벼락감투'라고 일렀다. 우리말로 벽력(霹靂)의 뜻풀이가 벼락이요, 모(帽)의 뜻풀이가 감투이다. 한번 강제로 벼슬을 받고 보면 누구나 금방 파멸되고 마는 것이 벼락을 맞은 것과 비슷하기 때문이다. 이런 까닭에 백성들은 더욱 난리가 일어나기를 바라게 되었다. 누군가 떨치고 일어나 한번 소리치면 사람들이 구름처럼 몰려 관장을 떠메다가 고을 밖으로 쫓아낸 것이 1년이면 보통 수십 번이나 되었다. 이것을 민요(民擾)라 하는데, 옛 법에 민요의 주모자는 반드시 참한다 하였으나, 이때에 이르러는 참한다 하더라도 다 참할 수가 없어 대부분 관용을 베푸는 쪽으로 하여 종종 유배를 보내는 데에 그쳤다. 민요를 불러일으킨 관장 또한 반드시 뇌물을 바치고 은밀한 후원이 있는 까닭에 곧바로 승진하여 다른 곳으로 나갔다. 김병시는 여러 차례 진언하고 눈물을 흘리기까지 하였으나 아무 효과가 없었다고 한다.(권1)

〈구감역〉

호서의 연해 지방에 강씨(姜氏) 집이 있었다. 그 집은 한 부인이 과부로 늙으며, 재산이 조금 넉넉하였으나 다른 자녀는 없고 개 한 마리가 지키고 있을 따름이었다. 그 개 이름을 복구(福狗)라 했는데 지나가던 객이 '복구'

라 부르는 소리를 듣고 남자의 이름이라 생각해서 마침내 강복구(姜福狗)라는 이름으로 감역에 강제로 임명하였다. 그 값을 받아가기 위해 사람이 찾아오자 과부는 어처구니없어 하며 "손님은 복구를 보시겠습니까?"하고 큰 소리로 부르니 개 한 마리가 꼬리를 흔들며 왔다. 객 또한 크게 웃으며 가버렸다. 이로부터 호서 지방에는 '구감역(狗監役)' 이란 말이 생겼다. 다른 경우도 가히 짐작할 수 있을 것이다. 〈권1〉

〈군수 자리 팔기〉

군수의 임기를 개정하여 16개월로 기한을 삼았다. 이때 군수를 임명함에 있어 돈으로 비율을 정했는데, 임금은 자주 팔면 돈이 많이 생긴다고 여겨 1년도 못 되어 금방 교체시켰다. 돈을 바치고 임명을 받은 자들은 이미 그러한 사실을 알아서 부임하자마자 즉시 수탈을 일삼았으니, 조금이라도 늦춰지면 교체되기 때문이었다. 그러나 바친 돈이 워낙 많아 그 본전을 끝내 채울 수 없었다. 임금은 또한 교체해야 할 자들을 살펴 부(富)가 있으면 다른 군으로 옮겨주고 옮겨준 값을 징수했다. 한 사람이 1년 동안 5개 군이나 옮겨간 자리가 있었으며, 한 군이 1년에 5명의 군수를 맞이한 경우도 있었다. 그런 까닭에 부자로서 군수가 된 자가 몇 년 사이에 파산하기도 하여 군수 자리를 사려고 하는 자가 점차로 드물어졌다. 임금은 이점을 깨닫고 마침내 기한을 16개월로 정한 것이다. 〈권3〉

민비 : 최고통치자의 부정과 사치

〈임금의 친정시 왕후의 역할〉

갑술년 초에 임금이 비로소 친정(親政)을 하게 되었는데, 안에서는 명성왕후가 주관하고 밖에서는 민승호가 힘을 썼다. 왕후는 총명하고 책략이 많아 항상 임금의 곁에 있으면서 임금이 미치지 못하는 것을 보좌했다. 처음에는 임금에 기대어 자기의 좋아하고 미워하는 것을 표출했지만 이윽고 자기 마음대로 하는 것이 날로 심해서 임금이 도리어 제재를 받게 되었다. 〈권1〉

〈수령 자리 팔기〉

명성왕후는 자기가 쓰는 경비가 부족한 것을 걱정하여 드디어 수령 자리를 팔기로 하고 민규호에게 값을 정해 올리라고 하였다. 민규호는 백성을 다스리는 관직은 팔아서는 안 된다고 생각하여 응모하는 자가 없게 하려고 녹봉이 1만 꿰미라면 2만 꿰미로 정하였다. 그런데도 응모하는 자가 다투어 몰렸다. 그리하여 부임하는 자들은 가렴주구를 더욱 일삼아 백성이 크게 곤궁해졌다. 민규호는 그제야 후회하였다.〈권1〉〉

〈궁중 연회〉

임금은 친정(親政)한 이래 날마다 유흥을 일삼아 매일 밤 연회를 열고 질탕하게 놀아, 광대 · 무당과 악공들이 어울려 노래하고 연주하느라 궁정 뜰에 등촉이 대낮과 같았다. 새벽에 이르도록 쉬지 않고 놀다가 인시(寅時)나 묘시(卯時), 진시(辰時)가 되어서야 비로소 휘장을 쳐서 창을 가려 어둡게 하고 잠자리에 들어 곯아떨어졌다. 해가 기울어서야 일어나니 이런 일이 일상사가 되어 세자는 어릴 때부터 이를 일상으로 여겼다. 매일 아침 햇살이 창가를 비추면 양전(兩殿)의 옷을 잡아당기면서 "마마, 주무시러 가십시오."하였다. 이로 말미암아 주무를 맡은 자들이 해이해졌다.

임금이 친히 임하여 선비를 뽑을 때에도 매번 황혼 무렵에 궁궐에서 나갔다가 잠시 후 어가를 돌려 들어가 버리므로 응시생들이 바쁘게 촛불을 켜고 시권을 써야 했다. 임금은 잔치를 좋아할 뿐 아니라 과거도 유희의 한 가지로 생각하여 어느 달이고 과거를 안 치를 때가 없었고, 어떤 때는 한 달에 두 번 실시하기도 했다. 혹 수심이 들거나 무료하면 곧 과령(科令)

을 내렸다. 서울 선비들은 서로 만나면 서먹서먹한 사이인 경우 으례 먼저 "오늘은 과령 없습니까?"하고 물을 지경이었다. 이 때문에 지방에서 올라 와 노니는 선비들이 오로지 관광(觀光)을 하느라 해를 넘겨 쌀을 구하는 자 도 있었다.(권1)

〈중궁의 서민에 대한 벼슬 남발〉

성택(聖澤)과 억길(億吉)은 모두 가마 메는 일로 업을 삼고 있었는데, 임 오년(1882)에 중궁이 충주로 피신할 때, 이 두 사람이 가마꾼으로 공로가 있었다. 중궁이 환궁한 다음 이 두 사람에게 벼슬자리를 주어 성택은 자리 를 여러 번 옮겨 전라 병사에까지 이르렀고, 억길은 낙안 군수에까지 이르 렀다. 명기(名器)를 남용함이 이 정도에 이르렀던 것이다. 그 밖에 연줄을 타고 틈을 뚫어 공명을 얻은 자가 헤아릴 수 없이 많았다. 남원의 최석두 란 사람이 있었는데, 매우 가난하여 약낭(藥囊)을 허리에 차고 의원으로 자 처하면서 어렵게 살아가다가 떠돌이로 서울에서 머무르게 되었다. 이때 중궁이 오랫동안 대하증에 걸려 치유하지 못하고 있었는데, 누군가 최석 두를 천거하여 한 처방을 올렸더니 약간 효험이 있었다. 중궁은 크게 기뻐 하고 즉시 고산 군수를 제수하였고, 이내 남원 부사로 옮겨 주었으며 그 집안사람들까지 벼슬시켜 주었다. 이후로 끝내 효험을 보지 못하자 최석 두는 마침내 죄를 얻어 경저(京邸)에서 죽었다. 그가 죽을 때 구규(九竅)에 서 피가 나와 사람들은 사약을 받았는가 의심하였다. 보성 사람 정순묵은 품관으로서 포흠(逋欠)을 지고 서울로 달아났다. 때마침 중궁이 감기에 걸 렸는데 시령탕 두 첩을 올려 감기를 낫게 하여, 즉시 영평 군수에 임명되 었다.(권1)

〈중궁의 임금 우롱〉

임금이 일찍이 내전에 들다가 허둥지둥 뒷창문으로 나가는 자를 보았다. 임금이 "웬 사람이냐?"고 묻자, 중궁은 "제 눈에는 사람이 보이지 않습니다. 전하는 무엇을 보셨습니까?"라고 대답했다. 임금이 괴이하게 여겨 옆 사람들에게 물었지만 모두 보지 못했다고 아뢰었다. 중궁이 천천히 말하기를 "전각이 깊숙이 위치해서 혹여 귀신이 나오는 수도 있습니다. 굿을 한 번 해야겠습니다."라고 했다. 마침내 굿판을 벌였는데, 임금은 끝내 깨닫지 못했다. 중궁이 대전을 우롱함이 대개 이와 같았다.(권1)

〈명성후의 사치〉

초피(貂皮) 중에 서북 지방에서 나는 것을 속칭 돈피(㹠皮)라고 한다. 그 겨드랑이 아래의 좋은 털을 자얼이라 일컫는데 특히 따스하고 진귀해서 가격이 비단보다 몇 배나 비쌌다. 대내(大內)에서 일찍이 모전에 명하여 자얼모장(紫蘖毛帳) 열 벌을 급히 들이라고 하였다. 서울의 돈피구모자를 가진 자는 열 배의 이익을 얻게 되었다. 그것을 만들어 올리자 명성후가 펼치도록 명하고 구경하는 즈음에 촛불 심지가 떨어져서 순식간에 모두 타버렸다.

팔도의 진귀한 토산물로 복정(卜定)에 들지 않은 것은 하나도 없어 산처럼 쌓여 있었다. 매번 궁중의 곡연(曲宴)에서 흥이 오르면 양전은 비스듬히 기둥에 기대어 접부채와 곡삼(曲蔘)을 비 오듯 땅에 떨어뜨렸다. 무격(巫覡)이나 광대로 창을 하고 악기를 연주하는 자들은 하룻밤을 지낸 다음 말미를 청하여 세모시와 부채·칼 등속을 으레 한 짐 짊어지고 나왔다.(권1)

양반 1: 허위의식

〈김보현〉

김보현은 사계 김장생의 후손이다. 어려서부터 교활하고 아첨을 잘하였는데, 약관의 나이에 과거에 급제하였다. 그가 나귀 한 마리를 사서 타고 다녔는데, 3일 만에 죽어버렸다. 남을 찾아다니는 걸음이 워낙 많아서 나귀가 지쳤기 때문이다. 그는 장동 김씨에게 빌붙어 가까이 어울리는 객이 되어 철종 때에 이미 벼슬이 대교를 거쳐 참판에 이르렀다. 운현이 그 사람됨을 천하게 여겨 십 년 동안 의망에서 제외시켰다. 그가 부친상을 당했는데, 운현의 조문을 받지 못하면 수치스런 일이 될 것이라고 여겼다. 운현이 익살로 남을 욕보이는 것을 좋아하는 터이라, 자기에게 욕할 만한 재료가 있으면 반드시 조문을 올 것이라 생각하고 이에 운현의 문객에게 말하기를,

"우리 선인의 아명은 강아지였는데, 그대는 운현에게 절대로 말하지 마시오. 그 어른은 남을 욕보이기를 잘하니 내가 그분에게 욕을 당할까 두렵소."

하였다. 그 문객이 돌아가 운현에게 아뢰기를

"김보현의 아버지는 아명이 강아지라 하던데 대감께서는 그것을 모르셨소?"

하였다. 운현이 크게 기뻐하여 즉시 수레를 내어 김보현의 집으로 찾아가 빈소의 휘장을 걷고, "오요, 오요!" 하는 소리를 몇 번 하다가 그치고 나서 김보현을 돌아보며, "나, 가오." 하고서 말 한마디 나누지 아니하고 떠났다. 김보현은 그래도 흔연히 조객록에

"모일 대원군 들어와 곡하다"라고 썼다. 이 말을 들은 사람들은 허리를 꺾고 웃었다. 대개 '오요, 오요' 하는 것은 우리말로 강아지를 부르는 소리다. 지금 풍속에 조문할 때 곡하는 소리로 연달아 '어이, 어이' 하니 '오요, 오요' 와 '어이, 어이' 는 소리가 비슷한 때문이다. 이때에 이르러 민승호의 연줄로 대궐에 출입하면서 크게 총애를 입어 한 달 만에 이조판서로 발탁되어 선혜청 당상을 겸하였으며, 얼마 지나지 않아서는 또 경기 감사까지 하였다. (권1)

<추시>

(연기우(延基羽)는 방탄 요갑을 착용했다. 만드는 법은 소가죽을 두 겹으로 하고 머리 넓적한 못을 촘촘하게 박아 만드는 것인데, 길이는 6척 1촌 5 푼, 폭은 1척 7촌이었다. 탄환에 맞은 흔적이 있으니, 탄환이 뚫을 수 없었던 것이다.)

추시(追諡)를 하였는데, 서기는 문목, 정렴은 장혜, 남이는 충무, 김달순은 익헌, 권돈인은 문헌, 김아무 판서는 문익, 이돈우는 문정, 이시민은 효경, 조석우는 문정, 남치헌은 속헌, 신헌은 장양, 이규원은 장희, 성대영은 정헌, 성운은 문각, 안민한은 문정, 고순은 효의, 임징하는 충헌, 박지원은 문도, 유신환(兪莘煥)은 문장(文長), 이시무는 충민, 김경복은 장양, 이유장은 문의, 소휘면은 문량, 정해택은 양의, 김평묵은 문의, 박문일은 문헌으로 했다. 충숙공 백인걸은 문경으로, 익헌공 정태화는 충익으로, 효정(靖)공 이윤응은 효정(貞)으로 시호를 바꾸었다.

당시 합방의 논의가 이미 정해졌는데도, 증직과 시호를 의론하며 쫓아다니기를 미친개처럼 하니 나라가 어찌 망하지 않을 수 있겠는가? 유신환의 아들인 전 군수 유치병은 회인불권왈(誨人不倦) 장(長)이라고 하는데, 선고의 사적에 맞지 않다 하여 그 시호를 고쳐 달라고 청원했다.

(「황성보」는 제 1452호 음력 7월 19일에 이르러 끝났다. 또한 제57호에서 합방으로 보도했는데, 크게 죄수를 사면하니 서울과 지방에 모두 900인이었다고 했다).(권6)

<이등박문의 시>

서정순과 남정철 등이 이완용의 집에서 연회를 베풀고 이등박문을 초대하여 술을 마셨다. 이등박문이 절구 한 편을 지었는데 다음과 같다.

신선들 모두 모였으니 이곳이 도원이라.

반나절 맑은 놀이에 술을 함께 하누나.

난세를 피해 들어온 사람이 이 자리엔 보이지 않거니

서늘한 마루 옆에 석류 붉고 홰나무 푸르네.

또 이완용에게 절구 한 편을 지어주었는데

만 리 창해에 외로운 배 한 척,

광란의 물결 가르고 헤엄치며 노니네.

부침하는 신세의 자취 물어보면

창천을 가리키며 포말 속에서 웃노라.(권6)

양반 2 : 무능함

〈 '부지적' 과 '연연적' 〉

김병시는 판서 김응근의 아들로 부귀가에서 생장하였으나 성품이 자못 깨끗하고 조용하였다. 갑자년(1864) 이후에도 시세에 영합하지 않으니 운현이 매우 소중하게 여겼다. 경오년(1870)과 신미년(1871) 사이에 충청 감사가 되어 선정을 베풀었으며, 별입시에 뽑혀서는 마지못해 응하여 임금이 물을 때마다 "신은 모릅니다."라고 대답하였다. 윤자덕은 임금이 물을 때마다 "그러하옵니다." 하였다. 그래서 대궐에서는 김병시를 '부지적(不知的)'이라 하고 윤자덕을 "연연적(然然的)"이라고 불렀다.(권1)

〈까치판서〉

정기세는 정원용의 아들이다. 정씨 집안은 재상이 많이 배출되었는데, '화이근신(和易勤愼)'을 가문에서 대대로 지키는 규범으로 삼았다. 혁혁하

게 높은 벼슬을 하였으나 일컬을 만한 기풍이 없어 세상에서는 이 때문에
그 집안을 대수롭지 않게 여겼다. 정기세는 더욱 겸손하기로 자기를 지켜
다른 사람의 뜻을 거스르지 않았으며 남에게 좋은 소식을 전하는 것을 좋
아했다. 그래서 당시에 그를 '까치판서' 라 불렀다.

〈예예정승〉

측전청룡이 함대를 이끌고 도착한 당초에 백관들이 날마다 의정부에서
회의를 하였다. 어떤 사람이 "강화해야 합니다."라고 하자, 수상 홍인군
이최응은 "예. 그렇지요."라 하고, 또 어떤 사람이 "응당 싸워야 합니다."
라고 하니, 또 "예. 그렇지요."라고 하고, 다시 또 어떤 사람이 "이길 수 없
다면 강화해야 합니다."하니, 또 "예. 그렇지요."라고 하였다. 가부를 결
정하지 못하고 날이 저물면 흩어졌다. 이 때문에 서울에서는 그를 '예예
정승(唯唯政丞)' 이라고 불렀다.

〈도도승지〉

7월에 전 정언 안효제(安孝濟)가 상소를 올려 요무(妖巫) 진령군(眞靈君)을
죽이기를 청하였다. 안효제는 의령현 사람이다. 상소가 이미 올려지자 민
영주·박시순 등은 승지로 승정원에 있다가 서로 돌아보며 혀를 내두르
며 임금에게 바칠지 여부를 의논하였다. 민영주는 크게 소리쳐 말하기를,
"이와 같은 흉악한 상소를 어떻게 바칠 수 있겠소?"하니 박시순은 "이는
언사소(言事疏)인데 그럴 수 있겠소?"하고, 정인학은 "도승지 영감에게 의
논해 봅시다."하였다. 당시 김명규가 도승지로 있었는데, 그는 그 상소를
가지고 민영준에게 가서 보이며 바쳐도 좋을지를 물었다. 민영준은 발끈
하고 옷을 털며 나가면서 "상소를 바쳐야 할지 말아야 할지를 도승지가
결정할 수 없단 말이오? 세상에 다시 '도도승지(都都承旨)' 가 있단 말이
오?"라고 하였다. 김명구는 돌아와서 "나의 역량으로는 도저히 바칠 수

없다.”하고는 드디어 기각시켰다. 박시순은 탄식하며, “비록 자신은 말하지 못하더라도 남이 한 말을 막아서야 되겠는가?”하였다. 그 상소가 비록 바쳐지지 못했으나 부본(副本)이 서울에 두루 퍼져 양전(兩殿)도 일찌감치 읽어 보았다.(권1)

5. 맺음말

언젠가 혹자는 우리를 망각(忘覺)을 잘 한다며, 자신의 정치적 생명이 오래갈 수 있음을 장담한 적이 있다. 그때 우리는 그 소리에 분노했고 그뿐이었다. 또 혹자는 아픈 상처를 상기(想起)시켜 우리를 정신병 안에 가둬놓은 채 요리하려고만 했다. 그때도 우리는 분노했지만, 그뿐이었다. 알게 모르게 망각과 상기의 변주 속에서 우리는 혹자에게 농락당해 왔고, 또 그때마다 우리의 눈과 귀는 가려졌다. 어쩌면 지금도 그렇지 않을까? 그때문에 『매천야록』은 우리에게 더욱 소중한 책으로 다가온다.

거침없이 써내려간 비판의 필봉 앞에 최고 통치자마저 치부가 드러나고, 상식으로 알고 있던 것이 전복되는 아픔과 기쁨을 갖게 되었다. 특히 세상을 보는 눈이 흐려지고(자의든 타의든) 판단하기가 곤란할 때, 매천의 날카로운 눈은 우리에게 용기를 더욱 북돋운다. 사람은 역사의 색인이라고 한다. 좋은 사람을 만나고, 인연을 맺고 선택할 즈음 매천의 지성을 지닐 수 있다면 좀더 사람의 역사를 잘 볼 줄 아는 눈을 가질 수 있지 않을까 기대해 본다. 적어도 이 시대의 사(士), 지식인이기를 바라는 사람이라면.

[더 생 각 해 볼 문 제]

1. 문명의 전환기에서 지식인의 역할은 무엇이라고 생각하는가? 아니, 구체적으로 무엇을 핵심 축으로 두고 판단하고 실천해야 하는가?

2. 근대계몽기 조선의 현실을 읽어내는 눈은 '안'과 '밖' 두 가지가 있을 수 있다. '안'을 돌려보았을 때, 갑작스레 보이는 현실에 대하여 이야기해 보자.

3. 『매천야록』의 객관성은 어디에서 확보될 것인가? 과연 객관적일까? 무엇을 객관적이라고 볼 것인가? 역사와 객관성의 관계를 어떻게 이해해야 하는가?

4. 역사는 사람의 형상으로 체현된다. 그런 점에서 민비, 고종, 대원군 등을 비롯한 당시 인물의 됨됨이를 되새겨보는 것은 역사 읽기에서 의미 있는 일이다. 『매천야록』 속의 일화를 중심으로, 지금껏 상식화된 인물상을 재검하고 따져보도록 하자.

[주 제 어]

식자인(識字人)

'글 아는 사람'이란 뜻으로, 이른바 지식인을 말한다. 지식인의 역할과 태도를 모르는 이가 있을까? 이들은 이른바 '전환기'에 그 빛을 발한다. 특히 대중이 갈림길에서 선택을 주저하고 있을 때, 전문가적 식견과 미래를 보는 통찰로서, 그에 답해주기도 한다. 그 결과는 가혹하다. 성공이 아니면 실패이기 때문이다. 따라서 이들은 역사의 무게를 느낄 수밖에 없고, 순간 진지하고 정직해야 한다. 특히 역사 앞에서. 숱하게 보아왔듯이, 지금처럼 세상이 어지러워지는 데, 이들의 세 치 혀는 결정적이었다.

근대전환기

19세기 말부터 20세기 초까지를 근대로 전환하는 시기라고 부른다. 특히 서양이란 이름의 근대문명이 폭력적인 방식으로 이 땅에 들어왔고, 그에 반응하는 우리의 태도 또한 다양했다.

당시 '서양'이 어떻게 읽혔고, 그 내용을 따지는 일은, 그 이후 우리 문명의 질과 양을 이해하는 데 하나의 시금석이 될 수 있으리라 믿는다. 그래서 우리는 이 시기를 주목한다.

절명시(絕命詩)

삶이란 무엇이고, 죽음이란 무엇일까? 산에서는 산이 안 보이듯이, 죽음을 통해 우리는 삶의 소중함과 그 무거움을 알게 된다. 매천의 '절명시'는 죽음을 선택한 지식인의 각오이자 자기선언이며, 삶이 상대적으로 도드라지게 보이는 시각이다. 그래서 '절명시'는 작품 이름을 넘어 하나의 '주제어'로 포착되어야 한다.

야록(野錄)

역사는 재구성된다. 있는 사실을 그대로 써 내려간다는 것은 진실이 아니다. 그런 점에서 이른바 비주류의 시각으로 역사를 보려는 시도는 균형 잡힌 역사 읽기를 위하여 중요한 방법이다. 국가 인정 역사책이 아닌 야사(野史), 야승(野乘)은 우리의 역사 읽기를 진실에 가깝게 읽도록 도와줄 것이다.

[필 자 약 력]

김승룡

부산대학교 한문학과 교수
메일주소 | laohu99@hanmail.net
학력 | 고려대학교 문학박사
논문 |「13세기 후반 고려지식인의 현실관과 시세계의 한 경향-천책의
     백련결사를 중심으로」외 다수
저서 |『한국한문학의 새지평』(소명출판) 외
역서 |『삼명시화』(소명출판) 외
     『유미유동-청나라 정부의 조기유학프로젝트』(시니북스)

김승철

부산가톨릭대학교 강사
메일주소 | alambell@hanmail.net
학력 | 부산대학교 문학박사
논문 |「프루스트의 소설언어 창조」외 다수
저서 |『프루스트와 性의 언어』(한국학술정보)
역서 |『도미니크 이야기-아동정신분석 치료의 실제』외

김재경

부산대학교 강사
메일주소 | kw0613@hanmail.net
학력 | 부산대학교 문학박사

김종기

부산대학교 불어교육과 교수
메일주소 | inlucem@hanmail.net
학력 | 프랑스 뚤루즈 2대학교 문학박사
논문 |「보들레르의 시법과 시적 글쓰기의 의미적 기능」외 다수

김치완

제주대학교 강사
메일주소 | dgips@hanmail.net
학력 | 부산대학교 철학박사
논문 | 「다산(茶山) 인성론(人性論)에 있어서 기질(氣質)과
　　　선악(善惡)의 문제」 외 다수
저서 | 『동양사상의 이해』(부산대출판부) 외 다수

윤종갑

부산대학교 강사
메일주소 | greencw@hanmail.net
학력 | 부산대학교 철학박사
논문 | 「용수 공사상의 한국적 변용과 전개-원효의
　　　『금강삼매경론』을 중심으로」 외 다수
저서 | 『공과 실재, 그리고 깨달음』(유일문화사) 외 다수
역서 | 『중관사상』(경서원) 외 다수

이부현

부산가톨릭대학교 교수
메일주소 | bhlee@cup.ac.kr
학력 | 부산대학교 철학박사
논문 | 「에크하르트-신과 인간의 역동적 관계, M. 에크하르트의
　　　『삼부작』에 대한 이해와 해석」 외 다수
저서 | 『이성과 종교』(서광사) 외
역서 | 『소크라테스에서 사르트르까지』(동녘) 외

[필 자 약 력]

이성희
시인, 동의대학교 강사
메일주소 | yneaa@hanmail.net
학력 | 부산대학교 철학박사
논문 | 「장자 철학의 기론적 토대」 외 다수
저서 | 『무의 미학』(새미), 『동양명화 감상』(니케) 외 다수

정출헌
부산대학교 한문학과 교수
메일주소 | jch2019@pusan.ac.kr
학력 | 고려대학교 문학박사
논문 | 「16세기 사림파 문인의 문학사회학적 인식지평과
　　　문학생성 공간의 연구」 외 다수
저서 | 『이야기로 읽는 삼국사기』(웅진) 외 다수
역서 | 『한국한문학연구의 새지평』(소명출판)

조현천
부산대학교 강사
메일주소 | cho3624@dreamwiz.com
학력 | 독일 카셀대학교 문학박사
논문 | 「이중구속 이론으로 현대사회 읽기-엘프리데 옐리넥의
　　　작품을 중심으로」 외 다수
저서 | 『토마스 베른하르트의 자서전적 작품에 나타난
　　　저항예술에 이르는 길』(Peter Lang) 외
역서 | 『호흡』(범우사) 외 다수